ONE PIECE

episode A

1

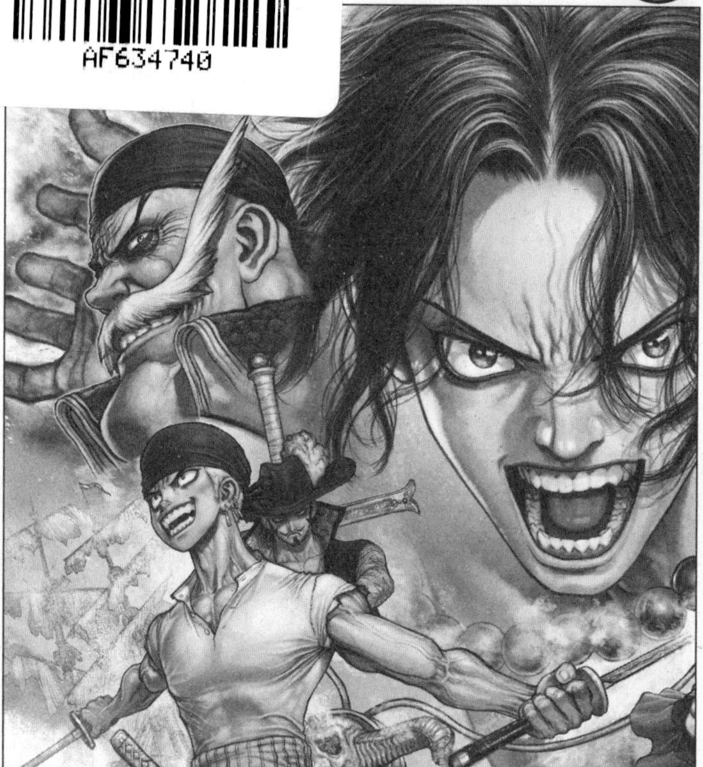

Art: **Boichi** **Storyboard:** **Ryo Ishiyama** **Original Story:** **Eiichiro Oda**

Romanvorlage: „One Piece Novel A"
(Jump j Books)
Sho Hinata/Tatsuya Hamazaki

INHALT

episode A 1

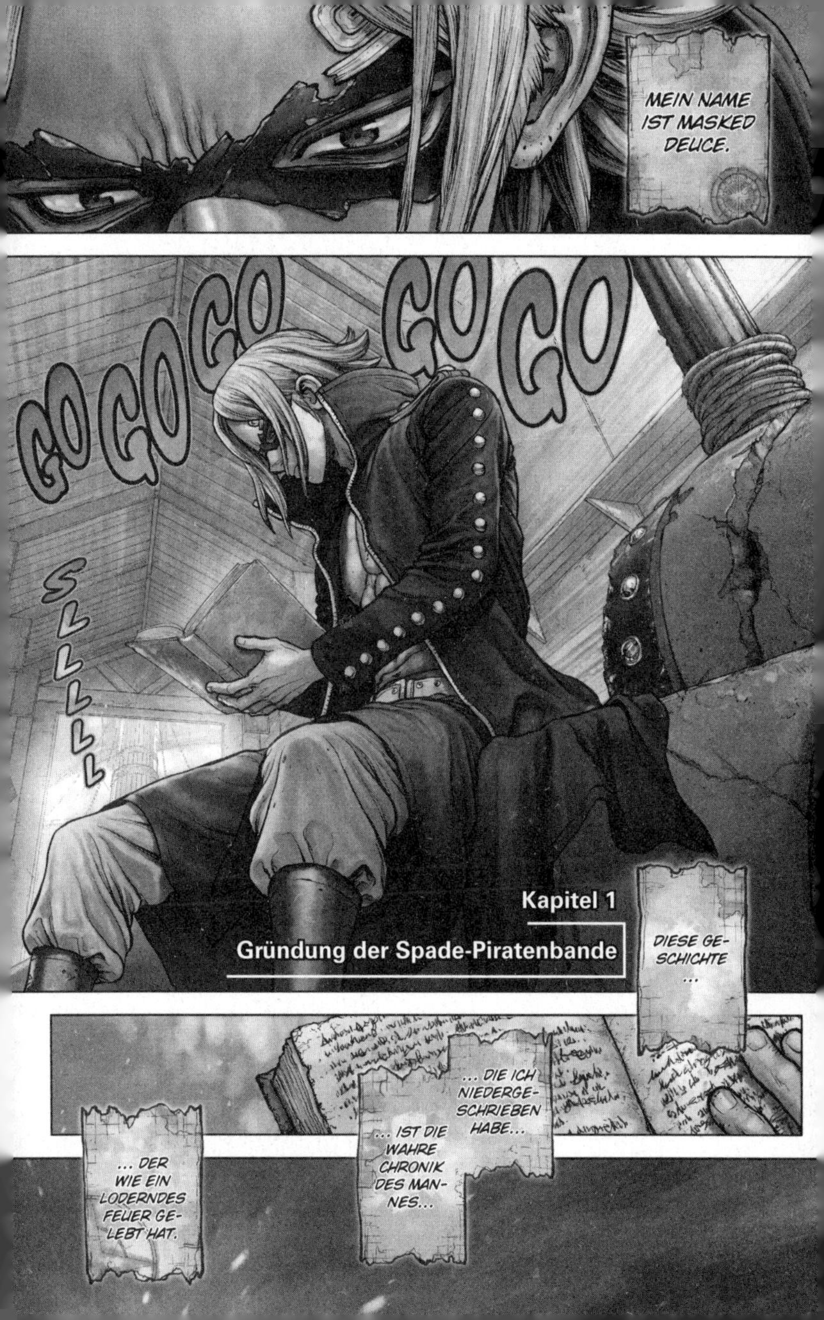
MEIN NAME IST MASKED DEUCE.
GOGOGO GOGO
SLLLLLL
Kapitel 1
Gründung der Spade-Piratenbande
DIESE GESCHICHTE …
… DIE ICH NIEDERGESCHRIEBEN HABE…
… IST DIE WAHRE CHRONIK DES MANNES…
… DER WIE EIN LODERNDES FEUER GELEBT HAT.

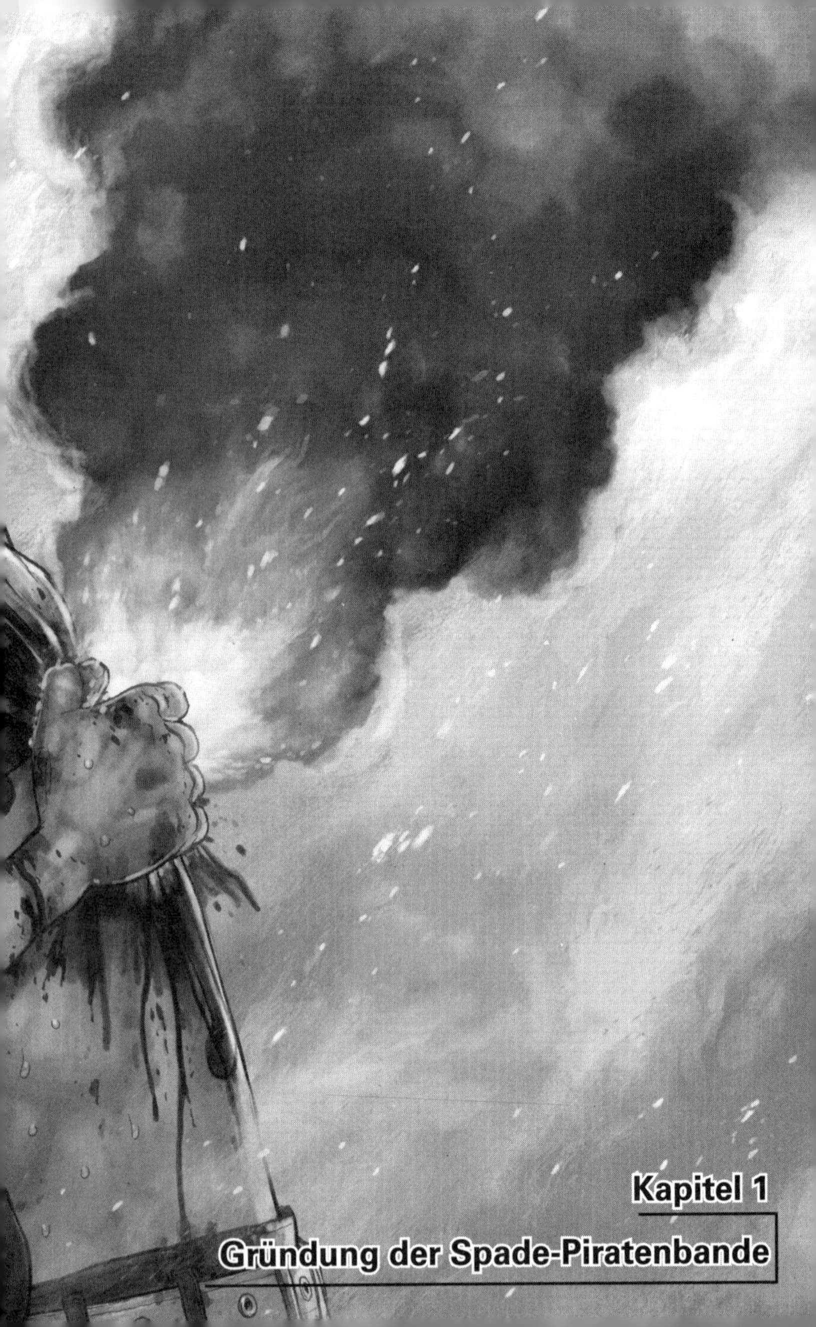

Kapitel 1

Gründung der Spade-Piratenbande

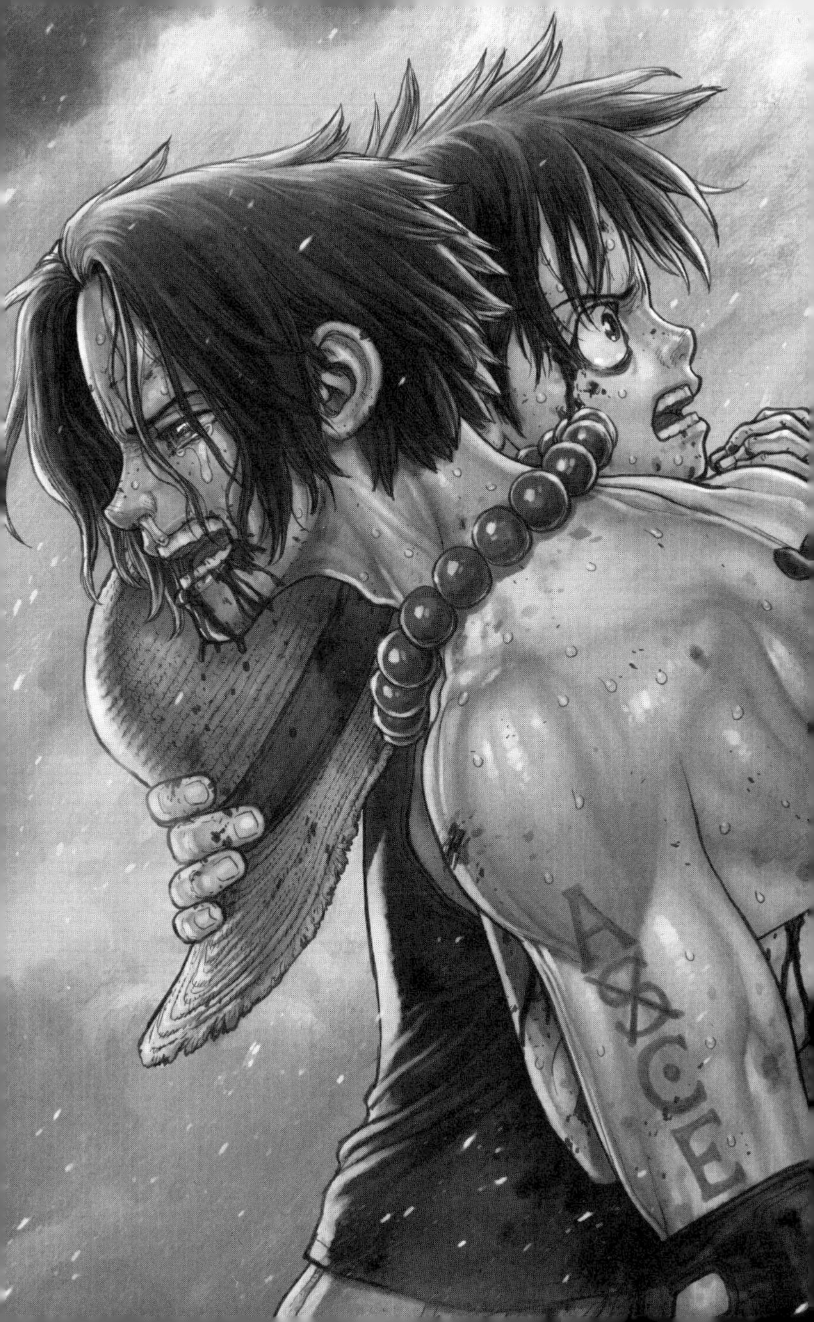

ONE PIECE
episode A

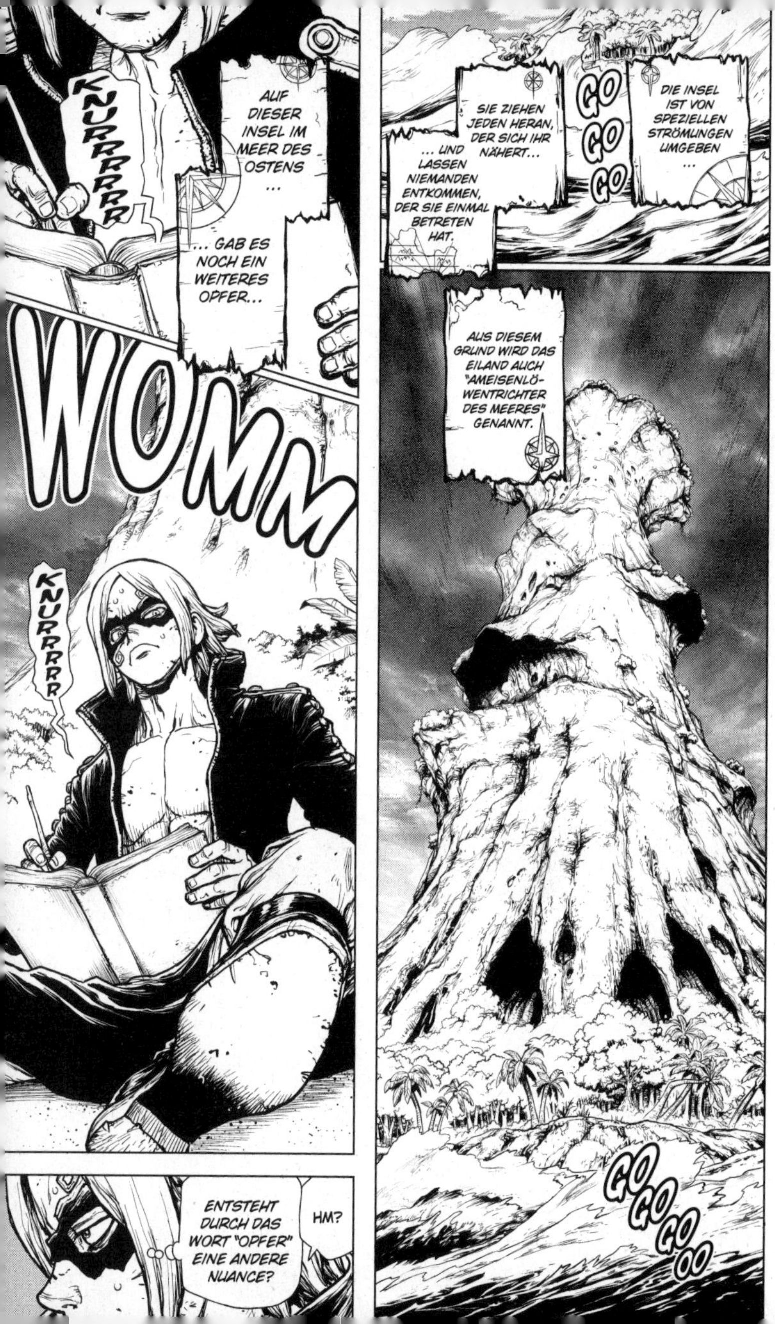
DIE INSEL IST VON SPEZIELLEN STRÖMUNGEN UMGEBEN …
GO GO GO
SIE ZIEHEN JEDEN HERAN, DER SICH IHR NÄHERT …
… UND LASSEN NIEMANDEN ENTKOMMEN, DER SIE EINMAL BETRETEN HAT.
AUS DIESEM GRUND WIRD DAS EILAND AUCH "AMEISENLÖWENTRICHTER DES MEERES" GENANNT.
GOGOGOGOO
AUF DIESER INSEL IM MEER DES OSTENS …
… GAB ES NOCH EIN WEITERES OPFER …
KNURRRRRR
WOMM
KNURRRRRR
HM?
ENTSTEHT DURCH DAS WORT "OPFER" EINE ANDERE NUANCE?

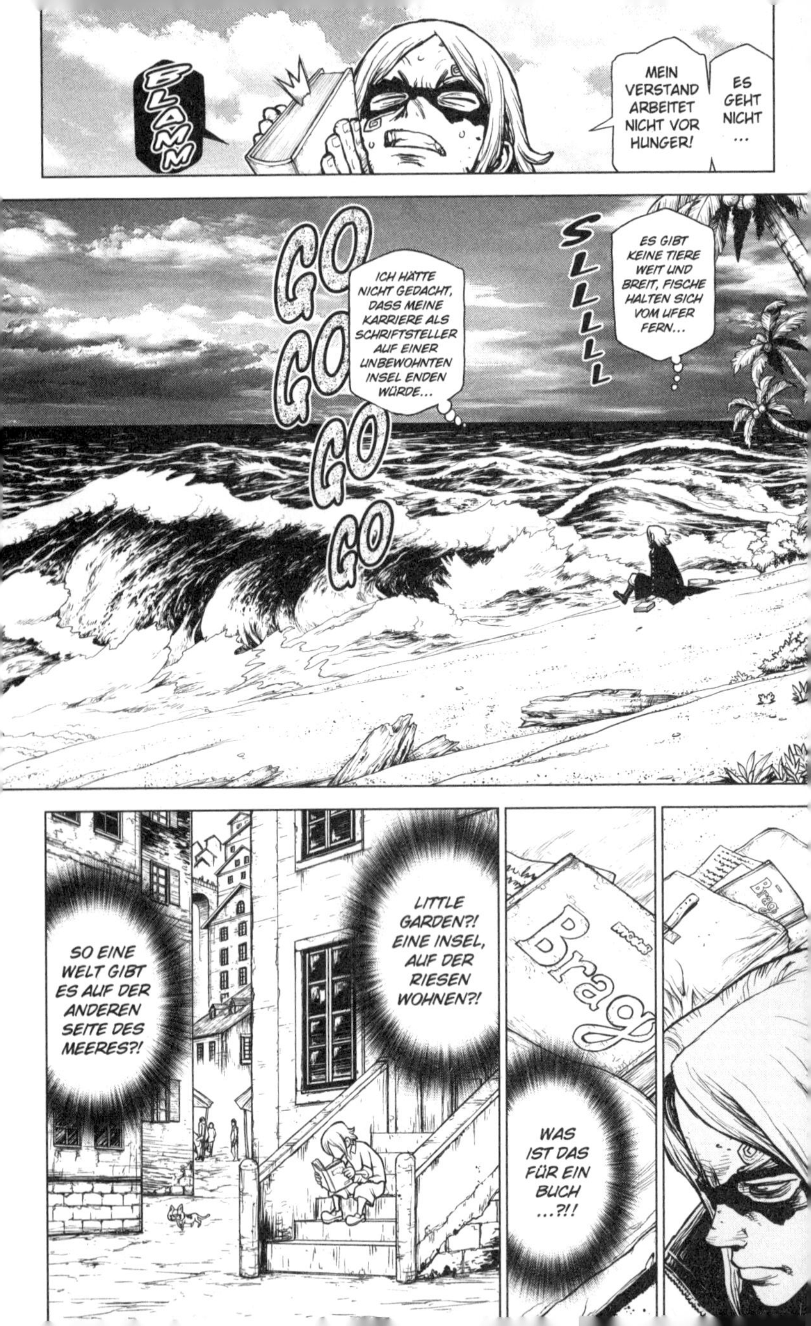
ES GEHT NICHT …
MEIN VERSTAND ARBEITET NICHT VOR HUNGER!
BLAMM
ES GIBT KEINE TIERE WEIT UND BREIT, FISCHE HALTEN SICH VOM UFER FERN…
SLLLLL
ICH HÄTTE NICHT GEDACHT, DASS MEINE KARRIERE ALS SCHRIFTSTELLER AUF EINER UNBEWOHNTEN INSEL ENDEN WÜRDE…
GO GO GO GO
Brag
WAS IST DAS FÜR EIN BUCH …?!!
LITTLE GARDEN?! EINE INSEL, AUF DER RIESEN WOHNEN?!
SO EINE WELT GIBT ES AUF DER ANDEREN SEITE DES MEERES?!

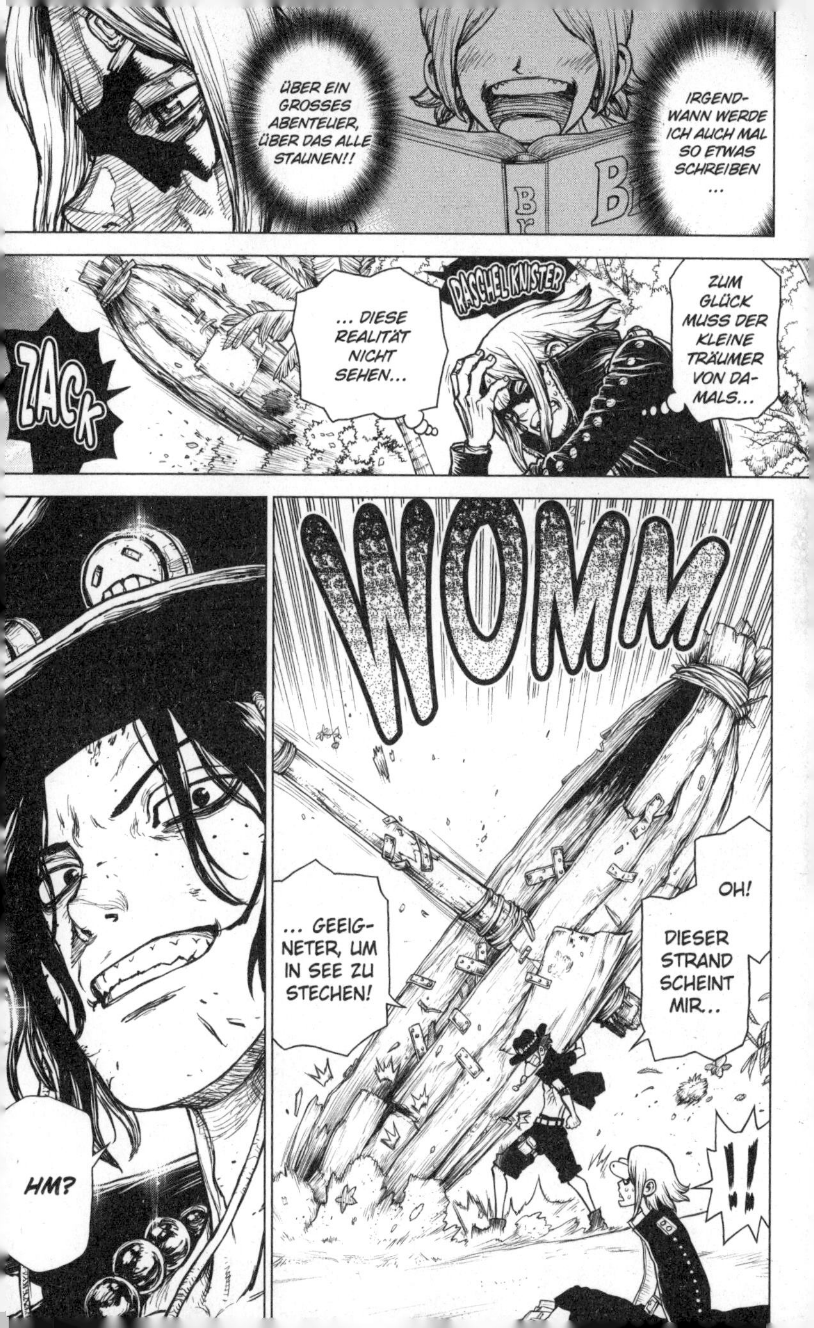
IRGEND-WANN WERDE ICH AUCH MAL SO ETWAS SCHREIBEN ...
ÜBER EIN GROSSES ABENTEUER, ÜBER DAS ALLE STAUNEN!!
ZUM GLÜCK MUSS DER KLEINE TRÄUMER VON DAMALS...
RASCHEL KNISTER
... DIESE REALITÄT NICHT SEHEN...
ZACK
WOMM
OH!
DIESER STRAND SCHEINT MIR...
... GEEIGNETER, UM IN SEE ZU STECHEN!
!!
HM?

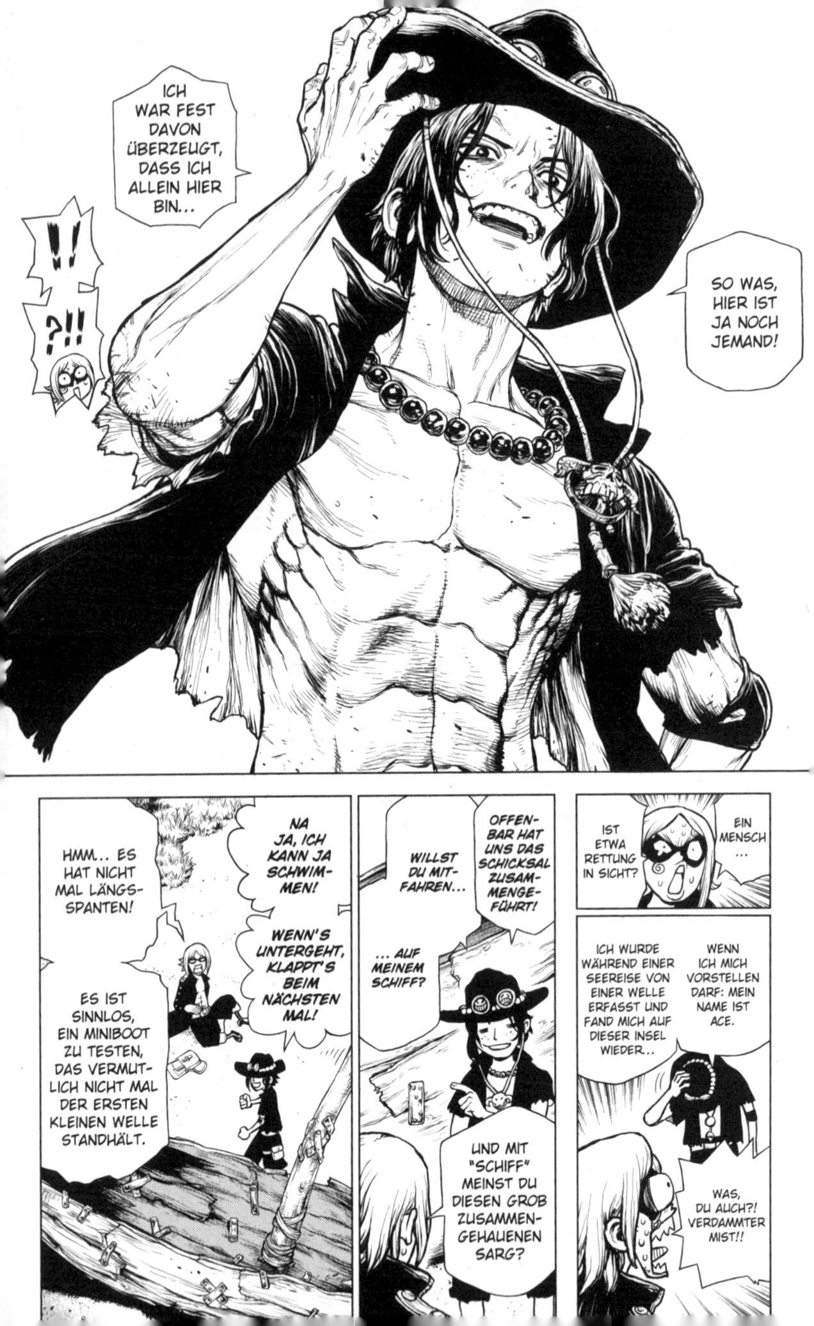
SO WAS, HIER IST JA NOCH JEMAND!
ICH WAR FEST DAVON ÜBERZEUGT, DASS ICH ALLEIN HIER BIN...
!!
?!!
EIN MENSCH ...
IST ETWA RETTUNG IN SICHT?
WENN ICH MICH VORSTELLEN DARF: MEIN NAME IST ACE.
ICH WURDE WÄHREND EINER SEEREISE VON EINER WELLE ERFASST UND FAND MICH AUF DIESER INSEL WIEDER...
WAS, DU AUCH?! VERDAMMTER MIST!!
OFFENBAR HAT UNS DAS SCHICKSAL ZUSAMMENGEFÜHRT!
WILLST DU MITFAHREN...
... AUF MEINEM SCHIFF?
UND MIT "SCHIFF" MEINST DU DIESEN GROB ZUSAMMENGEHAUENEN SARG?
NA JA, ICH KANN JA SCHWIMMEN!
HMM... ES HAT NICHT MAL LÄNGSSPANTEN!
WENN'S UNTERGEHT, KLAPPT'S BEIM NÄCHSTEN MAL!
ES IST SINNLOS, EIN MINIBOOT ZU TESTEN, DAS VERMUTLICH NICHT MAL DER ERSTEN KLEINEN WELLE STANDHÄLT.

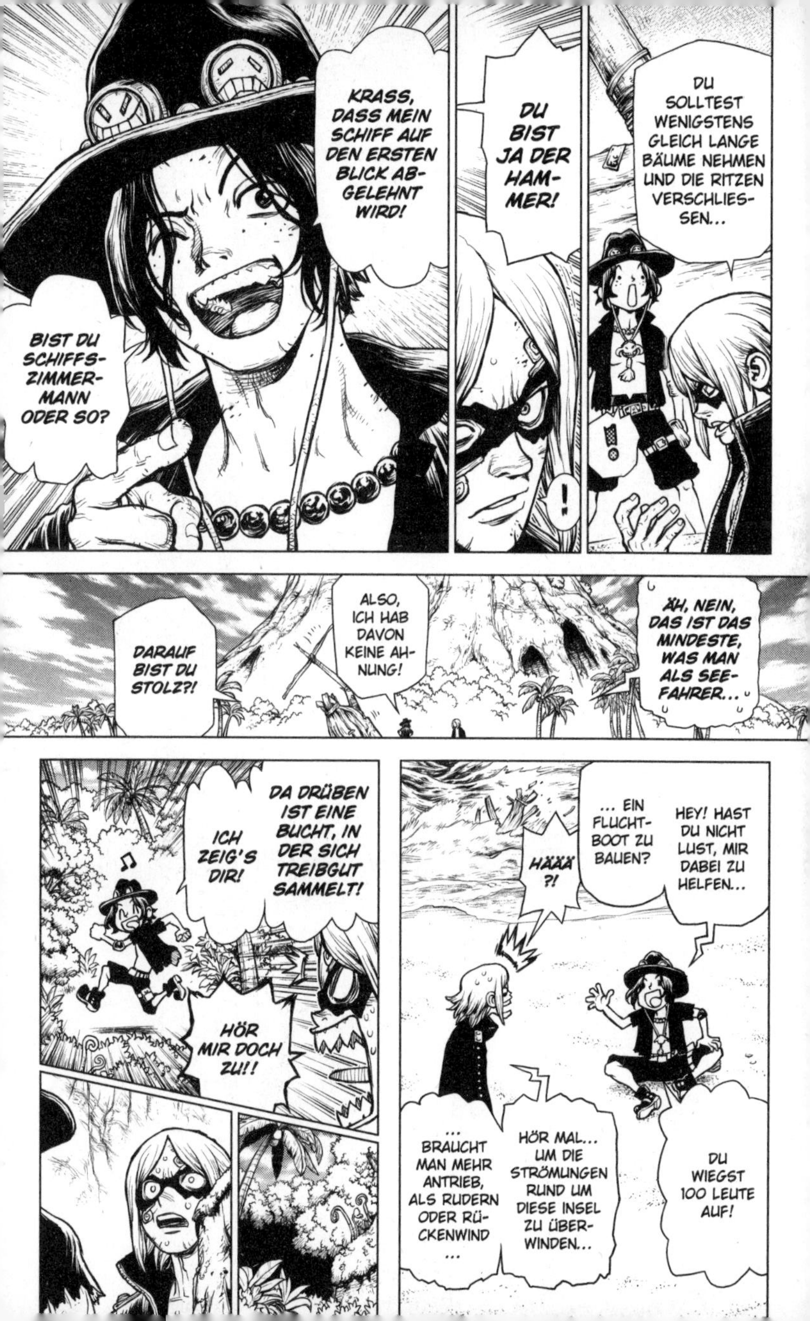
DU SOLLTEST WENIGSTENS GLEICH LANGE BÄUME NEHMEN UND DIE RITZEN VERSCHLIES-SEN...
!
DU BIST JA DER HAM-MER!
!
KRASS, DASS MEIN SCHIFF AUF DEN ERSTEN BLICK AB-GELEHNT WIRD!
BIST DU SCHIFFS-ZIMMER-MANN ODER SO?
ÄH, NEIN, DAS IST DAS MINDESTE, WAS MAN ALS SEE-FAHRER...
ALSO, ICH HAB DAVON KEINE AH-NUNG!
DARAUF BIST DU STOLZ?!
HEY! HAST DU NICHT LUST, MIR DABEI ZU HELFEN...
... EIN FLUCHT-BOOT ZU BAUEN?
HÄÄÄ ?!
DU WIEGST 100 LEUTE AUF!
HÖR MAL... UM DIE STRÖMUNGEN RUND UM DIESE INSEL ZU ÜBER-WINDEN...
... BRAUCHT MAN MEHR ANTRIEB, ALS RUDERN ODER RÜ-CKENWIND ...
DA DRÜBEN IST EINE BUCHT, IN DER SICH TREIBGUT SAMMELT!
ICH ZEIG'S DIR!
HÖR MIR DOCH ZU!!

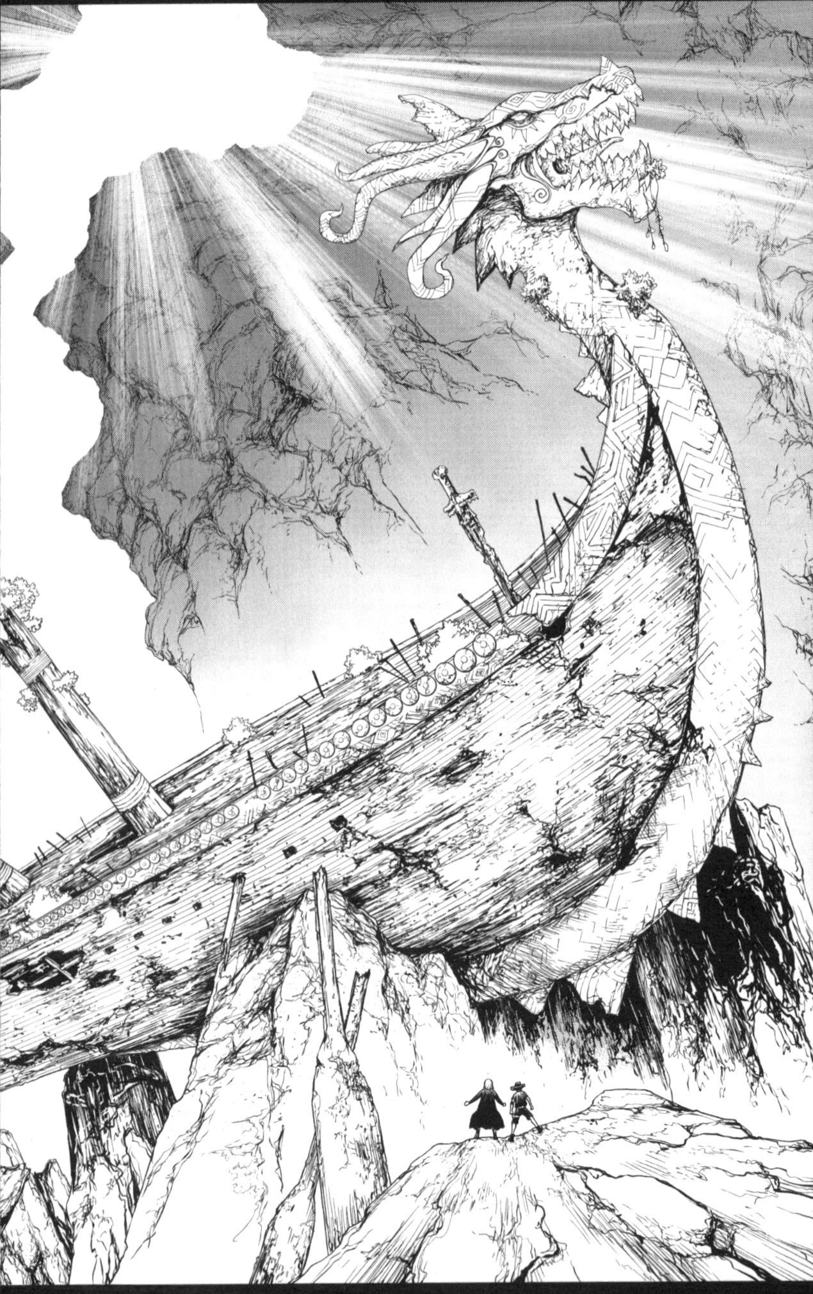

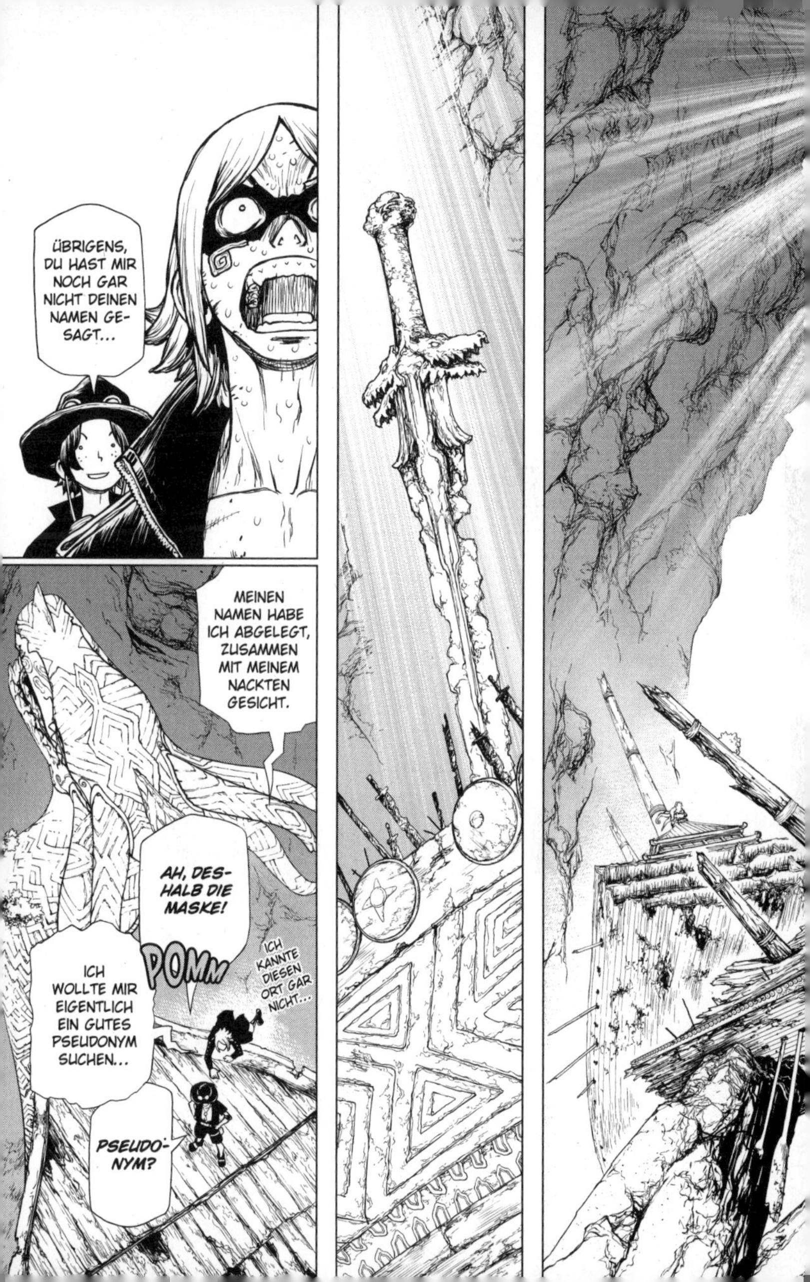
ÜBRIGENS, DU HAST MIR NOCH GAR NICHT DEINEN NAMEN GE-SAGT...
MEINEN NAMEN HABE ICH ABGELEGT, ZUSAMMEN MIT MEINEM NACKTEN GESICHT.
AH, DES-HALB DIE MASKE!
POMM
ICH WOLLTE MIR EIGENTLICH EIN GUTES PSEUDONYM SUCHEN...
ICH KANNTE DIESEN ORT GAR NICHT...
PSEUDO-NYM?

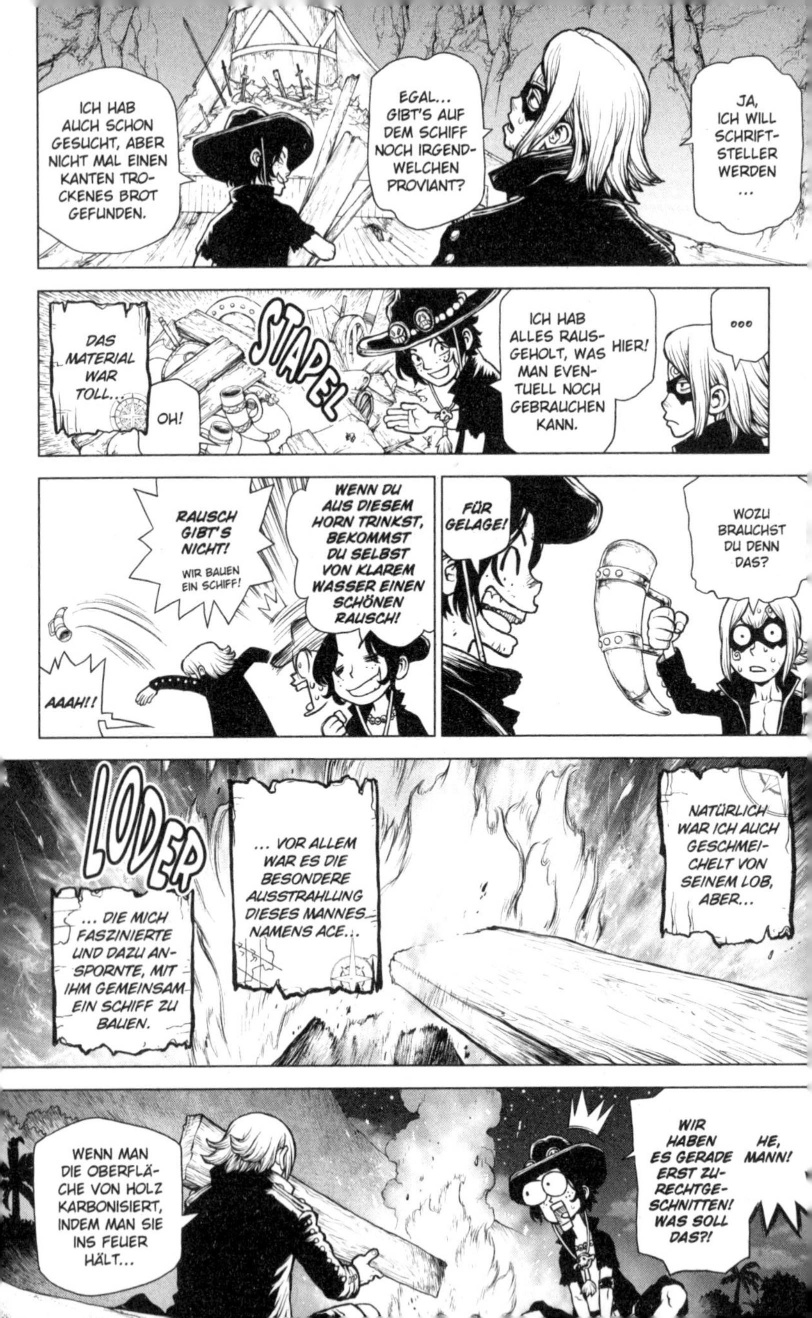
JA, ICH WILL SCHRIFT-STELLER WERDEN ...
EGAL... GIBT'S AUF DEM SCHIFF NOCH IRGEND-WELCHEN PROVIANT?
ICH HAB AUCH SCHON GESUCHT, ABER NICHT MAL EINEN KANTEN TRO-CKENES BROT GEFUNDEN.
...
HIER!
ICH HAB ALLES RAUS-GEHOLT, WAS MAN EVEN-TUELL NOCH GEBRAUCHEN KANN.
STAPEL
OH!
DAS MATERIAL WAR TOLL...
WOZU BRAUCHST DU DENN DAS?
FÜR GELAGE!
WENN DU AUS DIESEM HORN TRINKST, BEKOMMST DU SELBST VON KLAREM WASSER EINEN SCHÖNEN RAUSCH!
RAUSCH GIBT'S NICHT!
WIR BAUEN EIN SCHIFF!
AAAH!!
NATÜRLICH WAR ICH AUCH GESCHMEI-CHELT VON SEINEM LOB, ABER...
... VOR ALLEM WAR ES DIE BESONDERE AUSSTRAHLUNG DIESES MANNES NAMENS ACE...
... DIE MICH FASZINIERTE UND DAZU AN-SPORNTE, MIT IHM GEMEINSAM EIN SCHIFF ZU BAUEN.
LODER
HE, MANN!
WIR HABEN ES GERADE ERST ZU-RECHTGE-SCHNITTEN! WAS SOLL DAS?!
WENN MAN DIE OBERFLÄ-CHE VON HOLZ KARBONISIERT, INDEM MAN SIE INS FEUER HÄLT...

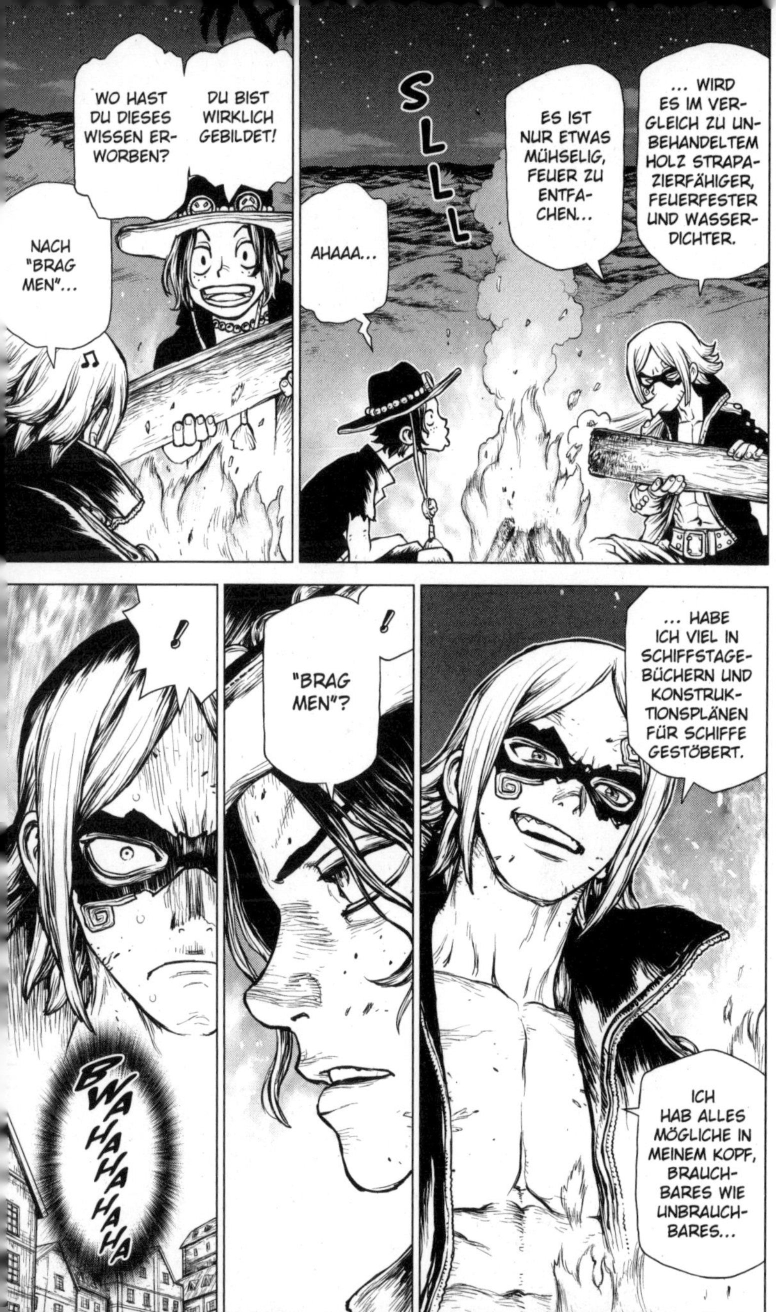
... WIRD ES IM VERGLEICH ZU UNBEHANDELTEM HOLZ STRAPAZIERFÄHIGER, FEUERFESTER UND WASSERDICHTER.
ES IST NUR ETWAS MÜHSELIG, FEUER ZU ENTFACHEN...
SLLL
AHAAA...
DU BIST WIRKLICH GEBILDET!
WO HAST DU DIESES WISSEN ERWORBEN?
NACH "BRAG MEN"...
... HABE ICH VIEL IN SCHIFFSTAGEBÜCHERN UND KONSTRUKTIONSPLÄNEN FÜR SCHIFFE GESTÖBERT.
ICH HAB ALLES MÖGLICHE IN MEINEM KOPF, BRAUCHBARES WIE UNBRAUCHBARES...
!
"BRAG MEN"?
!
BWAHAHAHAHAHA

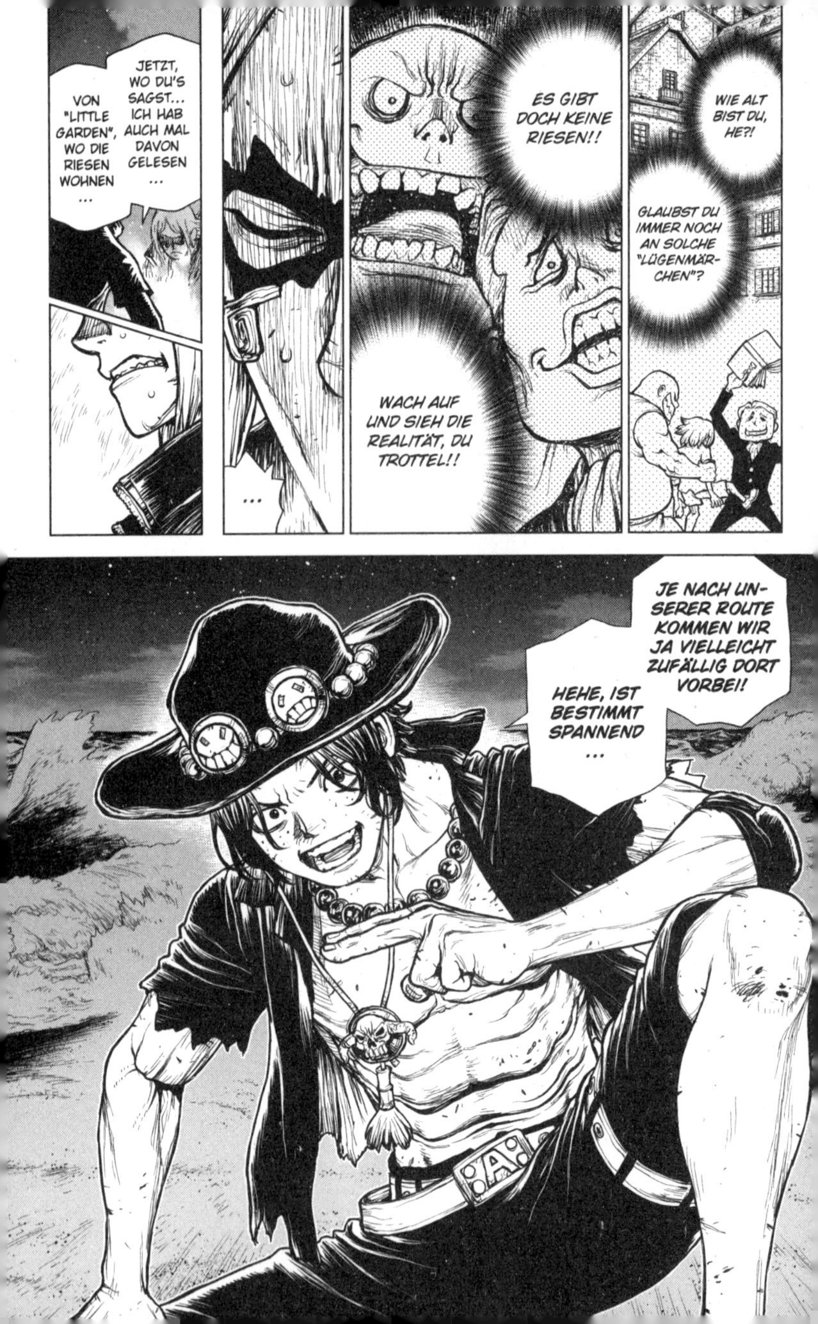

WIE ALT BIST DU, HE?!
GLAUBST DU IMMER NOCH AN SOLCHE "LÜGENMÄRCHEN"?
ES GIBT DOCH KEINE RIESEN!!
WACH AUF UND SIEH DIE REALITÄT, DU TROTTEL!!
...
JETZT, WO DU'S SAGST... ICH HAB AUCH MAL DAVON GELESEN ...
VON "LITTLE GARDEN", WO DIE RIESEN WOHNEN ...
JE NACH UNSERER ROUTE KOMMEN WIR JA VIELLEICHT ZUFÄLLIG DORT VORBEI!
HEHE, IST BESTIMMT SPANNEND ...

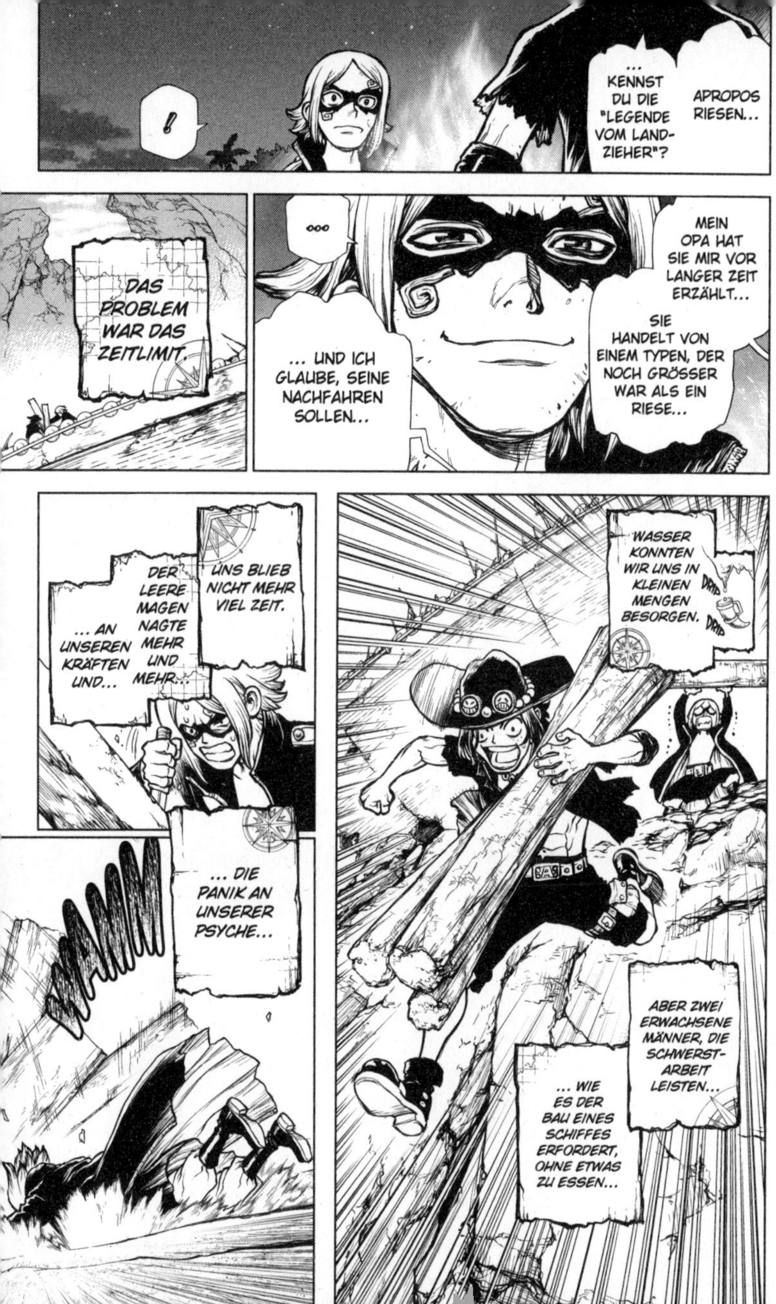
APROPOS RIESEN...
... KENNST DU DIE "LEGENDE VOM LANDZIEHER"?
!
MEIN OPA HAT SIE MIR VOR LANGER ZEIT ERZÄHLT...
SIE HANDELT VON EINEM TYPEN, DER NOCH GRÖSSER WAR ALS EIN RIESE...
... UND ICH GLAUBE, SEINE NACHFAHREN SOLLEN...
...
DAS PROBLEM WAR DAS ZEITLIMIT.
WASSER KONNTEN WIR UNS IN KLEINEN MENGEN BESORGEN.
DRIP
DRIP
ABER ZWEI ERWACHSENE MÄNNER, DIE SCHWERSTARBEIT LEISTEN...
... WIE ES DER BAU EINES SCHIFFES ERFORDERT, OHNE ETWAS ZU ESSEN...
UNS BLIEB NICHT MEHR VIEL ZEIT.
DER LEERE MAGEN NAGTE MEHR UND MEHR...
... AN UNSEREN KRÄFTEN UND...
... DIE PANIK AN UNSERER PSYCHE...
WAMM

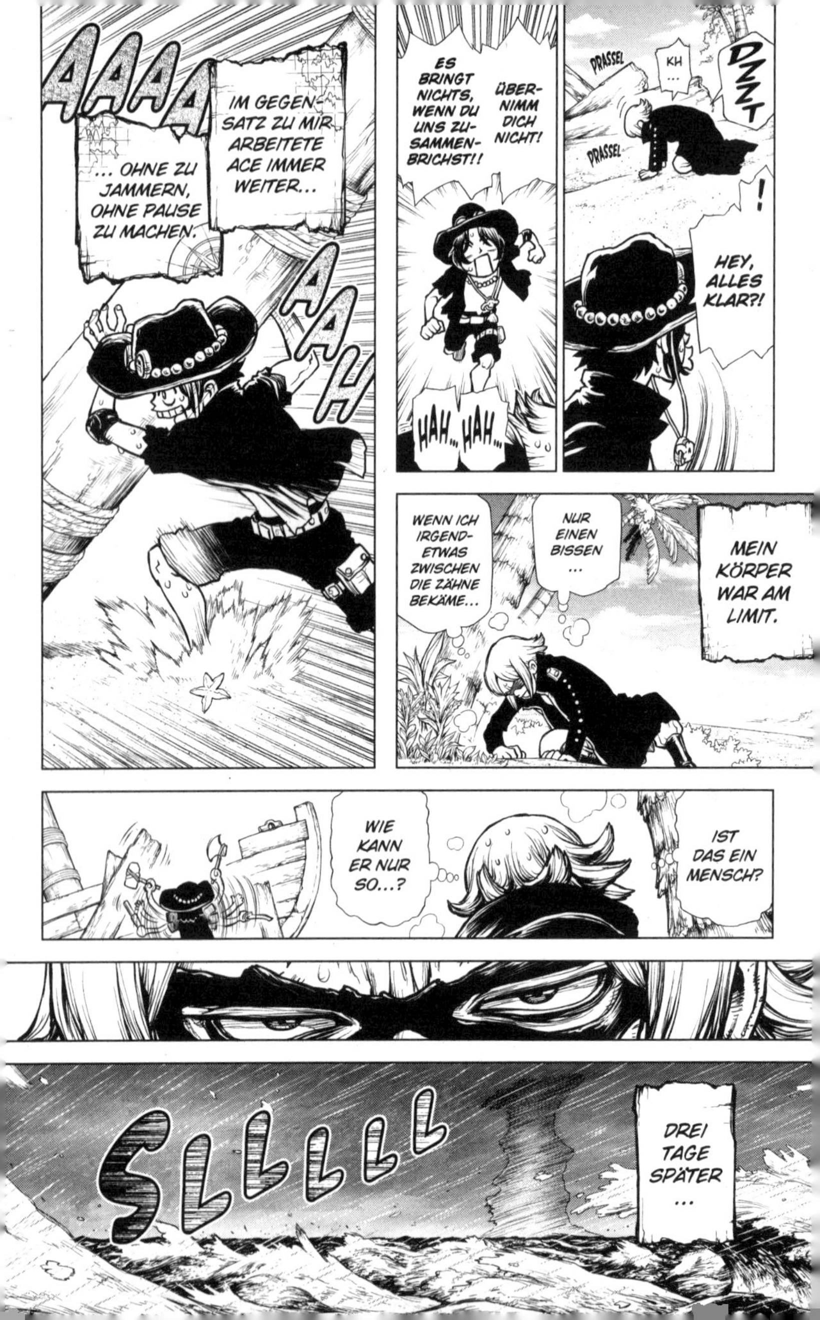
AAAA
IM GEGENSATZ ZU MIR ARBEITETE ACE IMMER WEITER...
... OHNE ZU JAMMERN, OHNE PAUSE ZU MACHEN.
AAAH
ES BRINGT NICHTS, WENN DU UNS ZUSAMMENBRICHST!!
ÜBERNIMM DICH NICHT!
HAH... HAH...
PRASSEL
KH ...
DZZZT
PRASSEL
!
HEY, ALLES KLAR?!
WENN ICH IRGENDETWAS ZWISCHEN DIE ZÄHNE BEKÄME...
NUR EINEN BISSEN ...
MEIN KÖRPER WAR AM LIMIT.
WIE KANN ER NUR SO...?
IST DAS EIN MENSCH?
SLLLLL
DREI TAGE SPÄTER ...

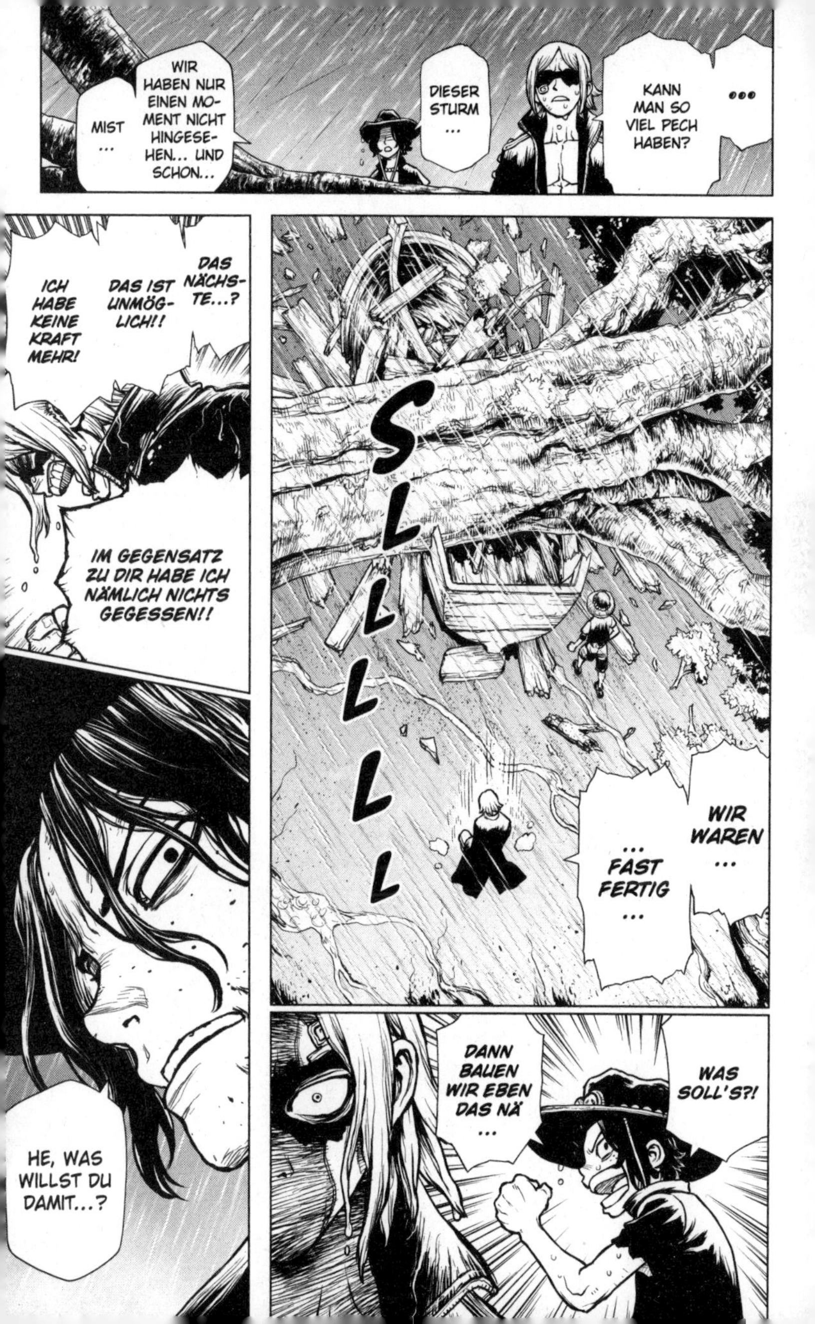
...
KANN MAN SO VIEL PECH HABEN?
DIESER STURM ...
WIR HABEN NUR EINEN MOMENT NICHT HINGESEHEN... UND SCHON...
MIST ...
WIR WAREN ...
... FAST FERTIG ...
SLLLLLL
WAS SOLL'S?!
DANN BAUEN WIR EBEN DAS NÄ ...
DAS NÄCHSTE...?
DAS IST UNMÖGLICH!!
ICH HABE KEINE KRAFT MEHR!
IM GEGENSATZ ZU DIR HABE ICH NÄMLICH NICHTS GEGESSEN!!
HE, WAS WILLST DU DAMIT...?

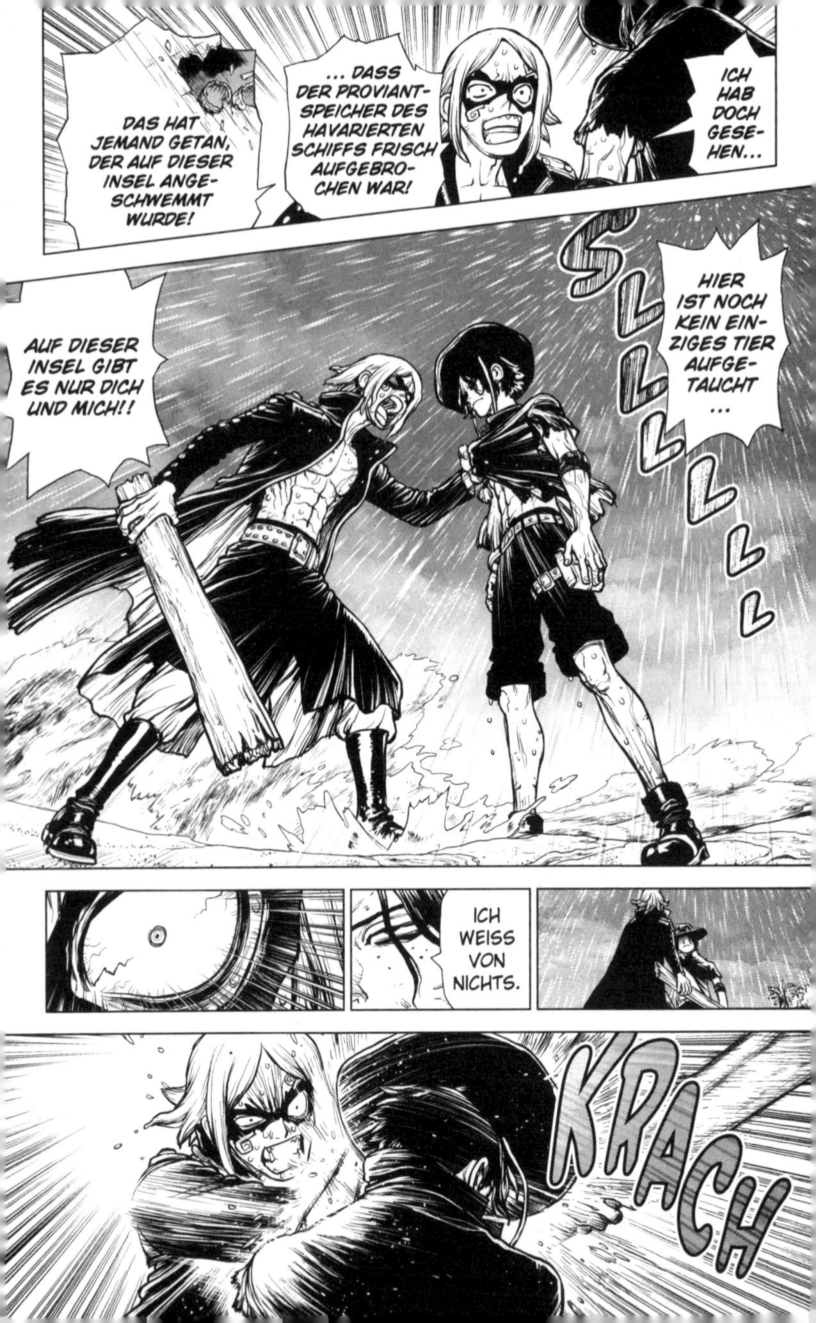
ICH HAB DOCH GESEHEN...
... DASS DER PROVIANTSPEICHER DES HAVARIERTEN SCHIFFS FRISCH AUFGEBROCHEN WAR!
DAS HAT JEMAND GETAN, DER AUF DIESER INSEL ANGESCHWEMMT WURDE!
HIER IST NOCH KEIN EINZIGES TIER AUFGETAUCHT ...
SLLLLLL
AUF DIESER INSEL GIBT ES NUR DICH UND MICH!!
ICH WEISS VON NICHTS.
KRACH

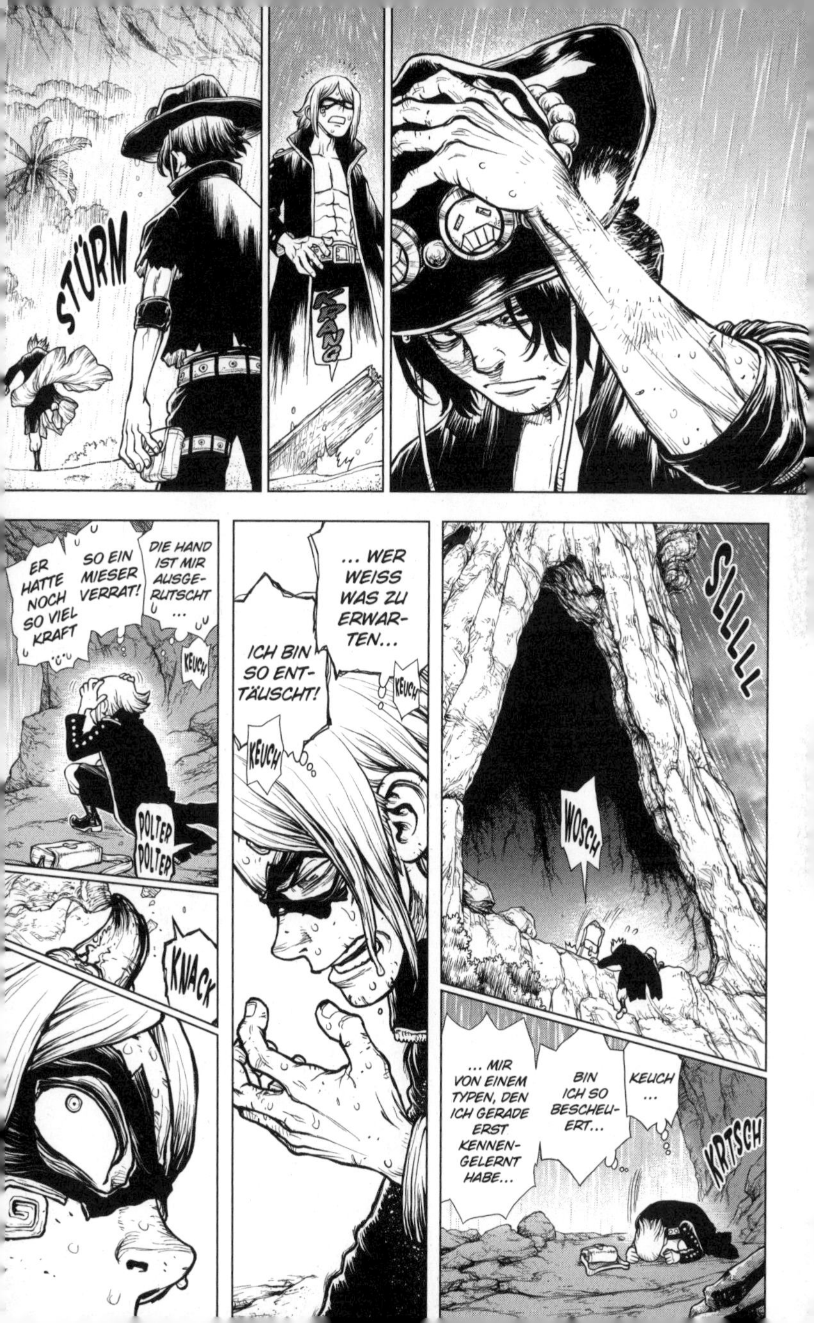
KRANG
STÜRM
SLLLLL
WOSCH
... WER WEISS WAS ZU ERWARTEN...
KEUCH
ICH BIN SO ENTTÄUSCHT!
KEUCH
DIE HAND IST MIR AUSGERUTSCHT ...
SO EIN MIESER VERRAT!
ER HATTE NOCH SO VIEL KRAFT
KEUCH
POLTER POLTER
KNACK
KEUCH ...
BIN ICH SO BESCHEUERT...
... MIR VON EINEM TYPEN, DEN ICH GERADE ERST KENNENGELERNT HABE...
KRTSCH

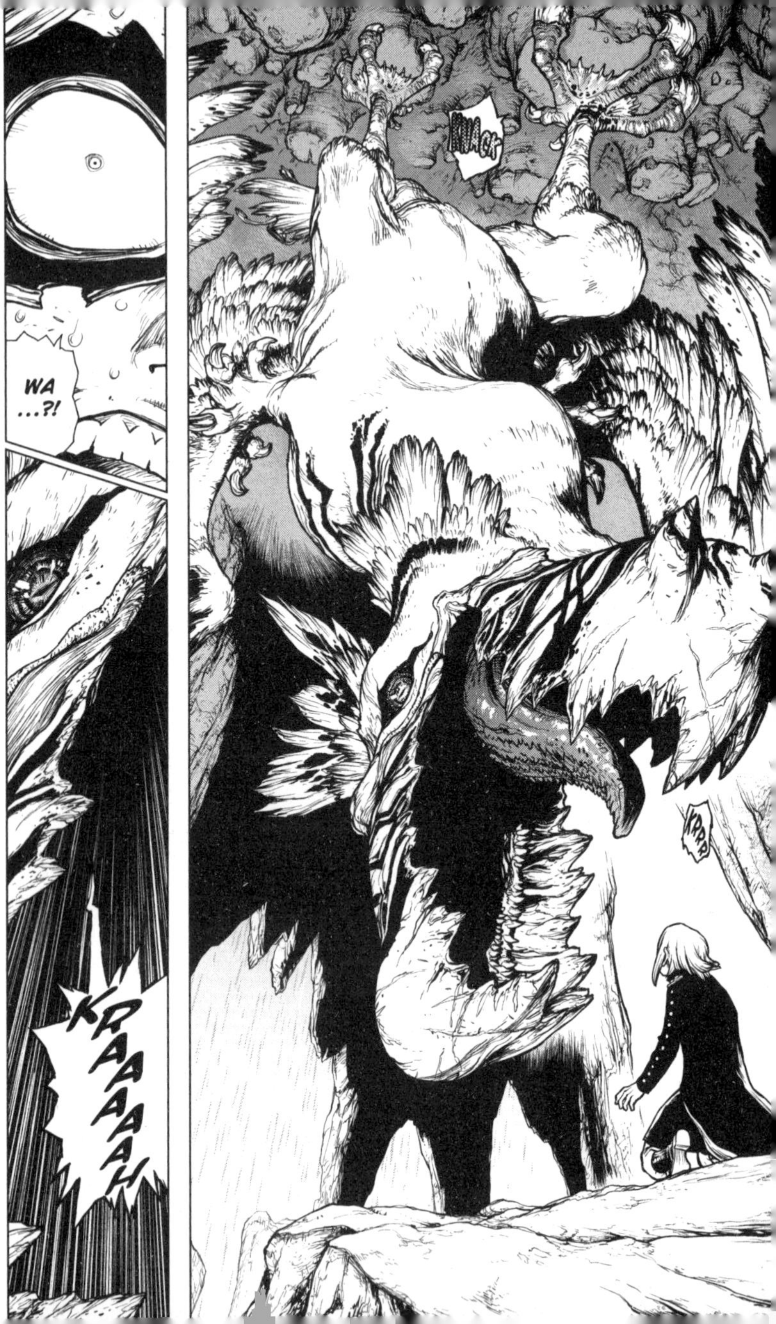
KNACK
KRRR
WA ...?!
KRAAAAAAH

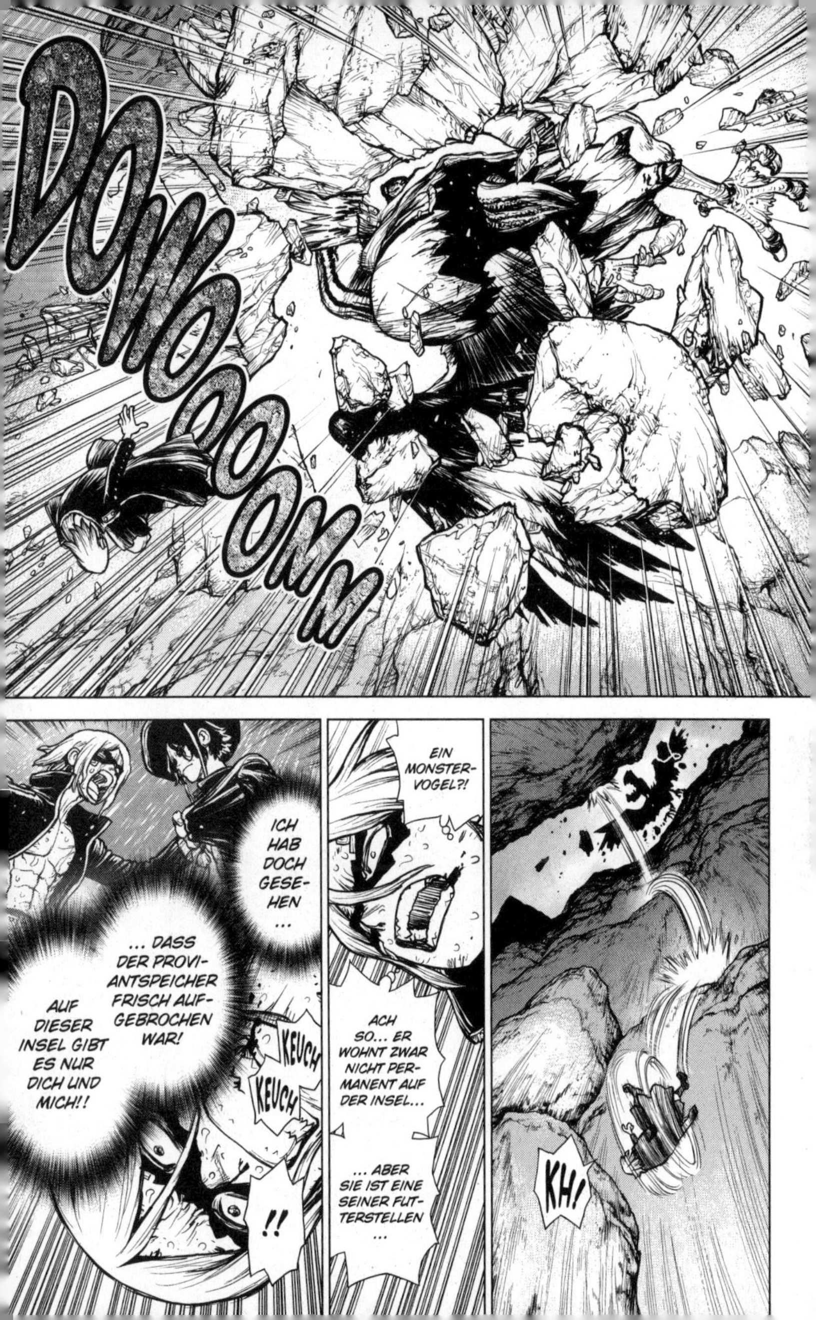
DOWOOOOOMM
EIN MONSTER-VOGEL?!
KH!
ACH SO… ER WOHNT ZWAR NICHT PER-MANENT AUF DER INSEL…
… ABER SIE IST EINE SEINER FUT-TERSTELLEN …
ICH HAB DOCH GESE-HEN …
… DASS DER PROVI-ANTSPEICHER FRISCH AUF-GEBROCHEN WAR!
AUF DIESER INSEL GIBT ES NUR DICH UND MICH!!
KEUCH
KEUCH
!!

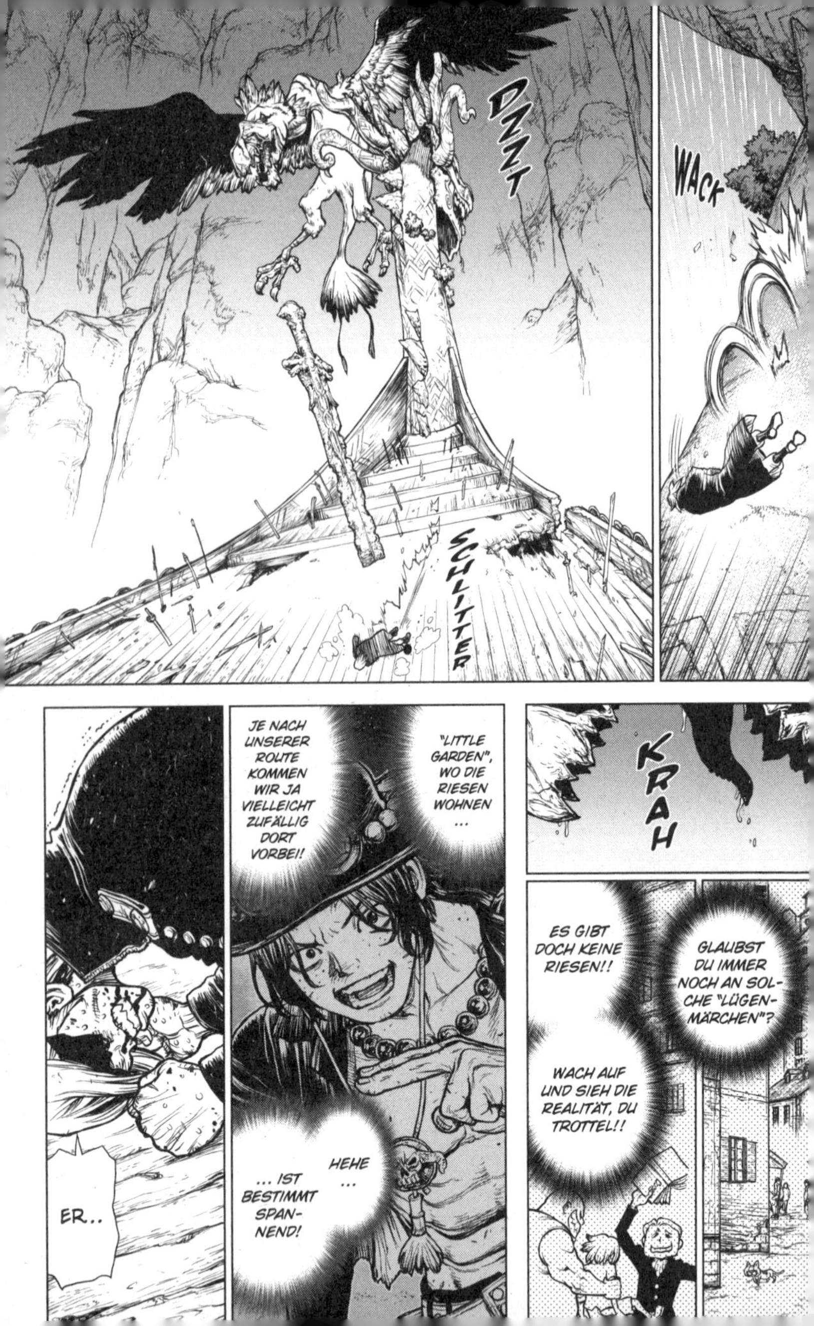
WACK
DZZZT
SCHLITTER
KRAH
GLAUBST DU IMMER NOCH AN SOLCHE "LÜGENMÄRCHEN"?
ES GIBT DOCH KEINE RIESEN!!
WACH AUF UND SIEH DIE REALITÄT, DU TROTTEL!!
"LITTLE GARDEN", WO DIE RIESEN WOHNEN …
JE NACH UNSERER ROUTE KOMMEN WIR JA VIELLEICHT ZUFÄLLIG DORT VORBEI!
HEHE …
… IST BESTIMMT SPANNEND!
ER..

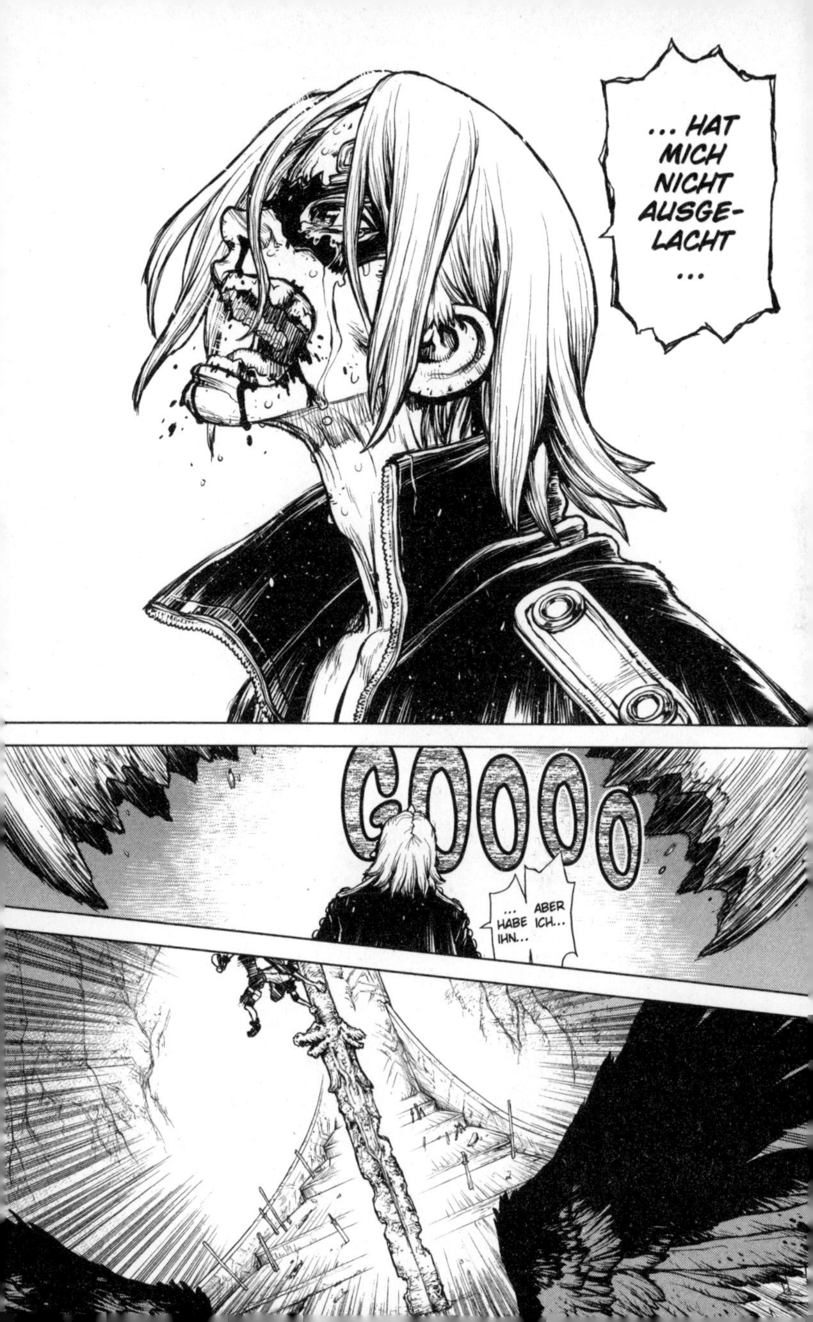
... HAT MICH NICHT AUSGE-LACHT ...
GOOOO
... ABER HABE ICH... IHN...

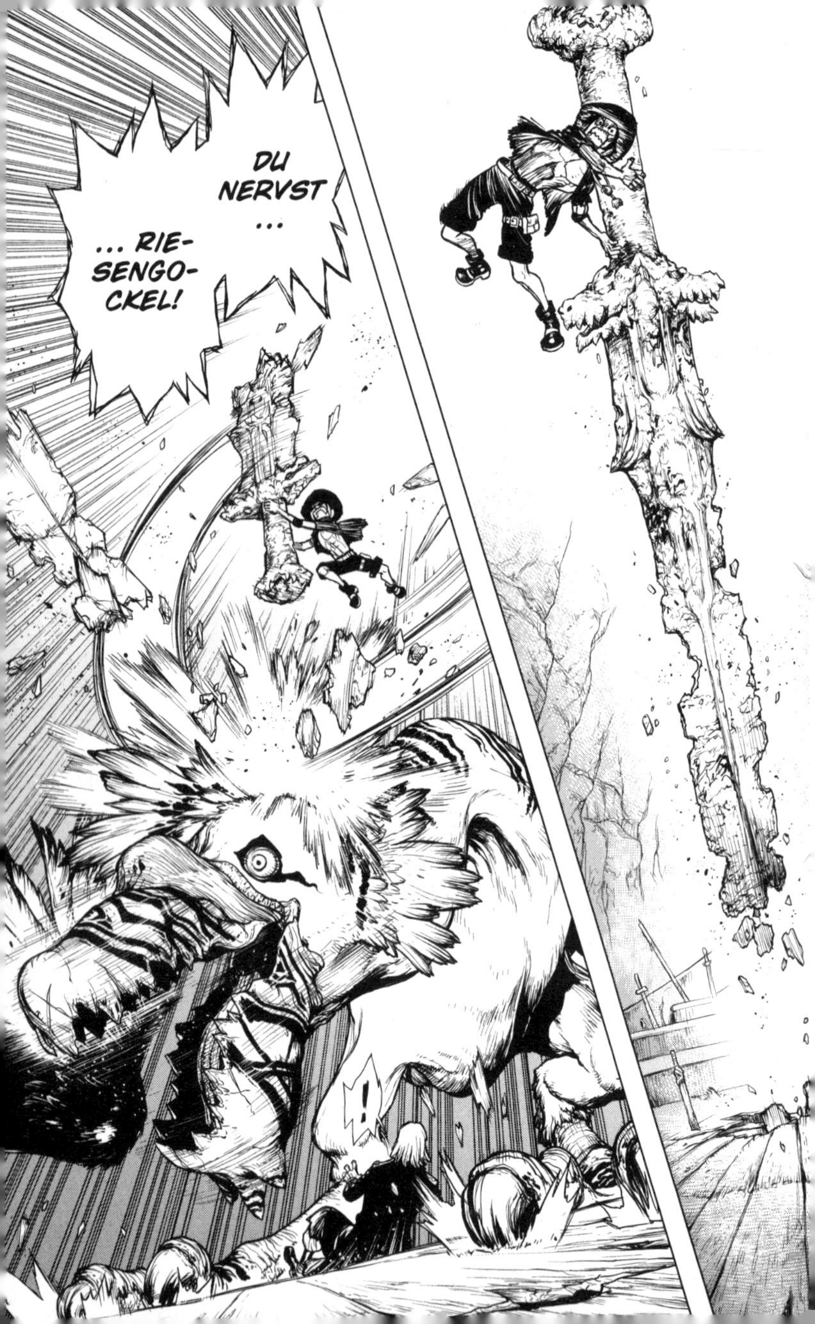
DU NERVST ...
... RIE-SENGO-CKEL!
!

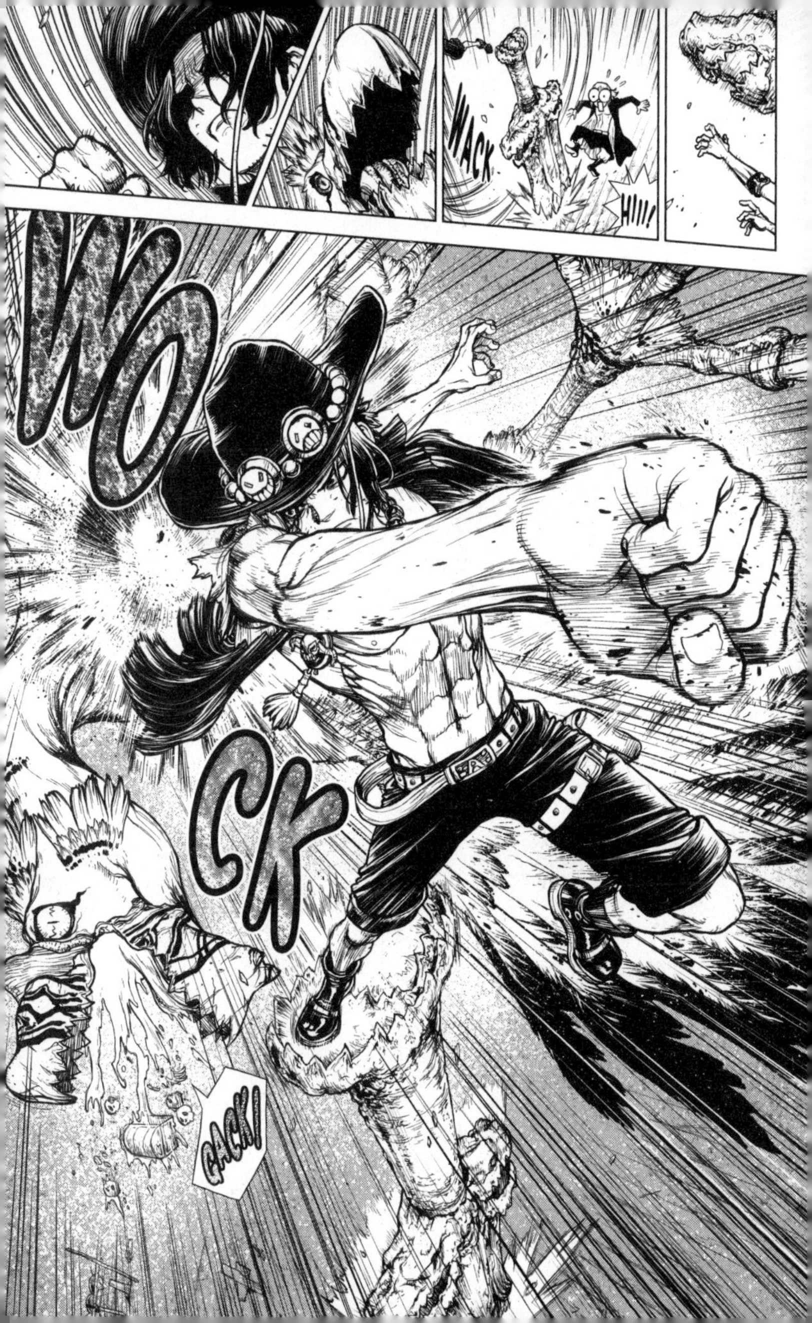
WACK
HIII!
WOCK
GACK!

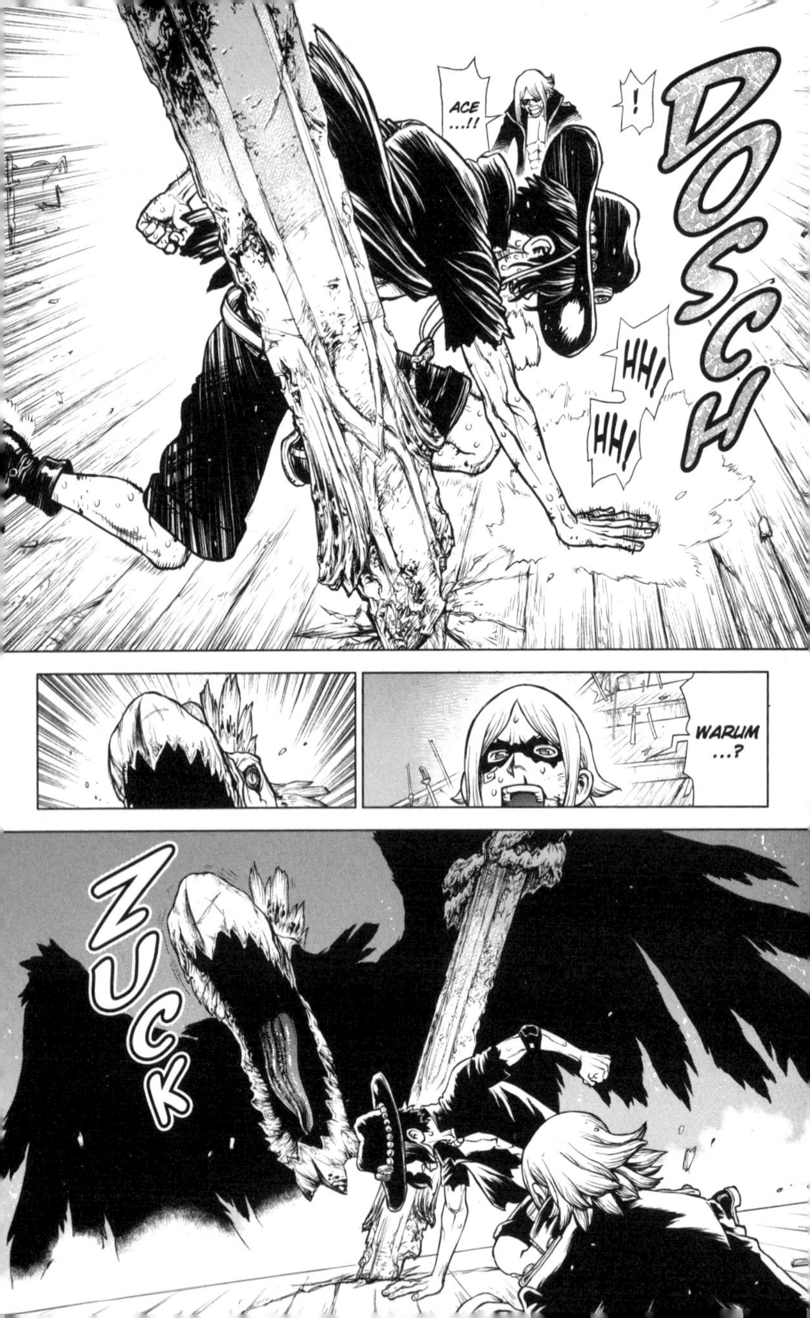
DOSCH
!
ACE ...!!
HH!
HH!
WARUM ...?
ZUCK

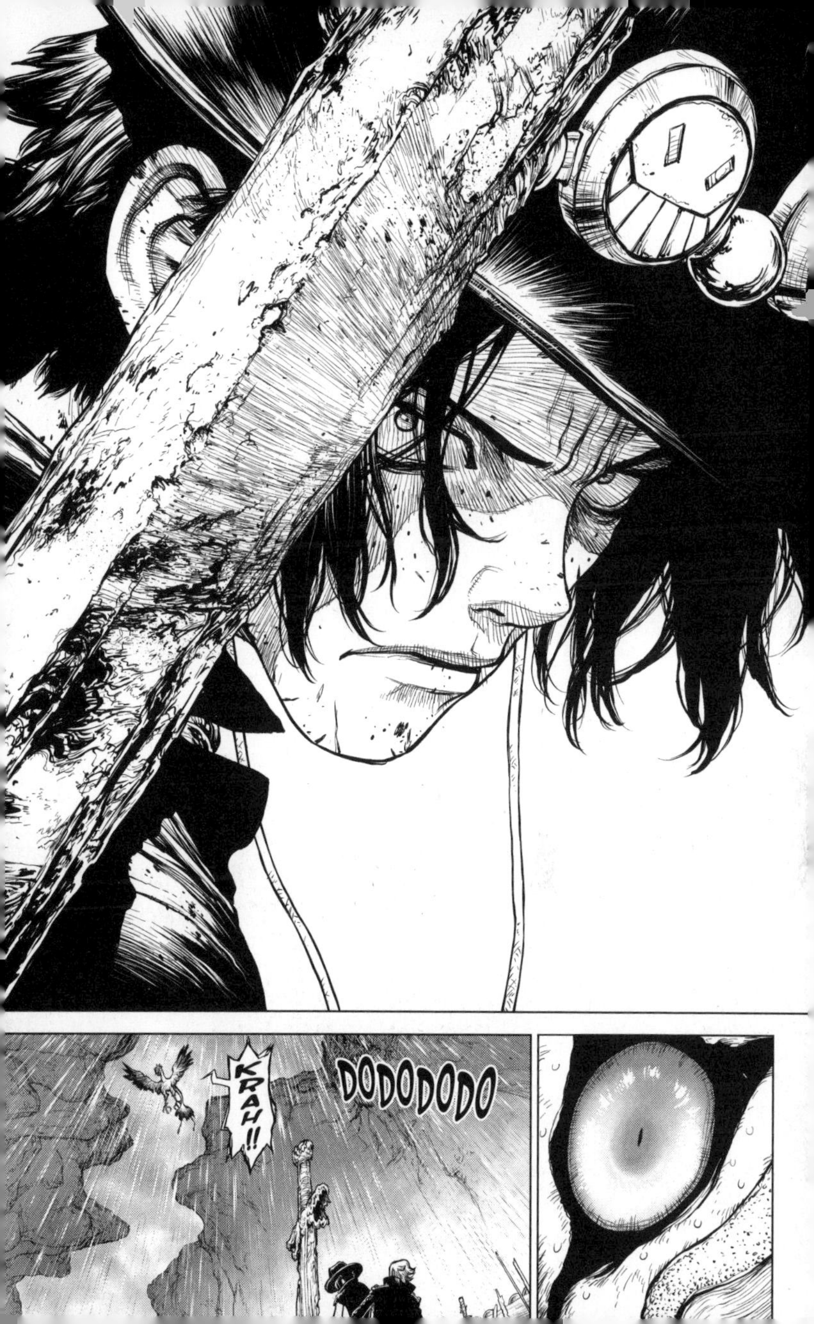
KRAH!!
DODODODO

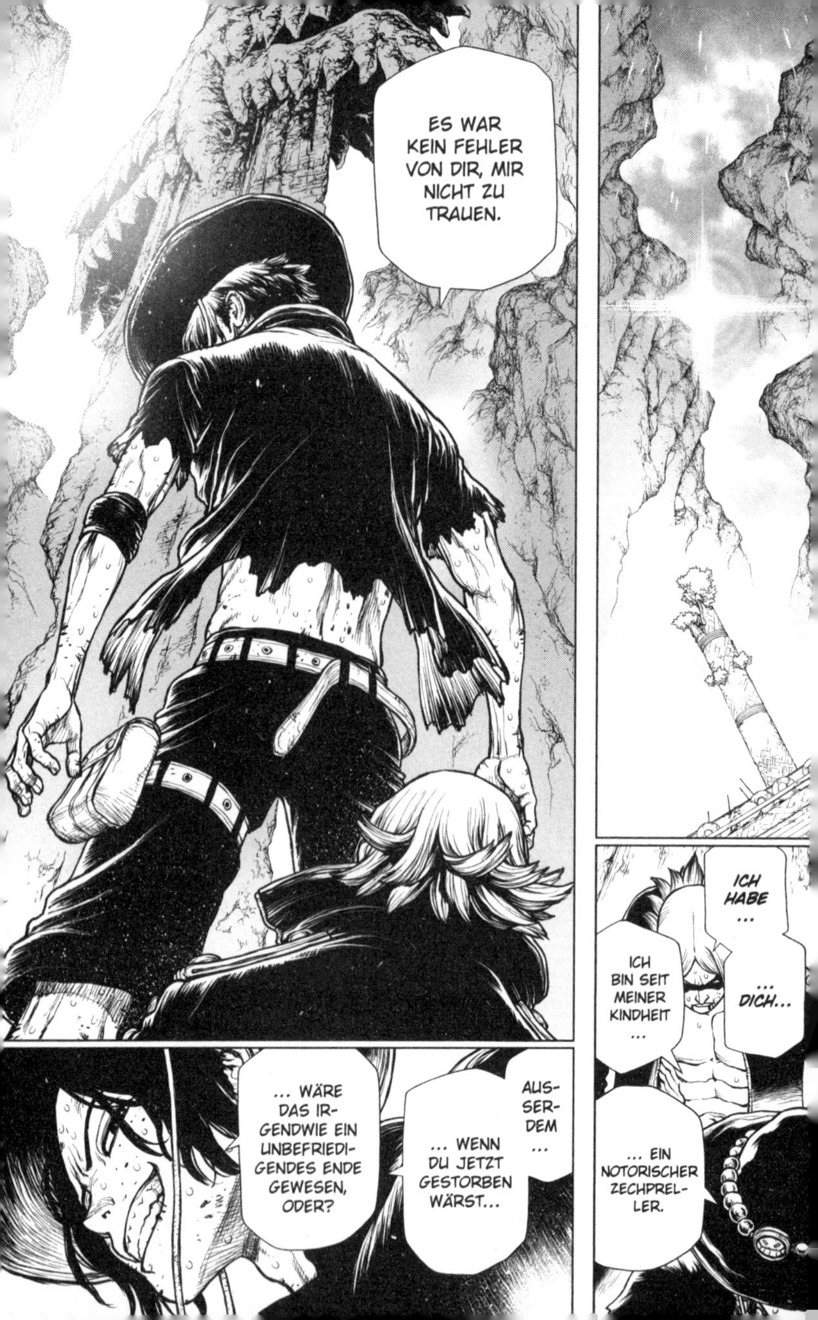

ES WAR KEIN FEHLER VON DIR, MIR NICHT ZU TRAUEN.
ICH HABE ...
... DICH...
ICH BIN SEIT MEINER KINDHEIT ...
... EIN NOTORISCHER ZECHPREL-LER.
AUS-SER-DEM ...
... WENN DU JETZT GESTORBEN WÄRST...
... WÄRE DAS IR-GENDWIE EIN UNBEFRIEDI-GENDES ENDE GEWESEN, ODER?

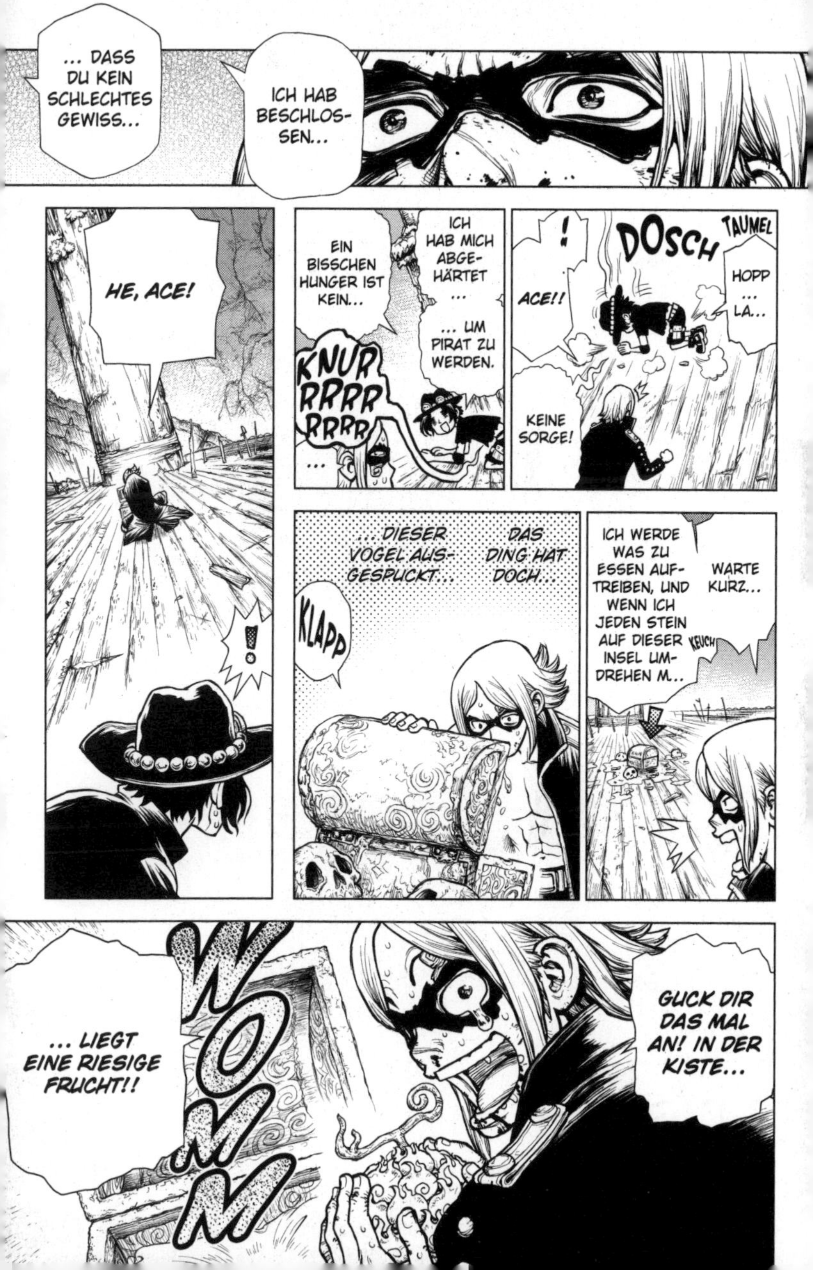
ICH HAB BESCHLOSSEN...
... DASS DU KEIN SCHLECHTES GEWISS...
!
DOSCH
TAUMEL
HOPP ... LA...
ACE!!
KEINE SORGE!
ICH HAB MICH ABGEHÄRTET ...
... UM PIRAT ZU WERDEN.
EIN BISSCHEN HUNGER IST KEIN...
KNURRRRRRRRR
...
HE, ACE!
!
WARTE KURZ...
ICH WERDE WAS ZU ESSEN AUFTREIBEN, UND WENN ICH JEDEN STEIN AUF DIESER INSEL UMDREHEN M...
KEUCH
DAS DING HAT DOCH...
... DIESER VOGEL AUSGESPUCKT...
KLAPP
GUCK DIR DAS MAL AN! IN DER KISTE...
... LIEGT EINE RIESIGE FRUCHT!!
WOMM

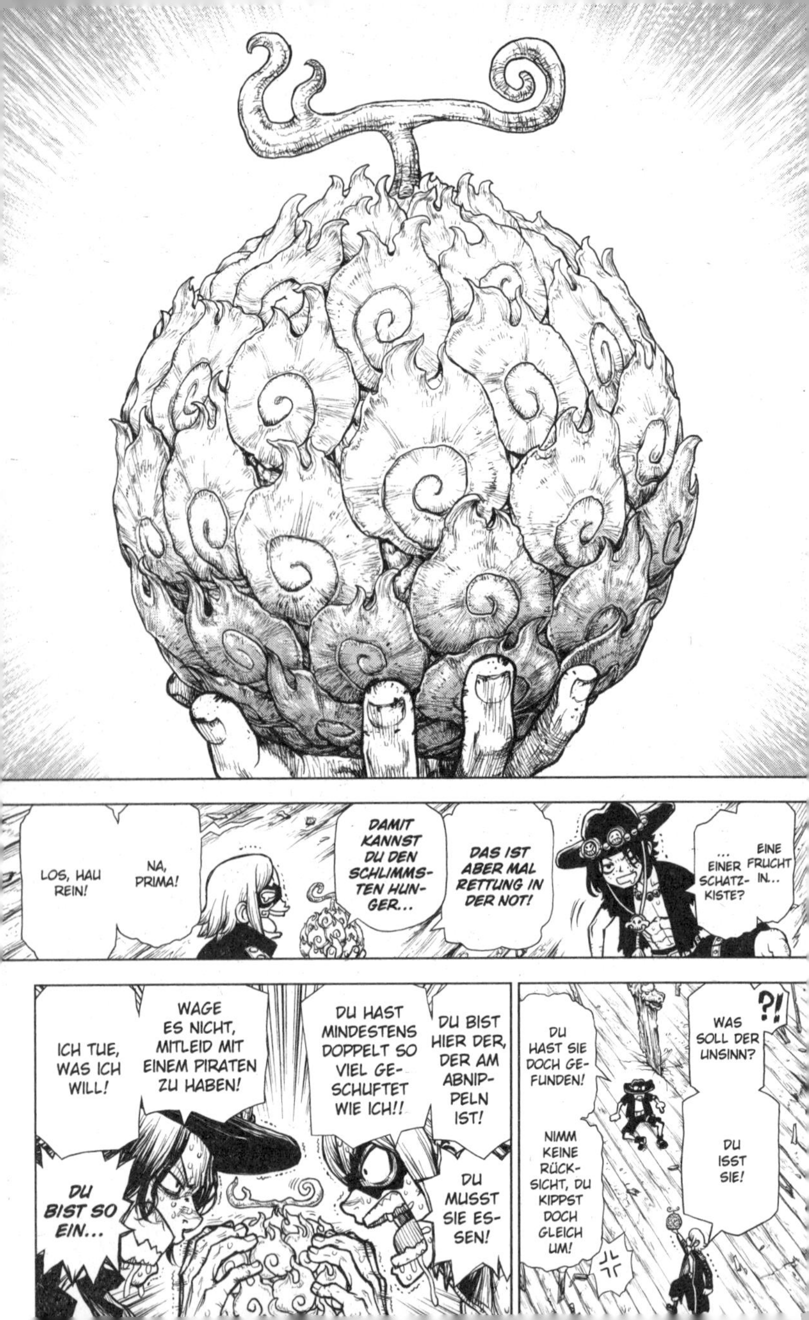
EINE FRUCHT IN...
... EINER SCHATZ-KISTE?
DAS IST ABER MAL RETTUNG IN DER NOT!
DAMIT KANNST DU DEN SCHLIMMS-TEN HUN-GER...
NA, PRIMA!
LOS, HAU REIN!
?!
WAS SOLL DER UNSINN?
DU HAST SIE DOCH GE-FUNDEN!
DU ISST SIE!
NIMM KEINE RÜCK-SICHT, DU KIPPST DOCH GLEICH UM!
DU BIST HIER DER, DER AM ABNIP-PELN IST!
DU HAST MINDESTENS DOPPELT SO VIEL GE-SCHUFTET WIE ICH!!
DU MUSST SIE ES-SEN!
WAGE ES NICHT, MITLEID MIT EINEM PIRATEN ZU HABEN!
ICH TUE, WAS ICH WILL!
DU BIST SO EIN...

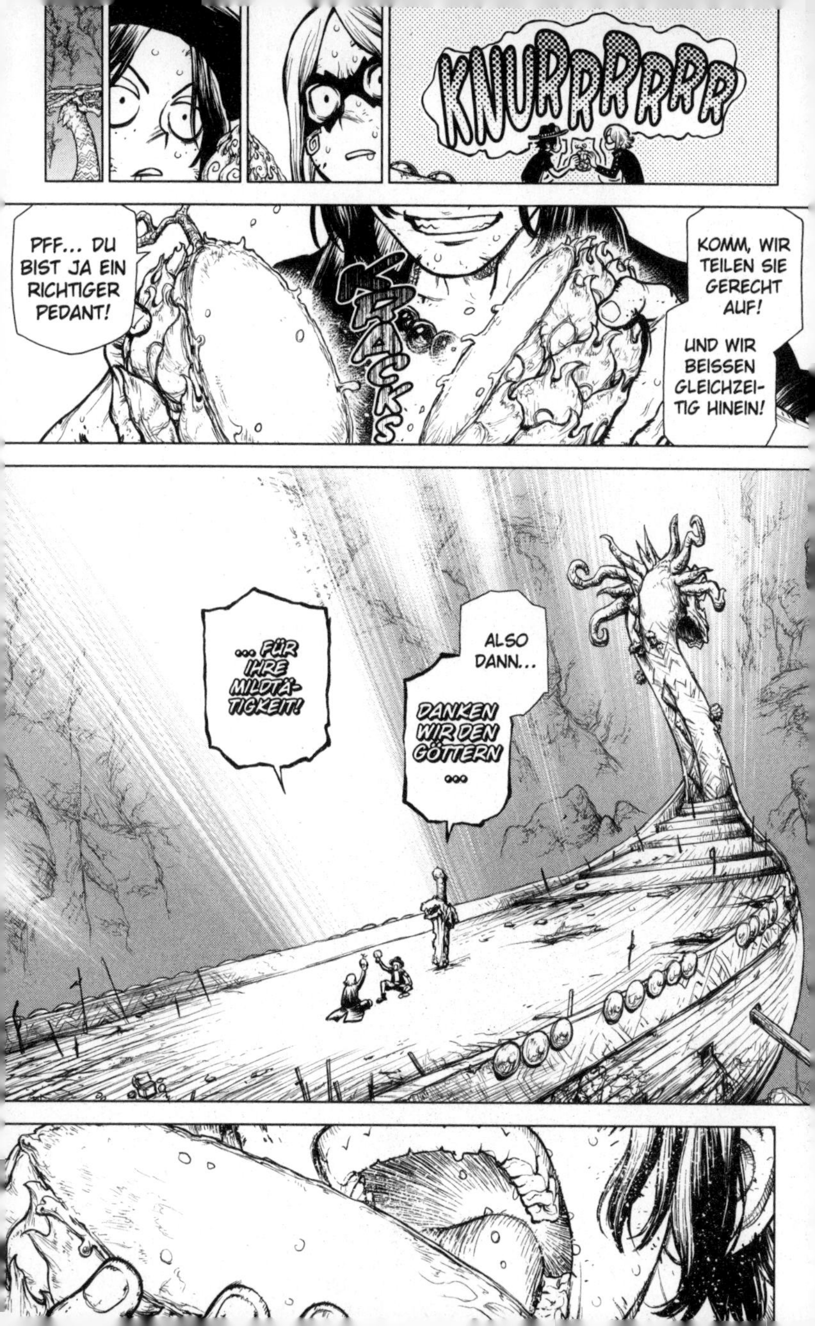
KNURRRRRR
PFF... DU BIST JA EIN RICHTIGER PEDANT!
KRACKS
KOMM, WIR TEILEN SIE GERECHT AUF!
UND WIR BEISSEN GLEICHZEI-TIG HINEIN!
ALSO DANN...
DANKEN WIR DEN GÖTTERN ...
... FÜR IHRE MILDTÄ-TIGKEIT!

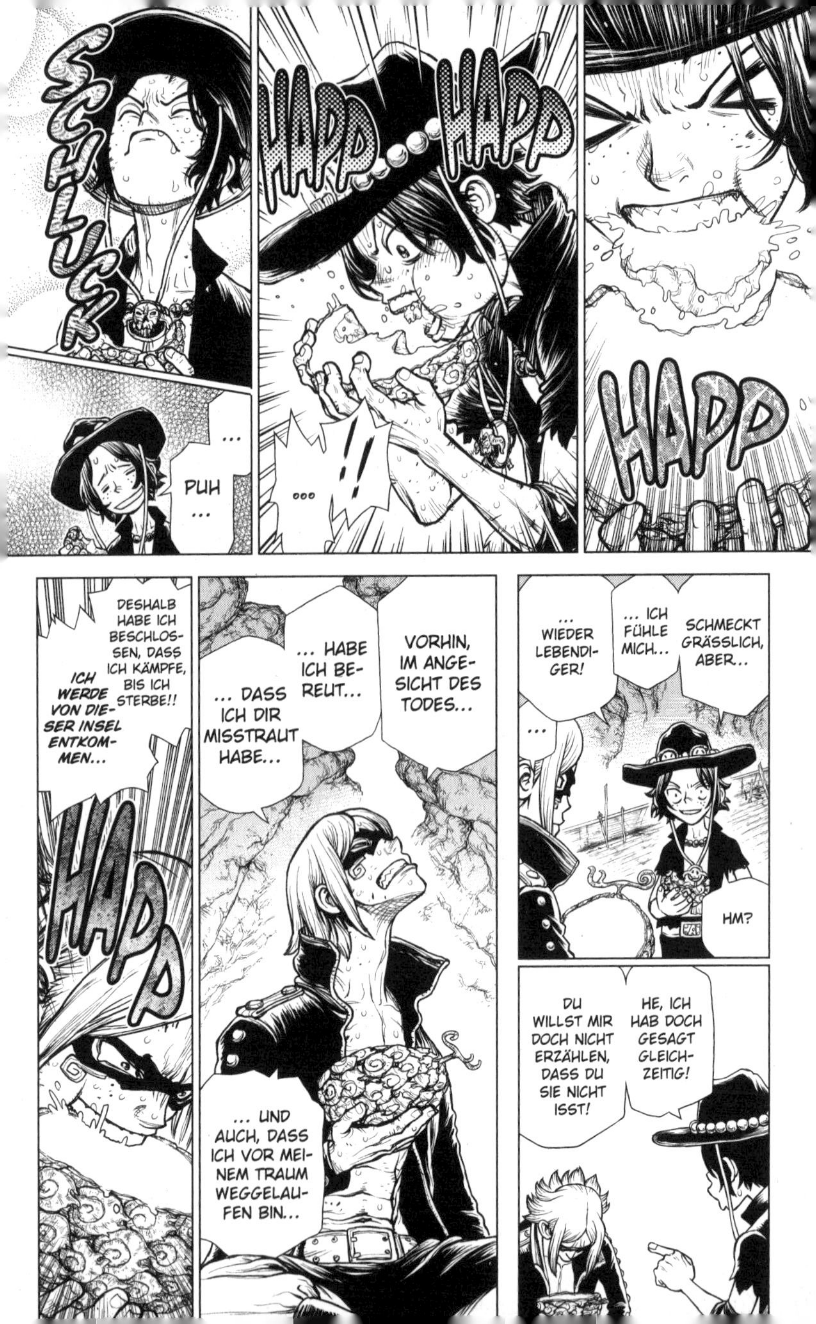

HAPP
HAPP ... HAPP
!!
ooo
SCHLUCK
...
PUH ...
SCHMECKT GRÄSSLICH, ABER...
... ICH FÜHLE MICH...
... WIEDER LEBENDIGER!
...
HM?
HE, ICH HAB DOCH GESAGT GLEICHZEITIG!
DU WILLST MIR DOCH NICHT ERZÄHLEN, DASS DU SIE NICHT ISST!
VORHIN, IM ANGESICHT DES TODES...
... HABE ICH BEREUT...
... DASS ICH DIR MISSTRAUT HABE...
... UND AUCH, DASS ICH VOR MEINEM TRAUM WEGGELAUFEN BIN...
DESHALB HABE ICH BESCHLOSSEN, DASS ICH KÄMPFE, BIS ICH STERBE!!
ICH WERDE VON DIESER INSEL ENTKOMMEN...
HAPP

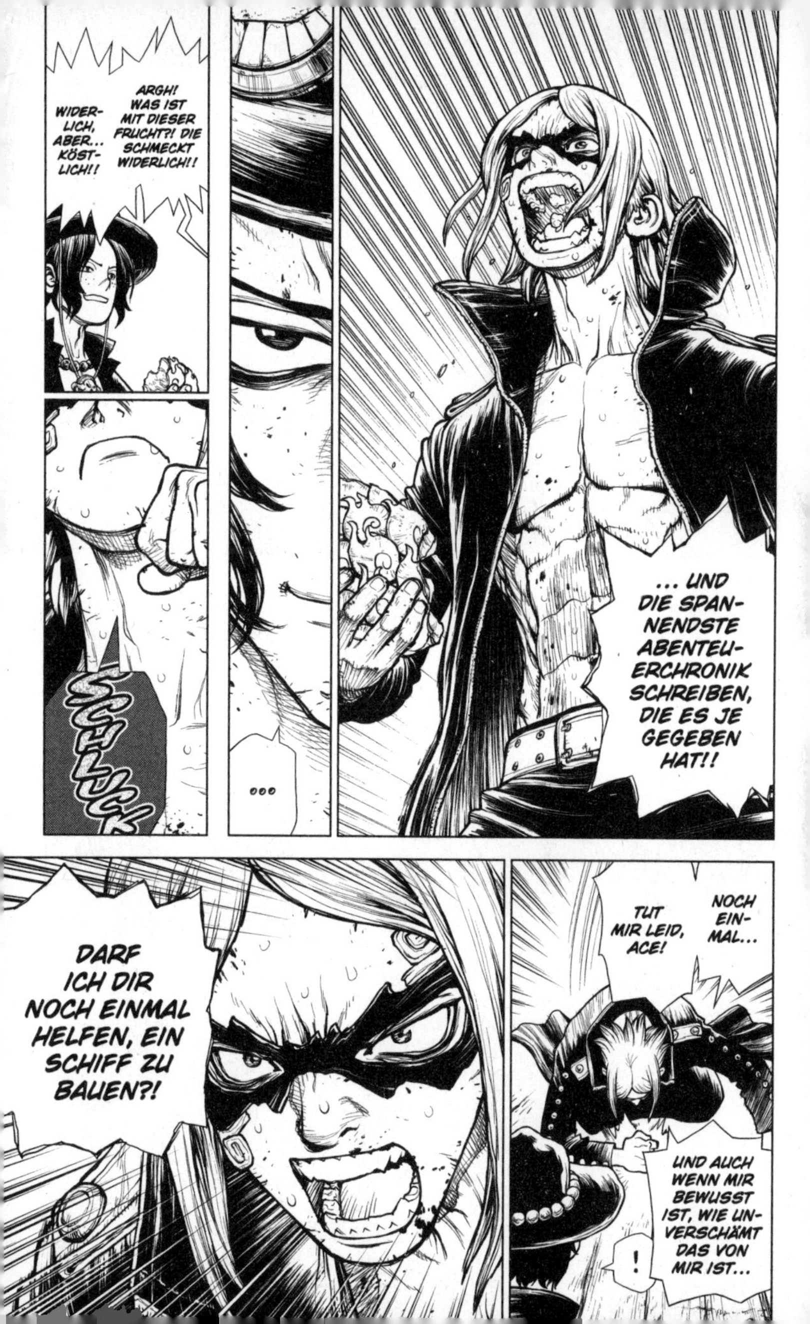
... UND DIE SPANNENDSTE ABENTEUERCHRONIK SCHREIBEN, DIE ES JE GEGEBEN HAT!!
...
ARGH! WAS IST MIT DIESER FRUCHT?! DIE SCHMECKT WIDERLICH!!
WIDERLICH, ABER... KÖSTLICH!!
SCHLUCK
NOCH EINMAL...
TUT MIR LEID, ACE!
UND AUCH WENN MIR BEWUSST IST, WIE UNVERSCHÄMT DAS VON MIR IST...
!
DARF ICH DIR NOCH EINMAL HELFEN, EIN SCHIFF ZU BAUEN?!

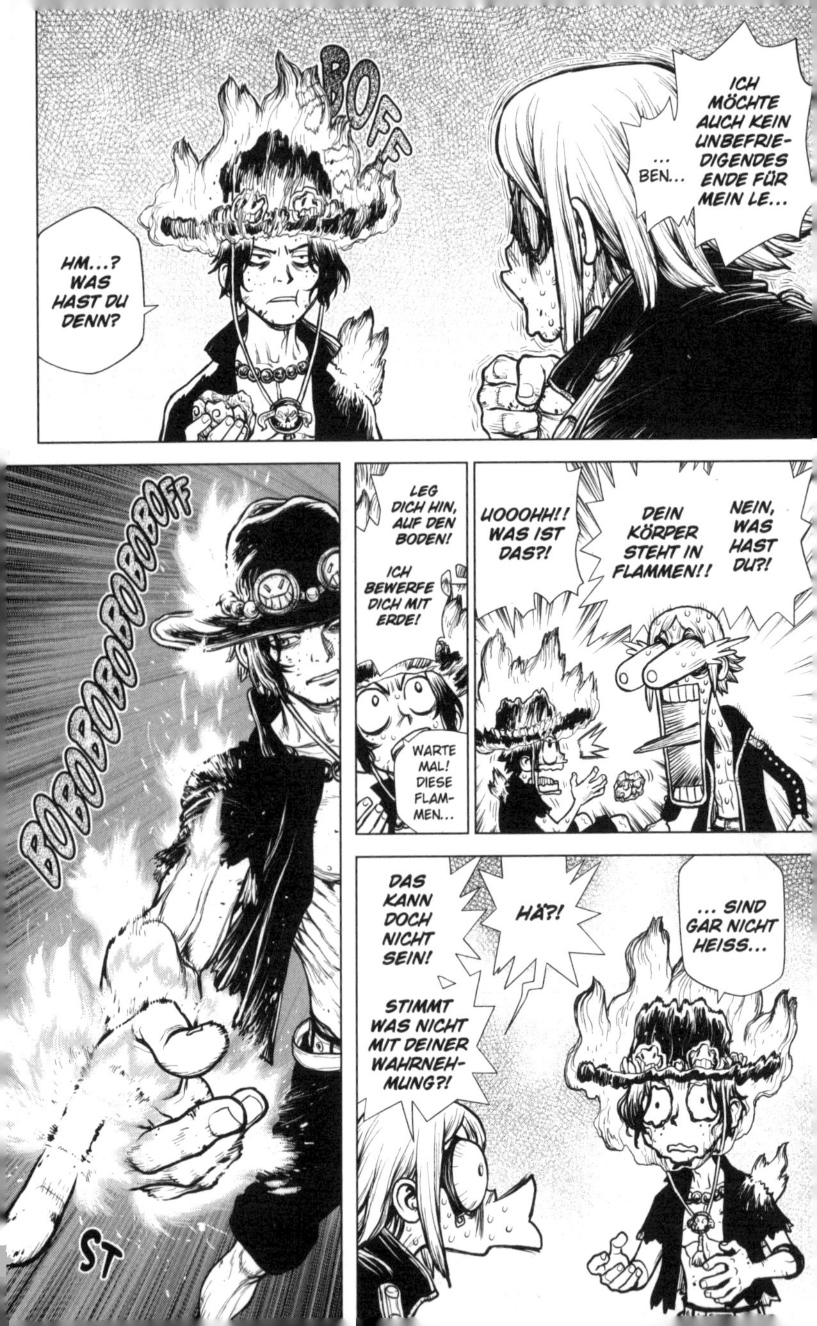
ICH MÖCHTE AUCH KEIN UNBEFRIE-DIGENDES ENDE FÜR MEIN LE…
… BEN…
BOFF
HM…? WAS HAST DU DENN?
NEIN, WAS HAST DU?!
DEIN KÖRPER STEHT IN FLAMMEN!!
UOOOHH!! WAS IST DAS?!
LEG DICH HIN, AUF DEN BODEN!
ICH BEWERFE DICH MIT ERDE!
WARTE MAL! DIESE FLAM-MEN…
… SIND GAR NICHT HEISS…
HÄ?!
DAS KANN DOCH NICHT SEIN!
STIMMT WAS NICHT MIT DEINER WAHRNEH-MUNG?!
BOBOBOBOBOFF
ST

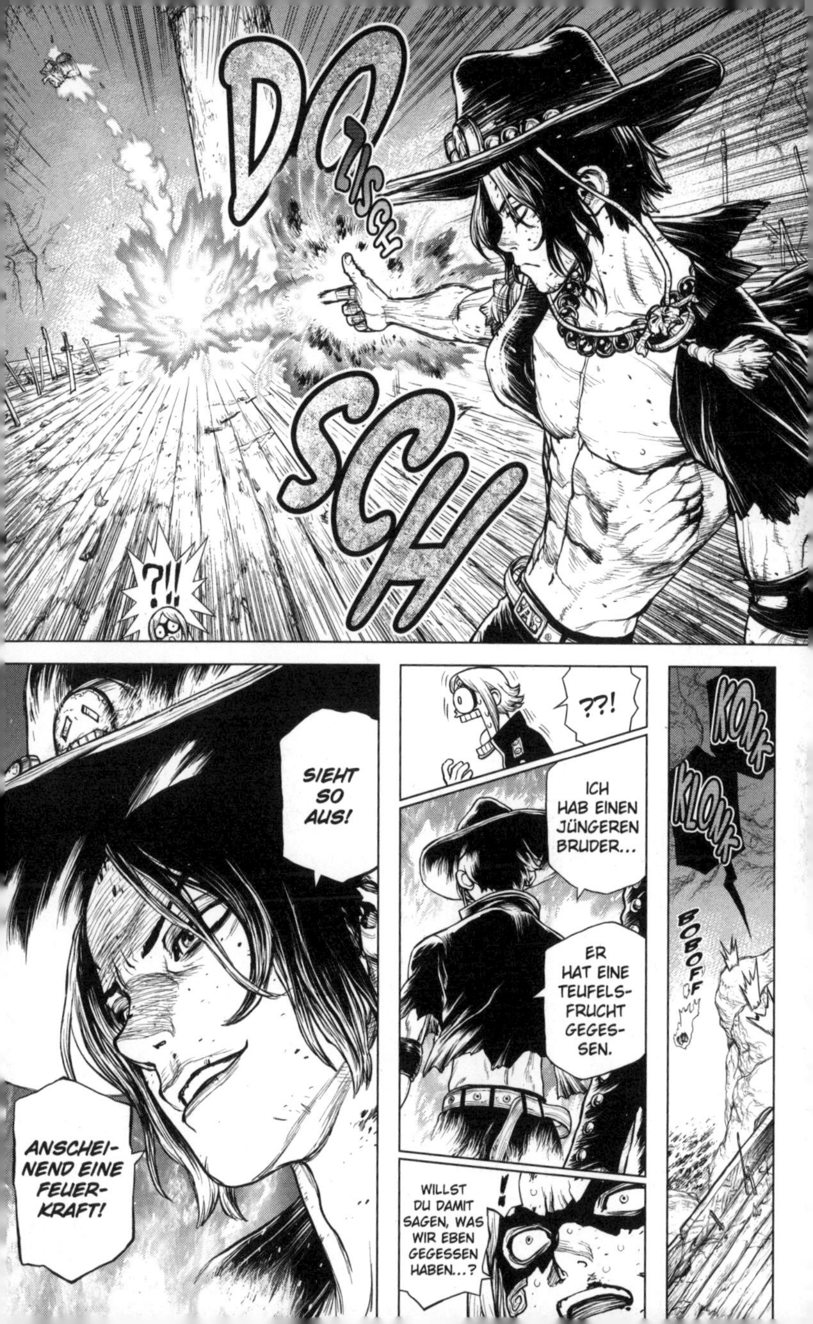
DO
ZISCH
SCH
?!!
KONK
KLONK
BOBOFF
??!
ICH HAB EINEN JÜNGEREN BRUDER...
ER HAT EINE TEUFELSFRUCHT GEGESSEN.
SIEHT SO AUS!
ANSCHEINEND EINE FEUERKRAFT!
WILLST DU DAMIT SAGEN, WAS WIR EBEN GEGESSEN HABEN...?
!

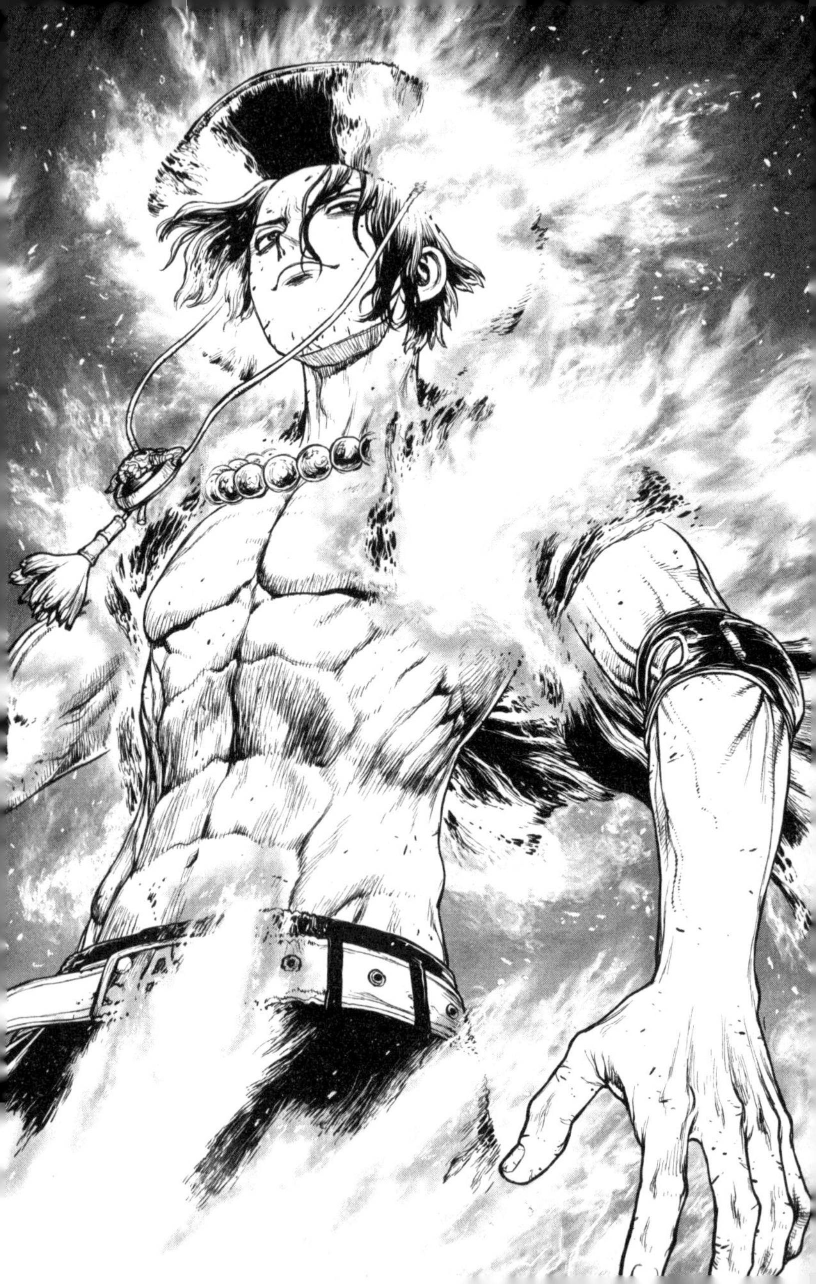

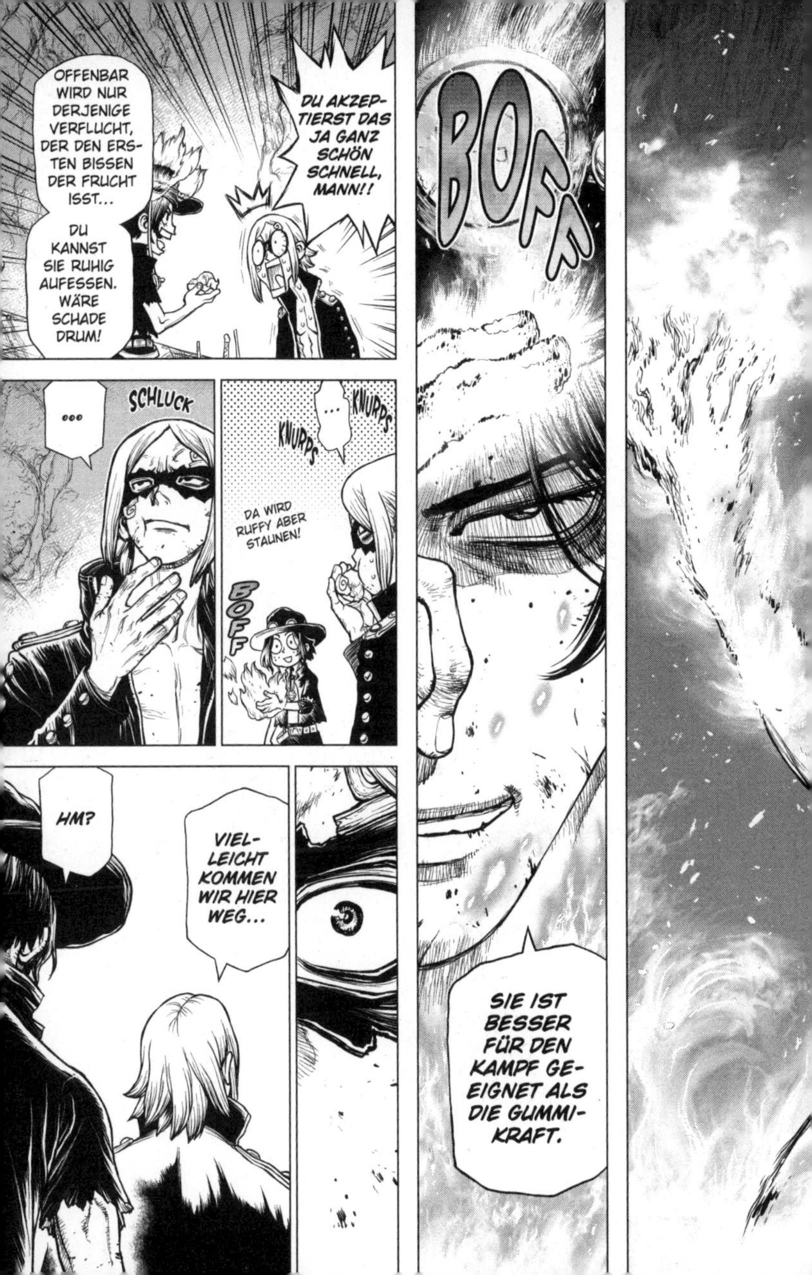
BOFF
DU AKZEPTIERST DAS JA GANZ SCHÖN SCHNELL, MANN!!
OFFENBAR WIRD NUR DERJENIGE VERFLUCHT, DER DEN ERSTEN BISSEN DER FRUCHT ISST…
DU KANNST SIE RUHIG AUFESSEN. WÄRE SCHADE DRUM!
…
KNURPS
KNURPS
DA WIRD RUFFY ABER STAUNEN!
BOFF
SCHLUCK
…
SIE IST BESSER FÜR DEN KAMPF GEEIGNET ALS DIE GUMMIKRAFT.
VIELLEICHT KOMMEN WIR HIER WEG…
HM?

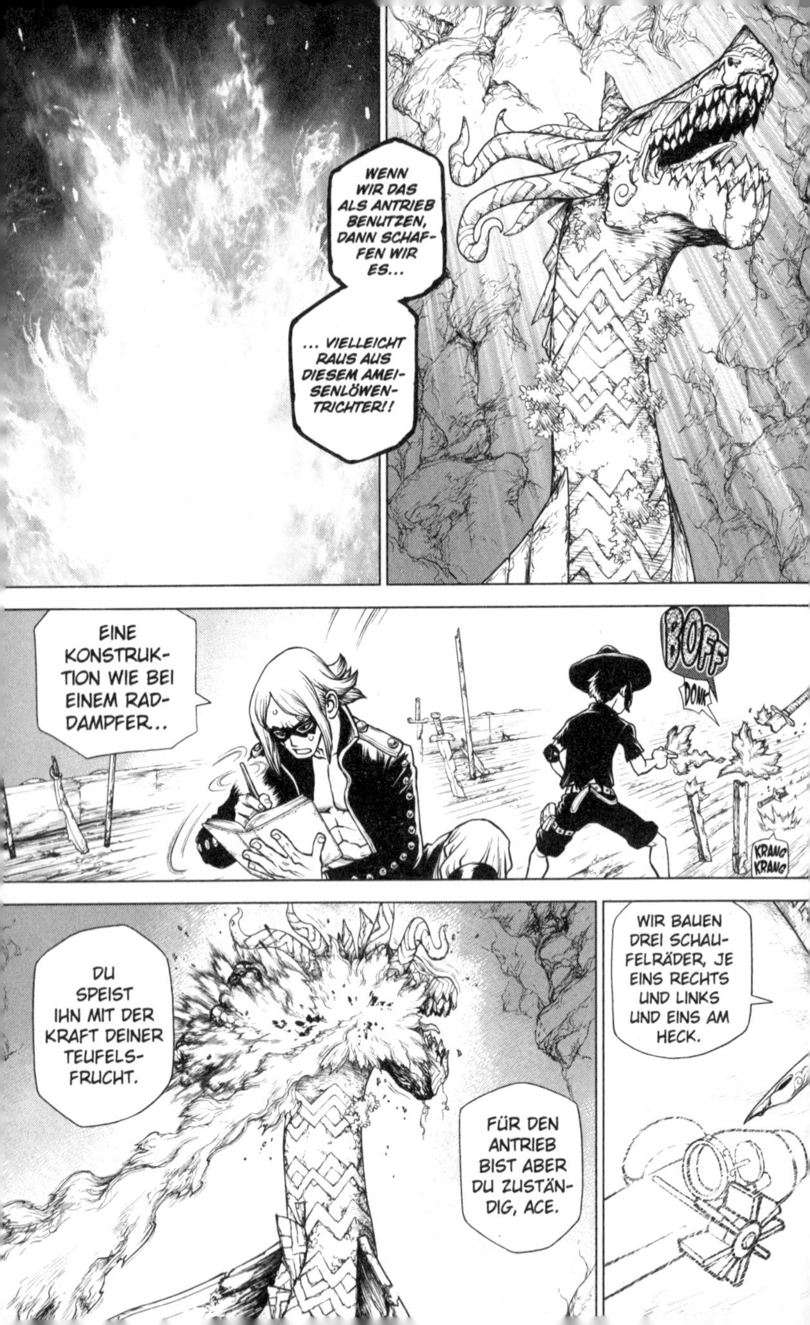

WENN WIR DAS ALS ANTRIEB BENUTZEN, DANN SCHAFFEN WIR ES...
... VIELLEICHT RAUS AUS DIESEM AMEISENLÖWENTRICHTER!!
BOFF
DONK
KRANG KRANG
EINE KONSTRUKTION WIE BEI EINEM RADDAMPFER...
WIR BAUEN DREI SCHAUFELRÄDER, JE EINS RECHTS UND LINKS UND EINS AM HECK.
FÜR DEN ANTRIEB BIST ABER DU ZUSTÄNDIG, ACE.
DU SPEIST IHN MIT DER KRAFT DEINER TEUFELSFRUCHT.

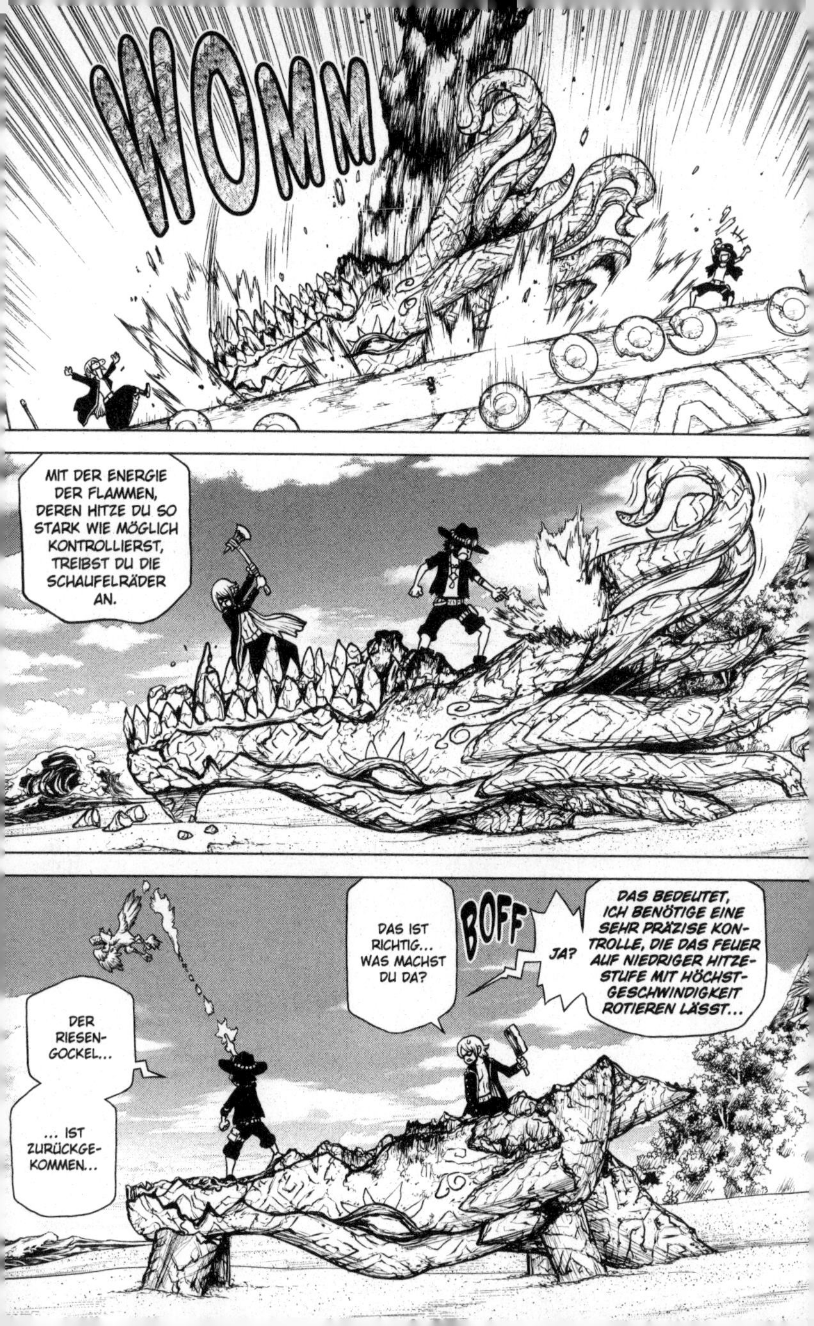
WOMM
MIT DER ENERGIE DER FLAMMEN, DEREN HITZE DU SO STARK WIE MÖGLICH KONTROLLIERST, TREIBST DU DIE SCHAUFELRÄDER AN.
DAS BEDEUTET, ICH BENÖTIGE EINE SEHR PRÄZISE KONTROLLE, DIE DAS FEUER AUF NIEDRIGER HITZESTUFE MIT HÖCHSTGESCHWINDIGKEIT ROTIEREN LÄSST…
JA?
BOFF
DAS IST RICHTIG… WAS MACHST DU DA?
DER RIESEN-GOCKEL…
… IST ZURÜCKGEKOMMEN…

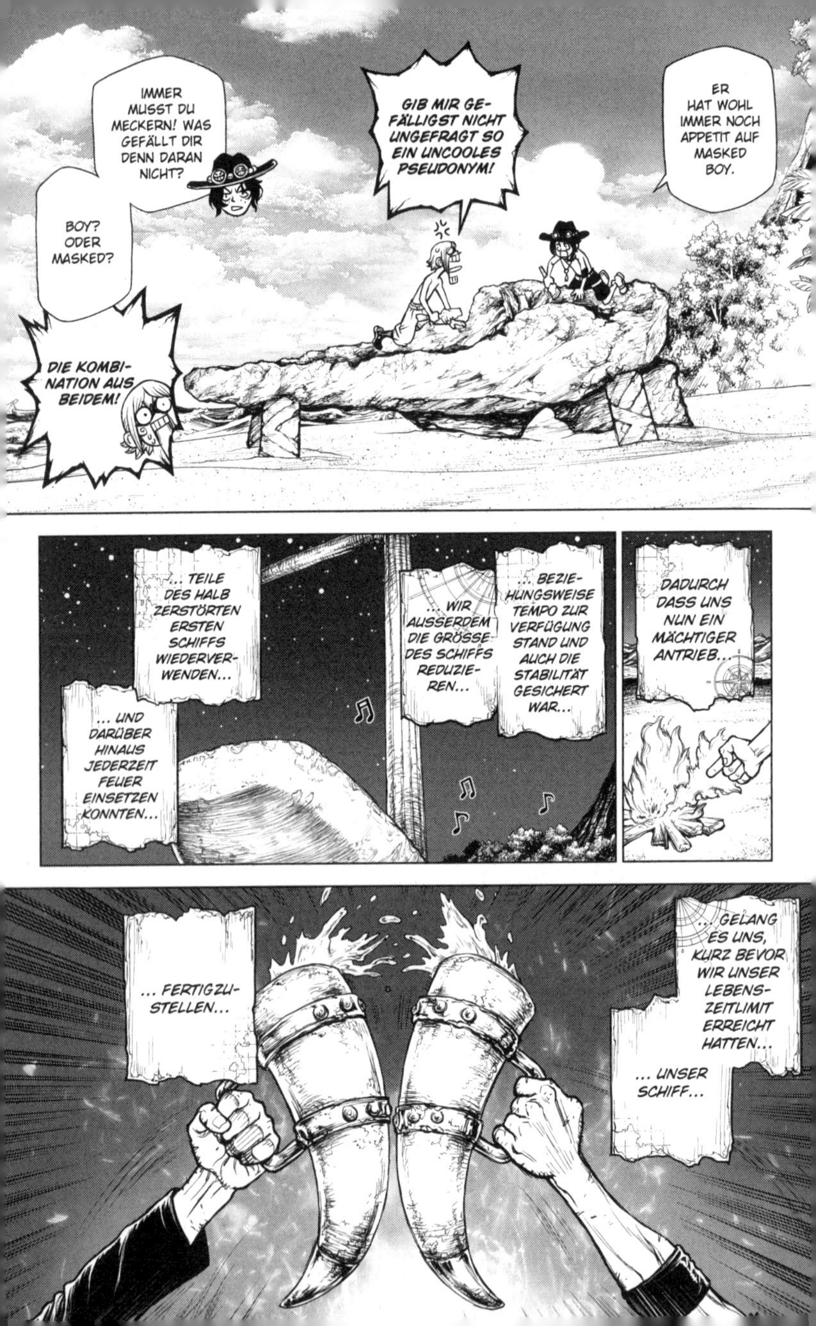
ER HAT WOHL IMMER NOCH APPETIT AUF MASKED BOY.
GIB MIR GEFÄLLIGST NICHT UNGEFRAGT SO EIN UNCOOLES PSEUDONYM!
IMMER MUSST DU MECKERN! WAS GEFÄLLT DIR DENN DARAN NICHT?
BOY? ODER MASKED?
DIE KOMBINATION AUS BEIDEM!
DADURCH DASS UNS NUN EIN MÄCHTIGER ANTRIEB…
… BEZIEHUNGSWEISE TEMPO ZUR VERFÜGUNG STAND UND AUCH DIE STABILITÄT GESICHERT WAR…
… WIR AUSSERDEM DIE GRÖSSE DES SCHIFFS REDUZIEREN…
… TEILE DES HALB ZERSTÖRTEN ERSTEN SCHIFFS WIEDERVERWENDEN…
… UND DARÜBER HINAUS JEDERZEIT FEUER EINSETZEN KONNTEN…
… GELANG ES UNS, KURZ BEVOR WIR UNSER LEBENSZEITLIMIT ERREICHT HATTEN…
… UNSER SCHIFF…
… FERTIGZUSTELLEN…

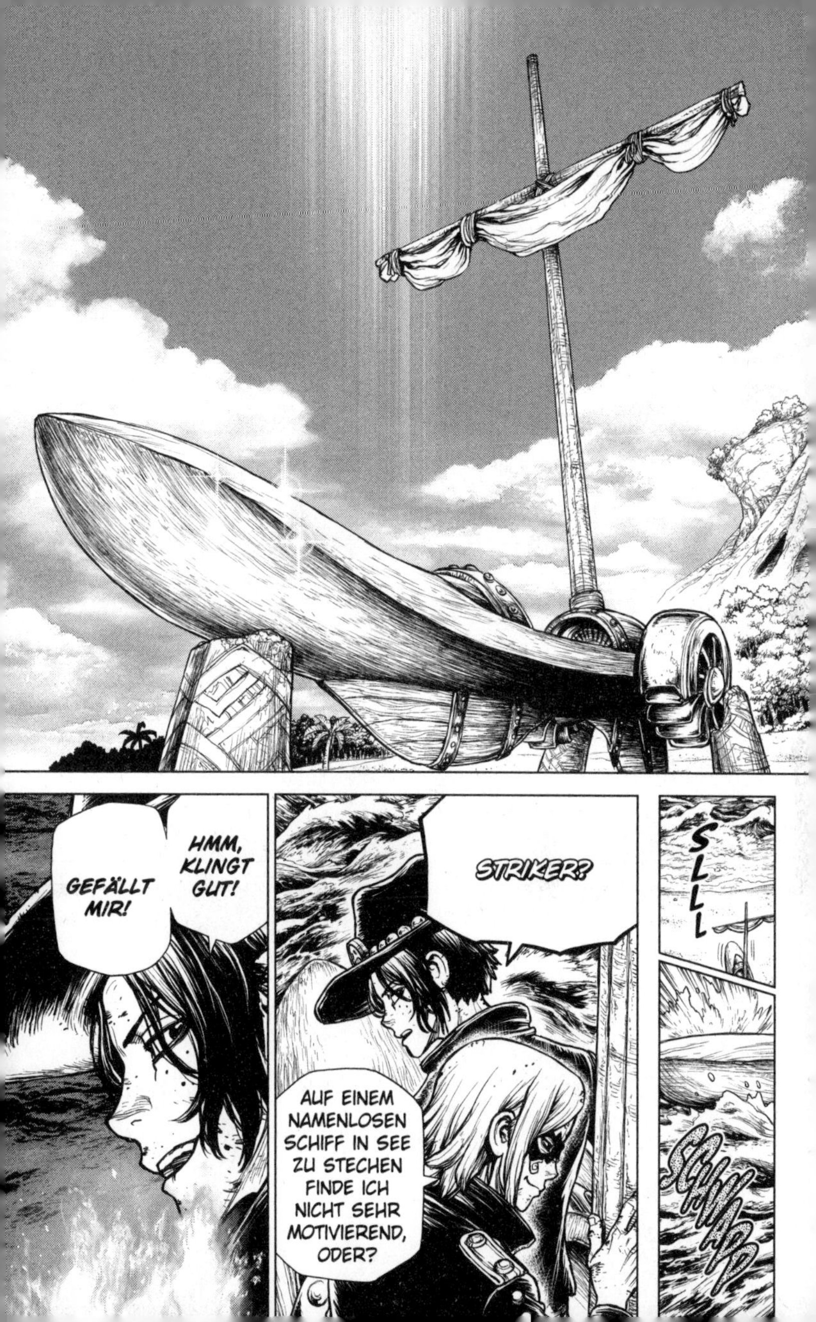
SLLL
SCHWAPP
STRIKER?
AUF EINEM NAMENLOSEN SCHIFF IN SEE ZU STECHEN FINDE ICH NICHT SEHR MOTIVIEREND, ODER?
HMM, KLINGT GUT!
GEFÄLLT MIR!

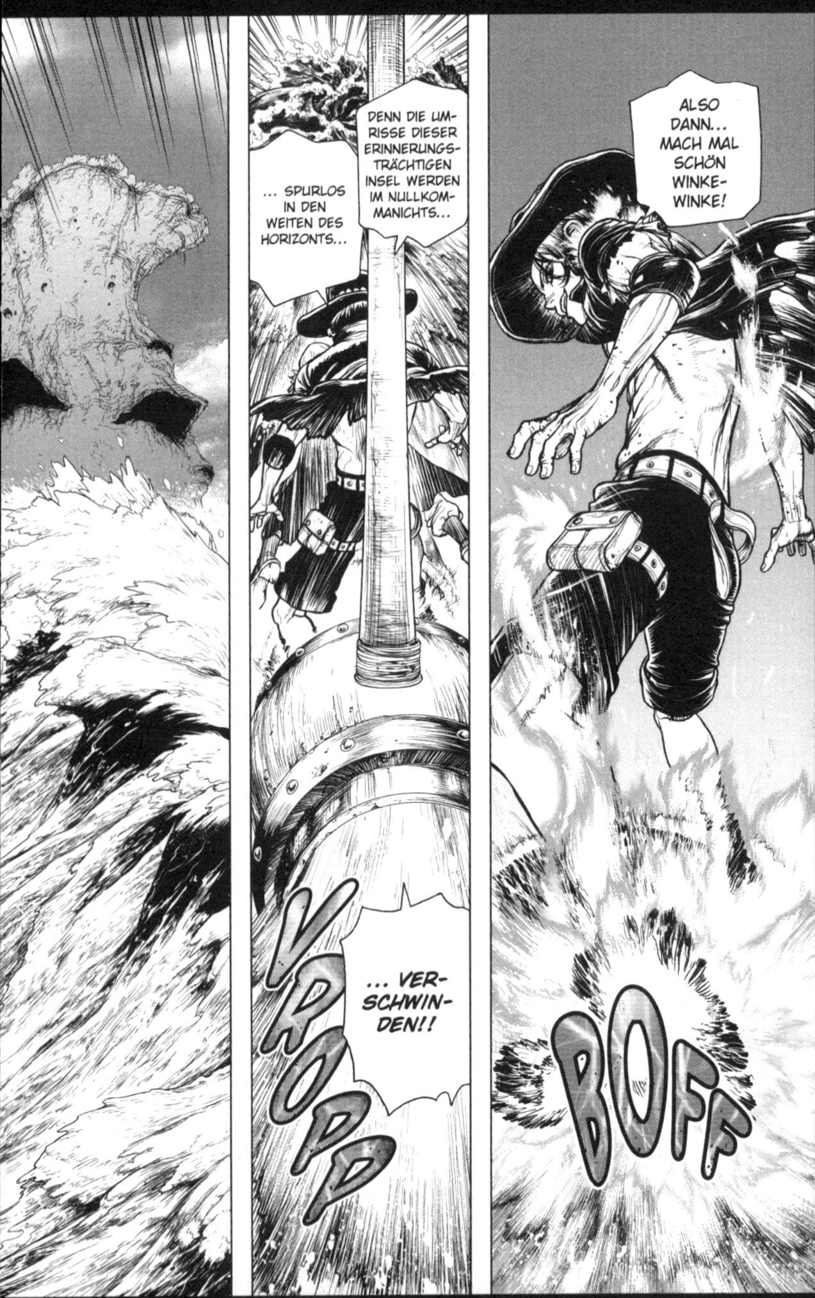
ALSO DANN... MACH MAL SCHÖN WINKE-WINKE!
BOFF
DENN DIE UMRISSE DIESER ERINNERUNGSTRÄCHTIGEN INSEL WERDEN IM NULLKOMMANICHTS...
... SPURLOS IN DEN WEITEN DES HORIZONTS...
... VERSCHWINDEN!!
VROPP

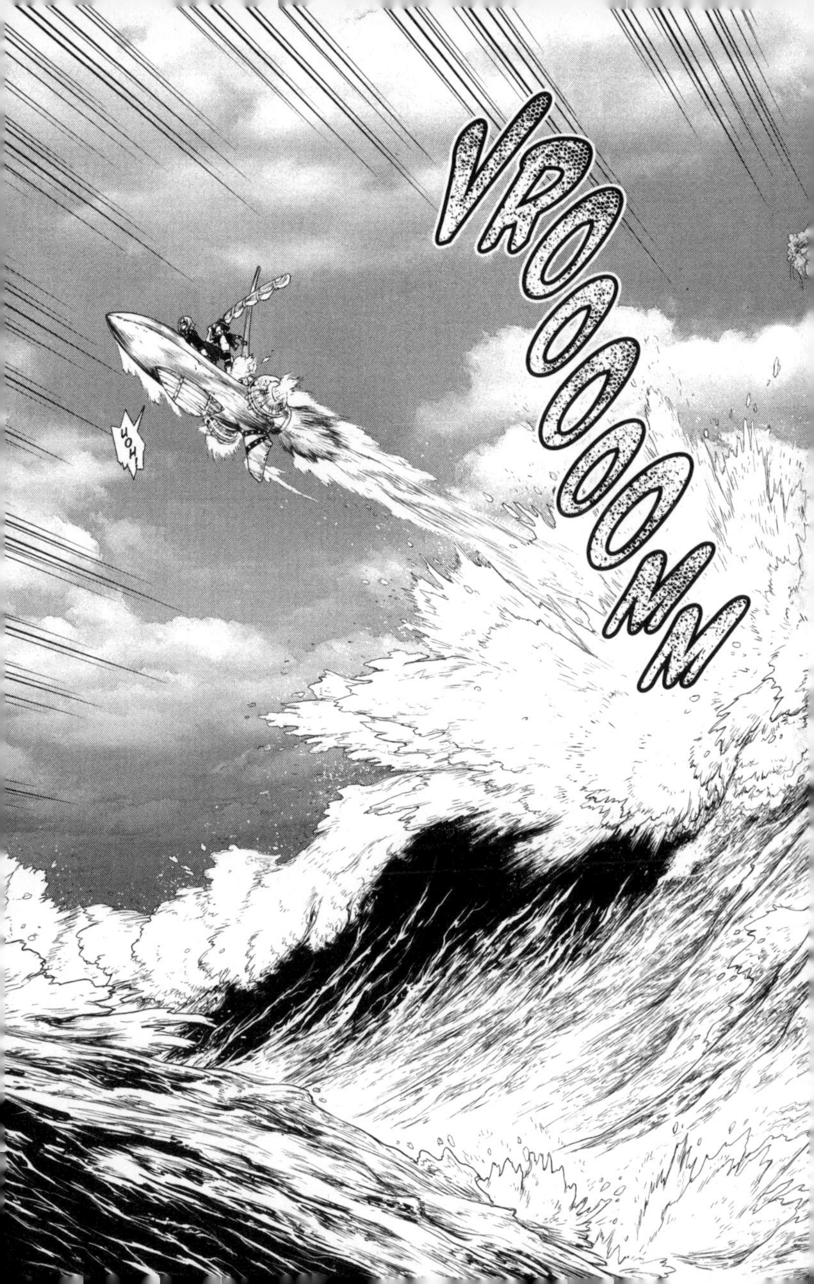
VROOOOOMM
UOH!

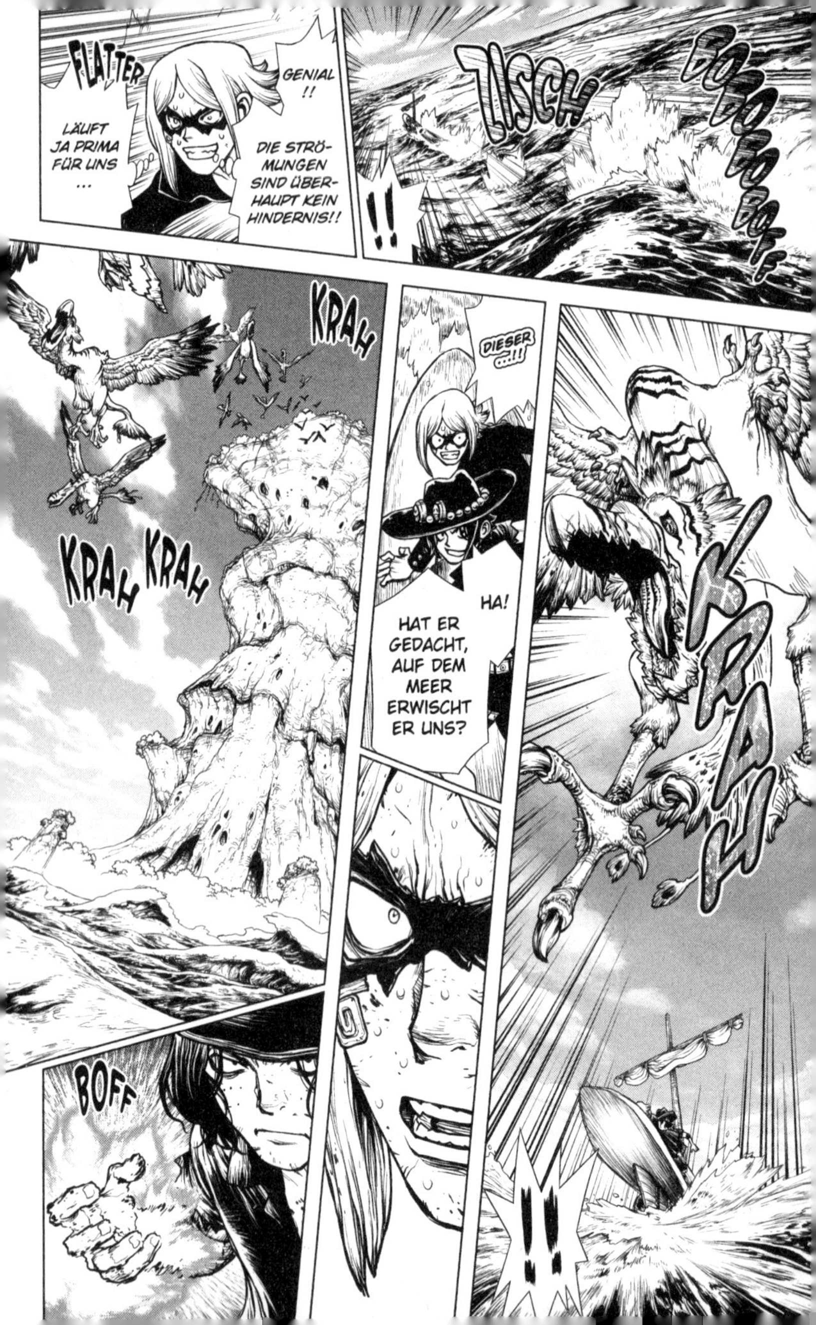

ZISCH
BOBOBOBOFF
!!
GENIAL!!
DIE STRÖMUNGEN SIND ÜBERHAUPT KEIN HINDERNIS!!
LÄUFT JA PRIMA FÜR UNS ...
FLATTER
KRAH
DIESER ...!!!
HA!
HAT ER GEDACHT, AUF DEM MEER ERWISCHT ER UNS?
KRAH
KRAH KRAH
!!
BOFF

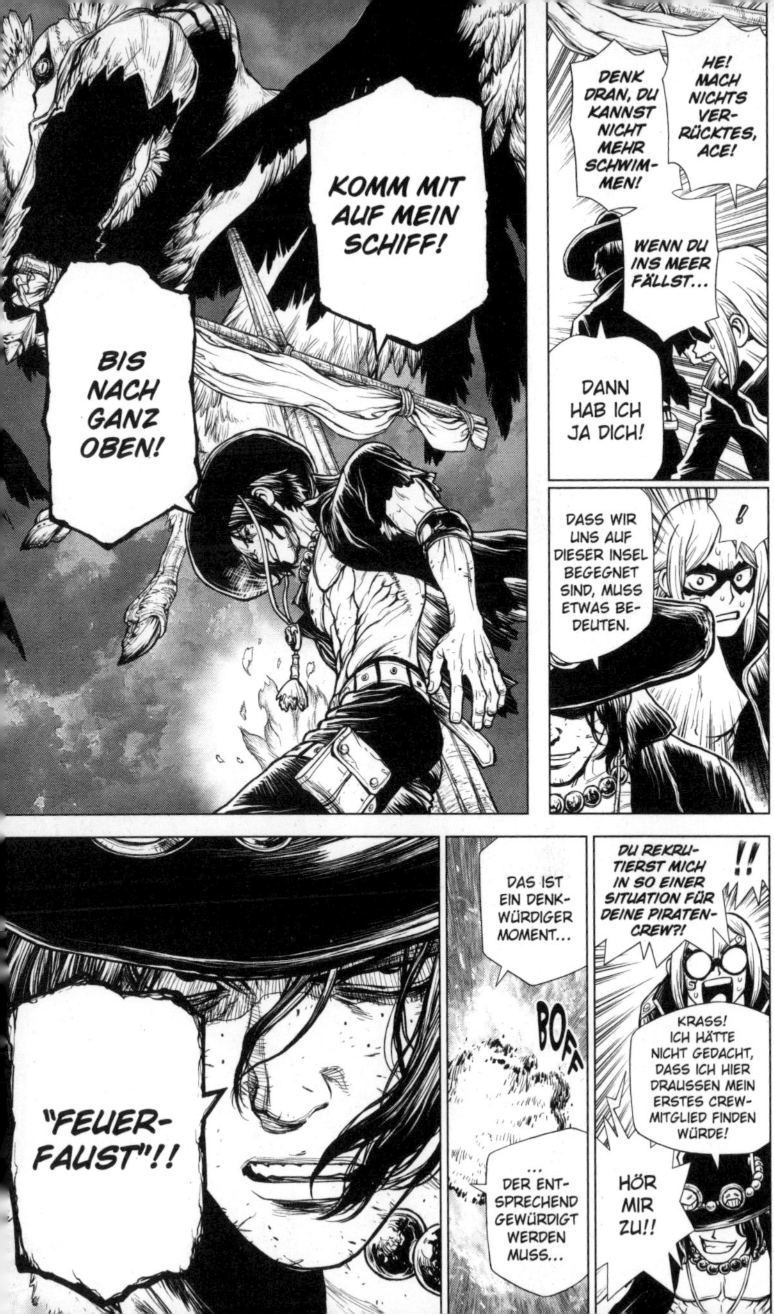
HE! MACH NICHTS VER-RÜCKTES, ACE!
DENK DRAN, DU KANNST NICHT MEHR SCHWIM-MEN!
WENN DU INS MEER FÄLLST…
DANN HAB ICH JA DICH!
!
DASS WIR UNS AUF DIESER INSEL BEGEGNET SIND, MUSS ETWAS BE-DEUTEN.
KOMM MIT AUF MEIN SCHIFF!
BIS NACH GANZ OBEN!
!!
DU REKRU-TIERST MICH IN SO EINER SITUATION FÜR DEINE PIRATEN-CREW?!
KRASS! ICH HÄTTE NICHT GEDACHT, DASS ICH HIER DRAUSSEN MEIN ERSTES CREW-MITGLIED FINDEN WÜRDE!
HÖR MIR ZU!!
DAS IST EIN DENK-WÜRDIGER MOMENT…
BOFF
… DER ENT-SPRECHEND GEWÜRDIGT WERDEN MUSS…
"FEUER-FAUST"!!

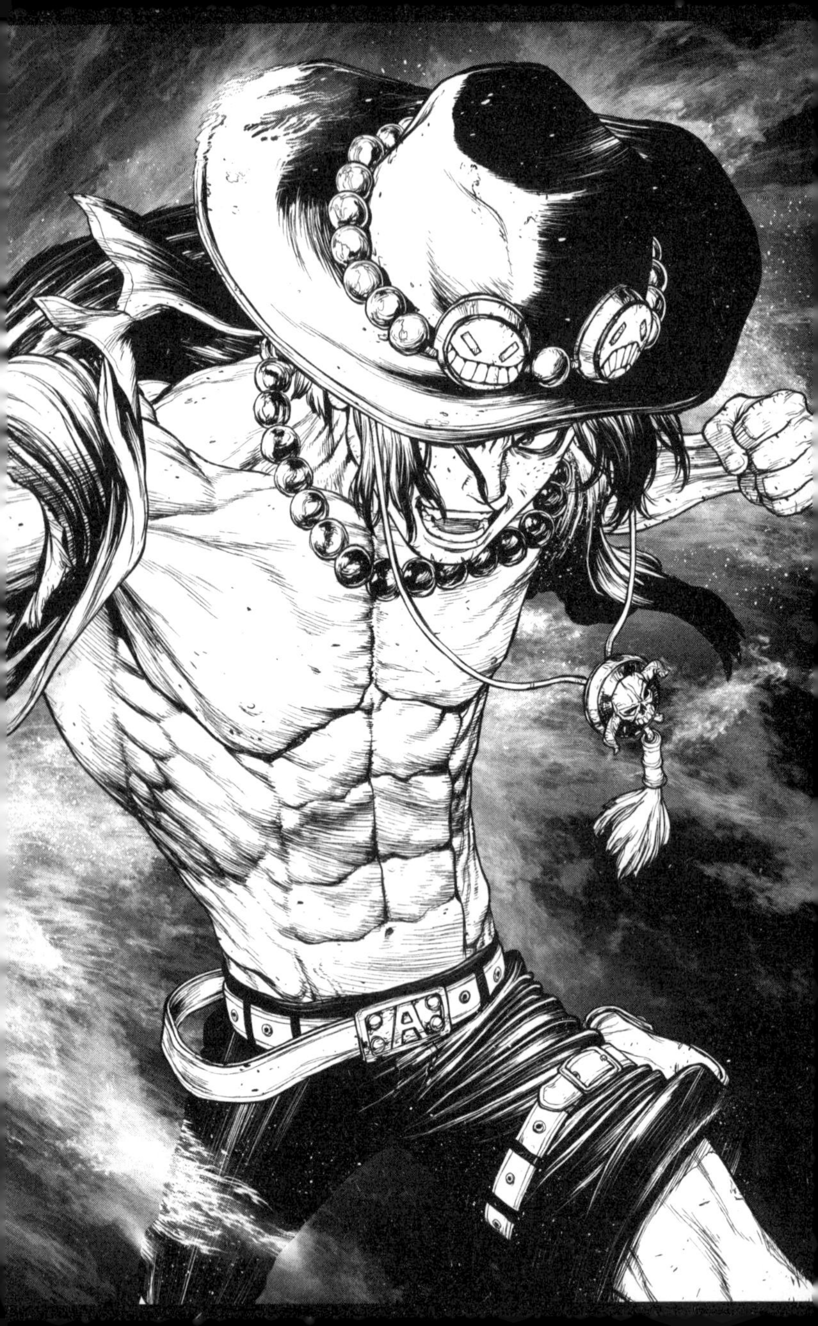

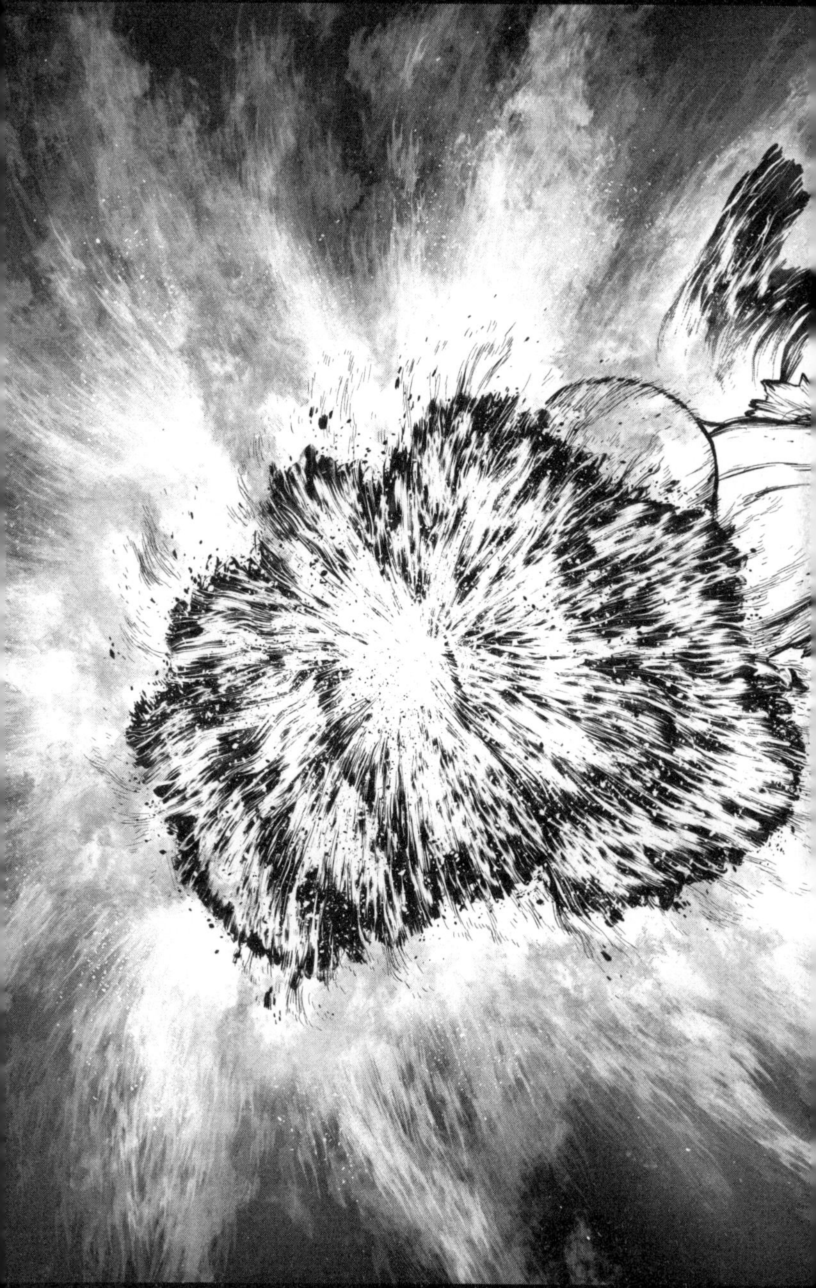

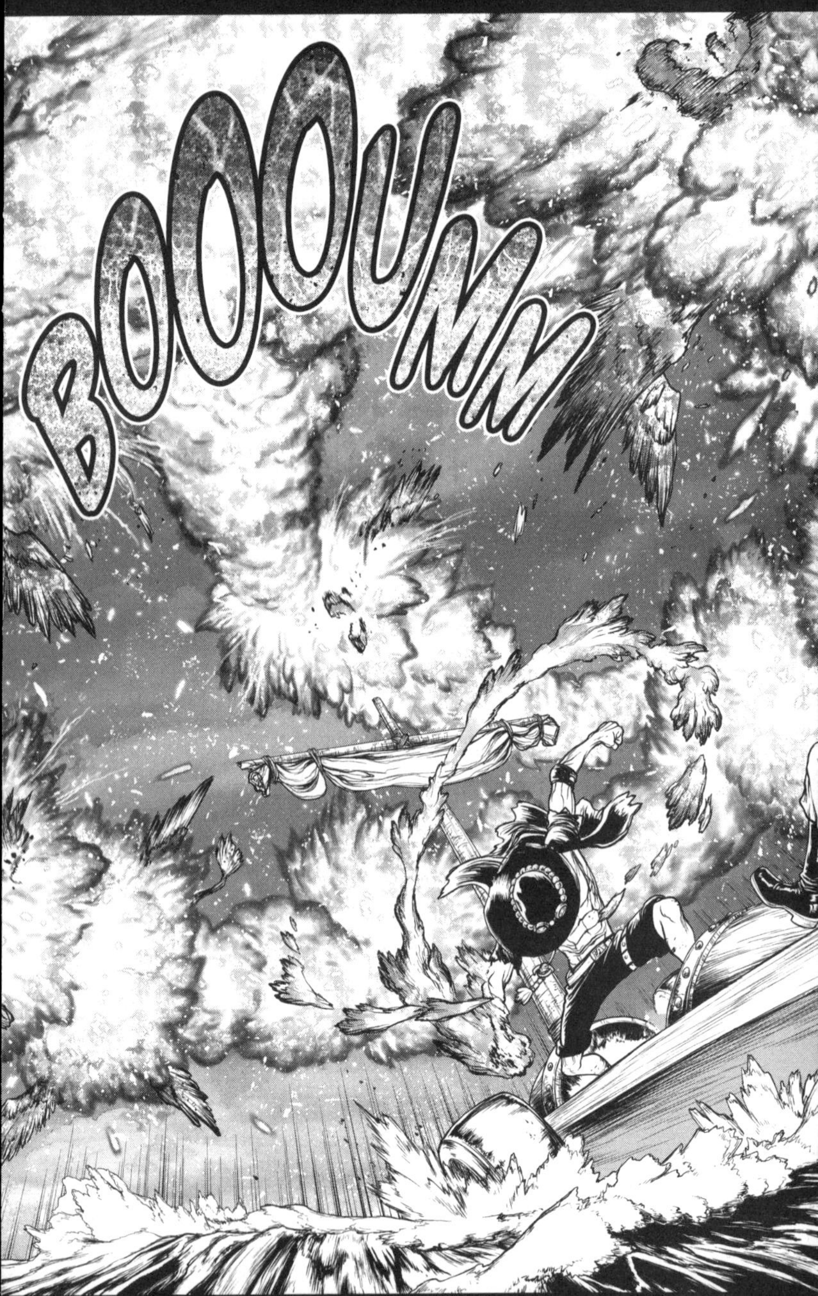
BOOOUMM

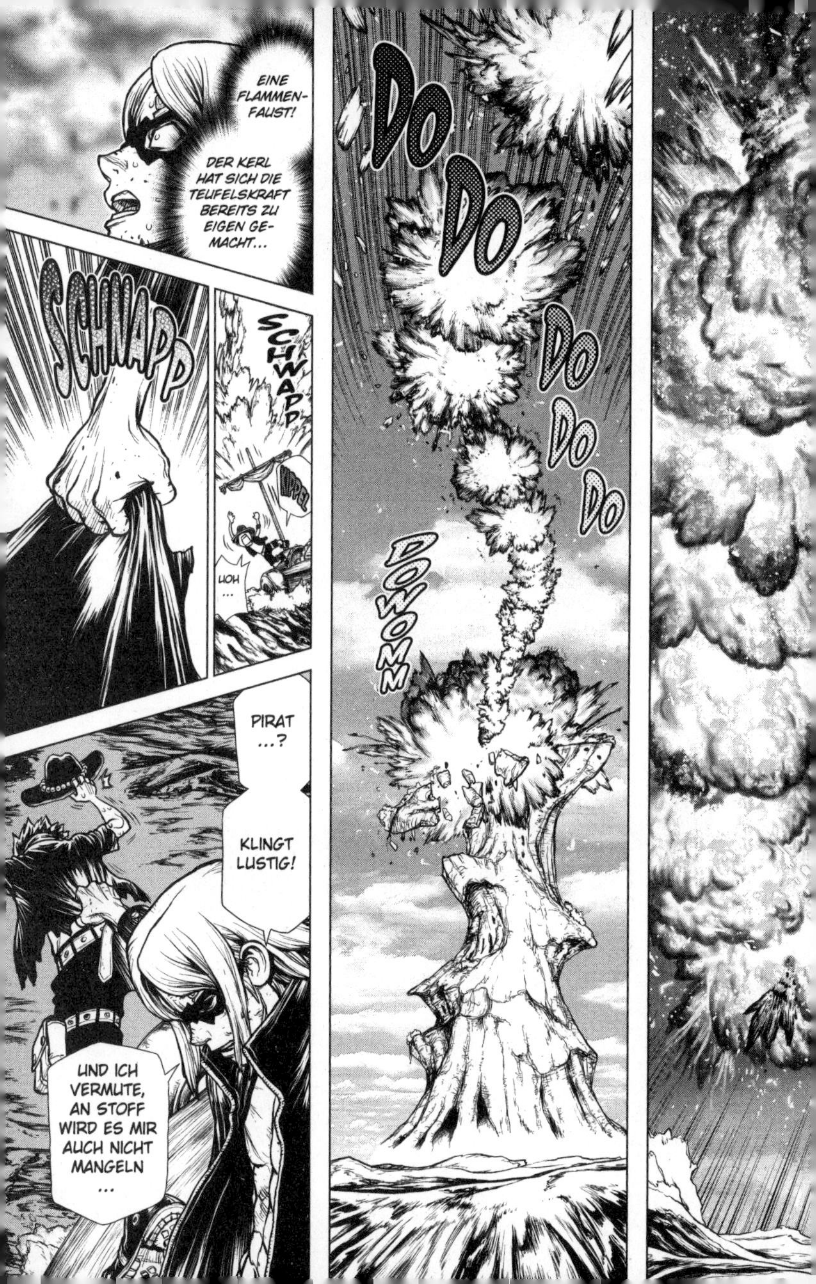

DO
DO
DO
DO
DO
DOWOMM
EINE FLAMMEN-FAUST!
DER KERL HAT SICH DIE TEUFELSKRAFT BEREITS ZU EIGEN GE-MACHT…
SCHWAPP
KIPPEL
UOH …
SCHNAPP
PIRAT …?
KLINGT LUSTIG!
UND ICH VERMUTE, AN STOFF WIRD ES MIR AUCH NICHT MANGELN …

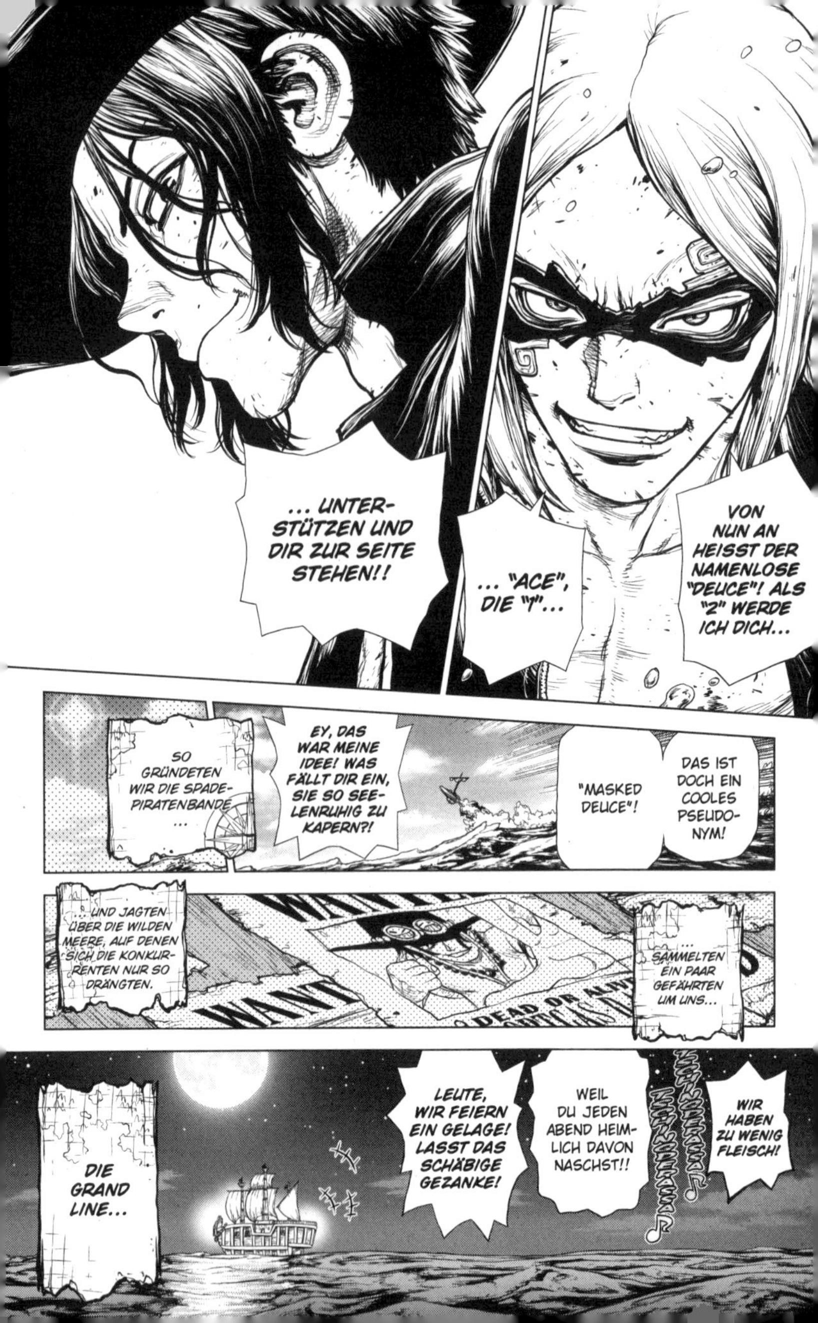

VON NUN AN HEISST DER NAMENLOSE "DEUCE"! ALS "2" WERDE ICH DICH…
… "ACE", DIE "1"…
… UNTERSTÜTZEN UND DIR ZUR SEITE STEHEN!!
DAS IST DOCH EIN COOLES PSEUDONYM!
"MASKED DEUCE"!
EY, DAS WAR MEINE IDEE! WAS FÄLLT DIR EIN, SIE SO SEELENRUHIG ZU KAPERN?!
SO GRÜNDETEN WIR DIE SPADE-PIRATENBANDE …
… UND JAGTEN ÜBER DIE WILDEN MEERE, AUF DENEN SICH DIE KONKURRENTEN NUR SO DRÄNGTEN.
… SAMMELTEN EIN PAAR GEFÄHRTEN UM UNS…
WIR HABEN ZU WENIG FLEISCH!
WEIL DU JEDEN ABEND HEIMLICH DAVON NASCHST!!
LEUTE, WIR FEIERN EIN GELAGE! LASST DAS SCHÄBIGE GEZANKE!
DIE GRAND LINE…

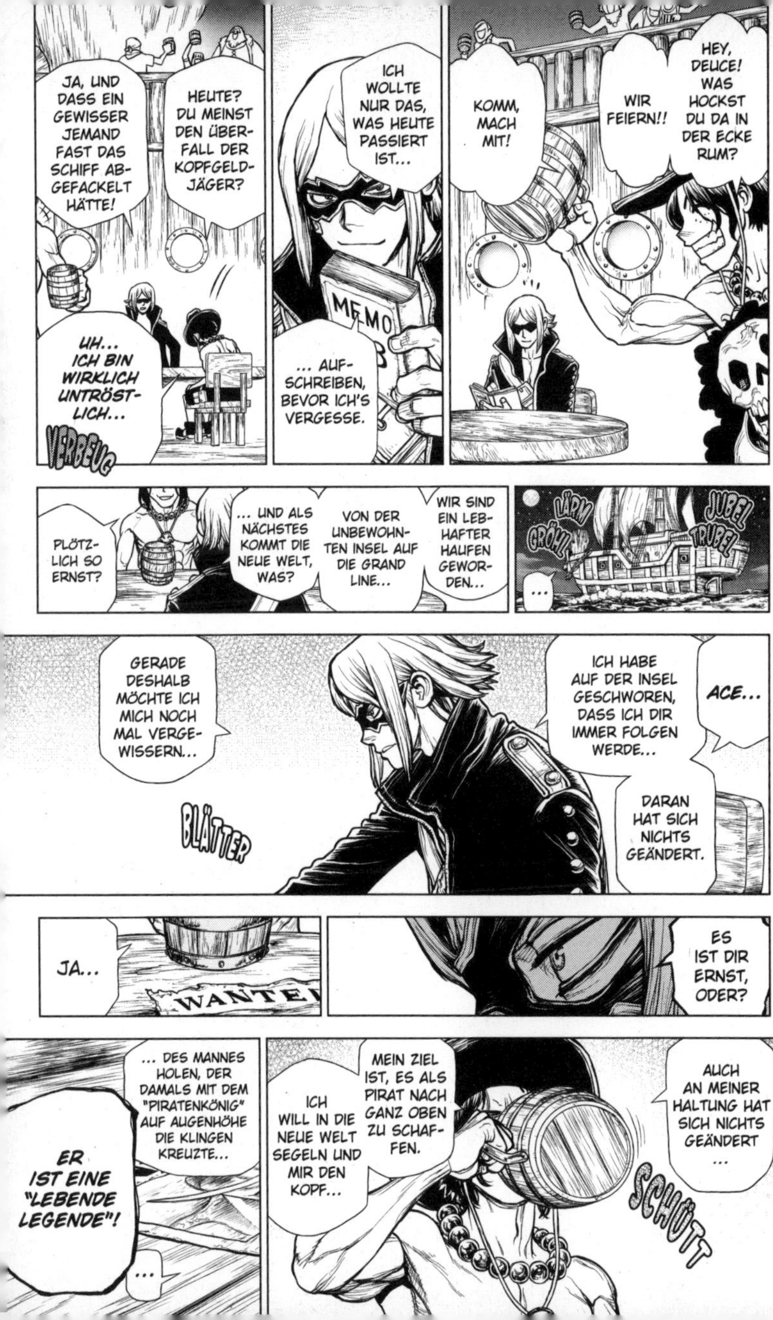
HEY, DEUCE! WAS HOCKST DU DA IN DER ECKE RUM?
WIR FEIERN!!
KOMM, MACH MIT!
ICH WOLLTE NUR DAS, WAS HEUTE PASSIERT IST...
... AUFSCHREIBEN, BEVOR ICH'S VERGESSE.
MEMO
HEUTE? DU MEINST DEN ÜBERFALL DER KOPFGELDJÄGER?
JA, UND DASS EIN GEWISSER JEMAND FAST DAS SCHIFF ABGEFACKELT HÄTTE!
UH... ICH BIN WIRKLICH UNTRÖSTLICH...
VERBEUG
LÄRM
GRÖHL
JUBEL
TRUBEL
...
WIR SIND EIN LEBHAFTER HAUFEN GEWORDEN...
VON DER UNBEWOHNTEN INSEL AUF DIE GRAND LINE...
... UND ALS NÄCHSTES KOMMT DIE NEUE WELT, WAS?
PLÖTZLICH SO ERNST?
ACE...
ICH HABE AUF DER INSEL GESCHWOREN, DASS ICH DIR IMMER FOLGEN WERDE...
DARAN HAT SICH NICHTS GEÄNDERT.
GERADE DESHALB MÖCHTE ICH MICH NOCH MAL VERGEWISSERN...
BLÄTTER
ES IST DIR ERNST, ODER?
JA...
AUCH AN MEINER HALTUNG HAT SICH NICHTS GEÄNDERT...
SCHÜTT
MEIN ZIEL IST, ES ALS PIRAT NACH GANZ OBEN ZU SCHAFFEN.
ICH WILL IN DIE NEUE WELT SEGELN UND MIR DEN KOPF...
... DES MANNES HOLEN, DER DAMALS MIT DEM "PIRATENKÖNIG" AUF AUGENHÖHE DIE KLINGEN KREUZTE...
ER IST EINE "LEBENDE LEGENDE"!
...

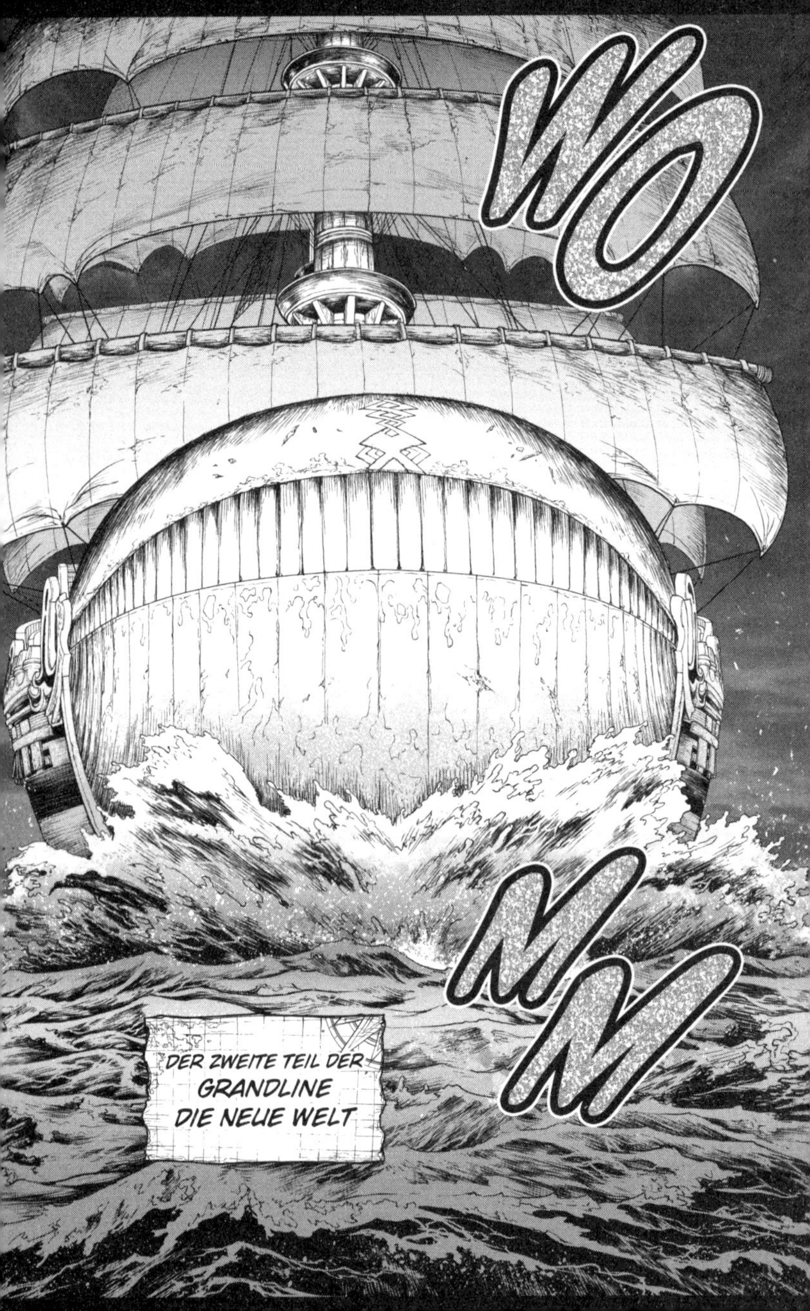
WOOMM
DER ZWEITE TEIL DER
GRANDLINE
DIE NEUE WELT

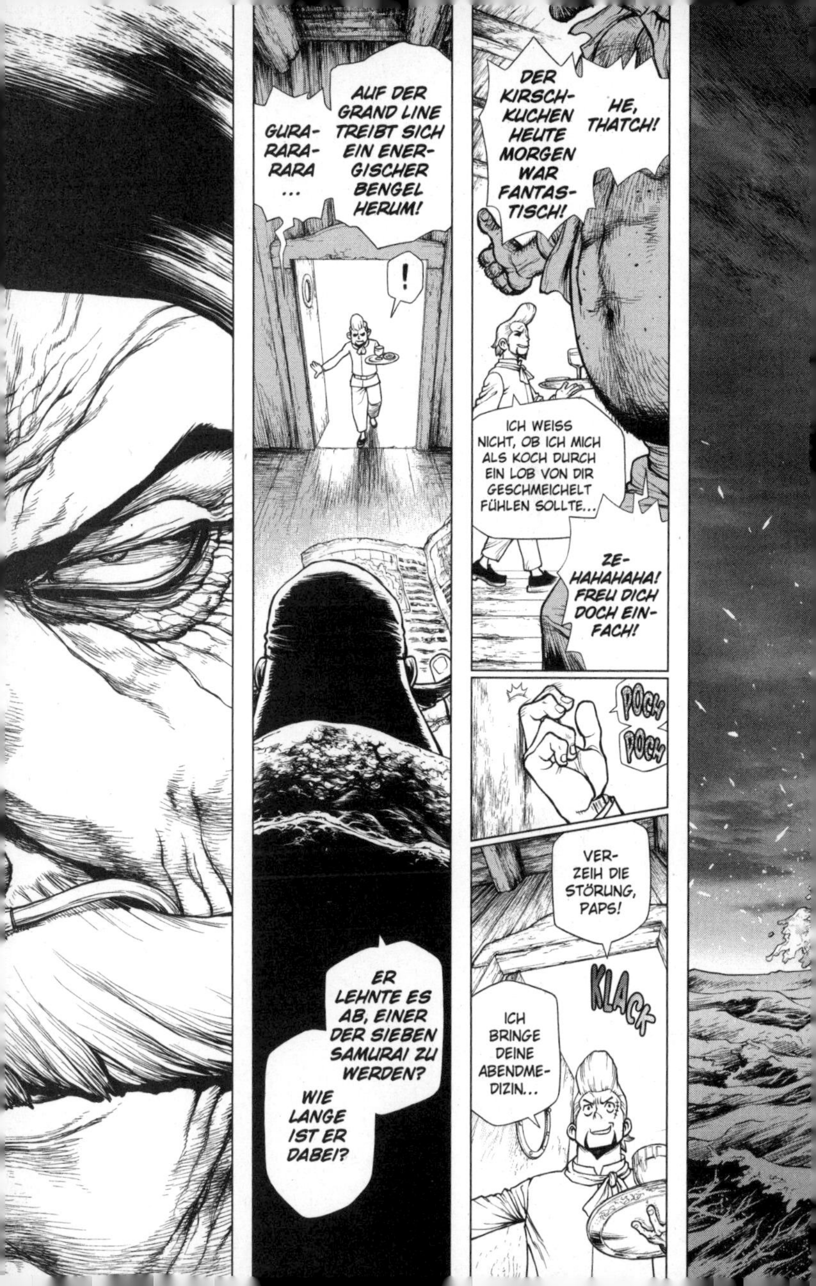

HE, THATCH!
DER KIRSCHKUCHEN HEUTE MORGEN WAR FANTASTISCH!
ICH WEISS NICHT, OB ICH MICH ALS KOCH DURCH EIN LOB VON DIR GESCHMEICHELT FÜHLEN SOLLTE…
ZEHAHAHAHA! FREU DICH DOCH EINFACH!
POCH
POCH
VERZEIH DIE STÖRUNG, PAPS!
KLACK
ICH BRINGE DEINE ABENDMEDIZIN…
AUF DER GRAND LINE TREIBT SICH EIN ENERGISCHER BENGEL HERUM!
GURARARARARA…
!
ER LEHNTE ES AB, EINER DER SIEBEN SAMURAI ZU WERDEN?
WIE LANGE IST ER DABEI?

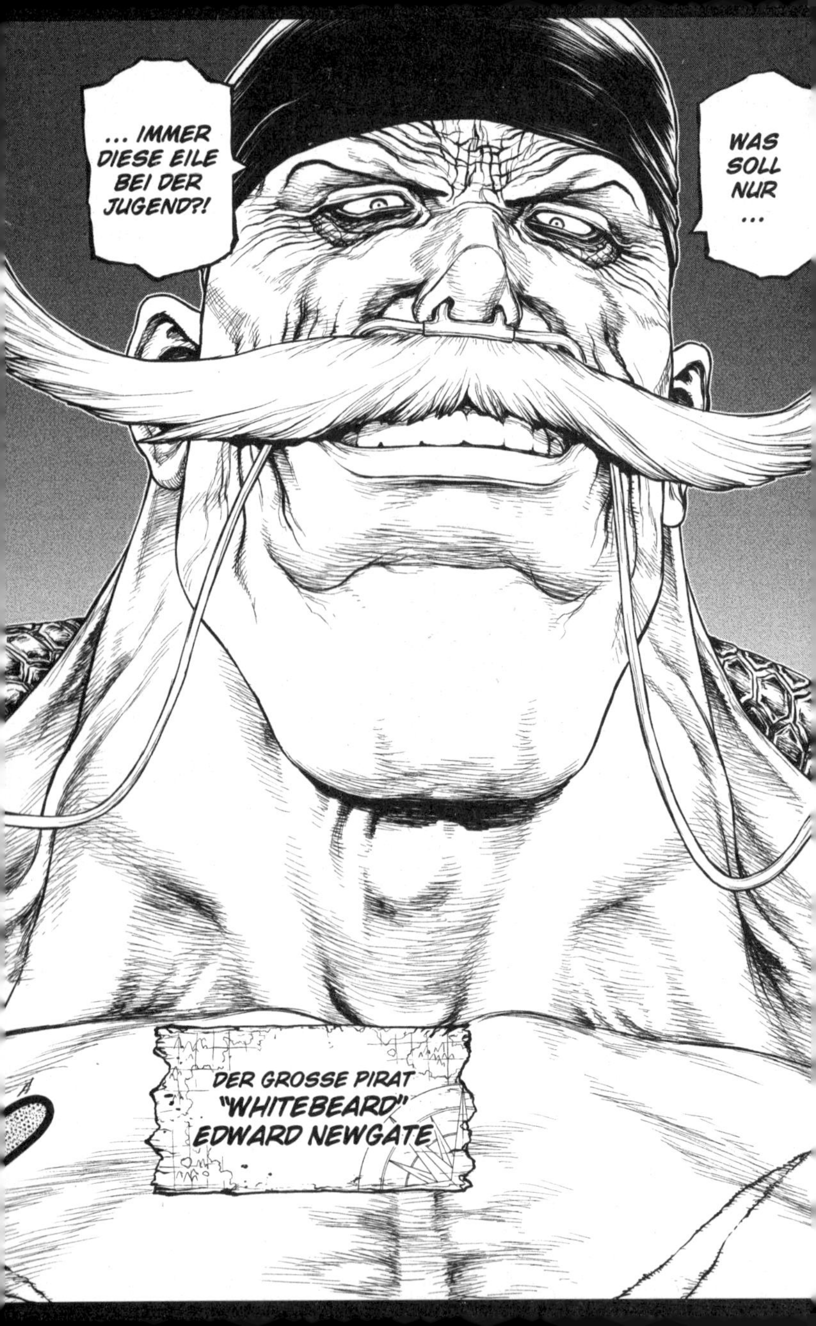
WAS SOLL NUR ...
... IMMER DIESE EILE BEI DER JUGEND?!
DER GROSSE PIRAT "WHITEBEARD" EDWARD NEWGATE

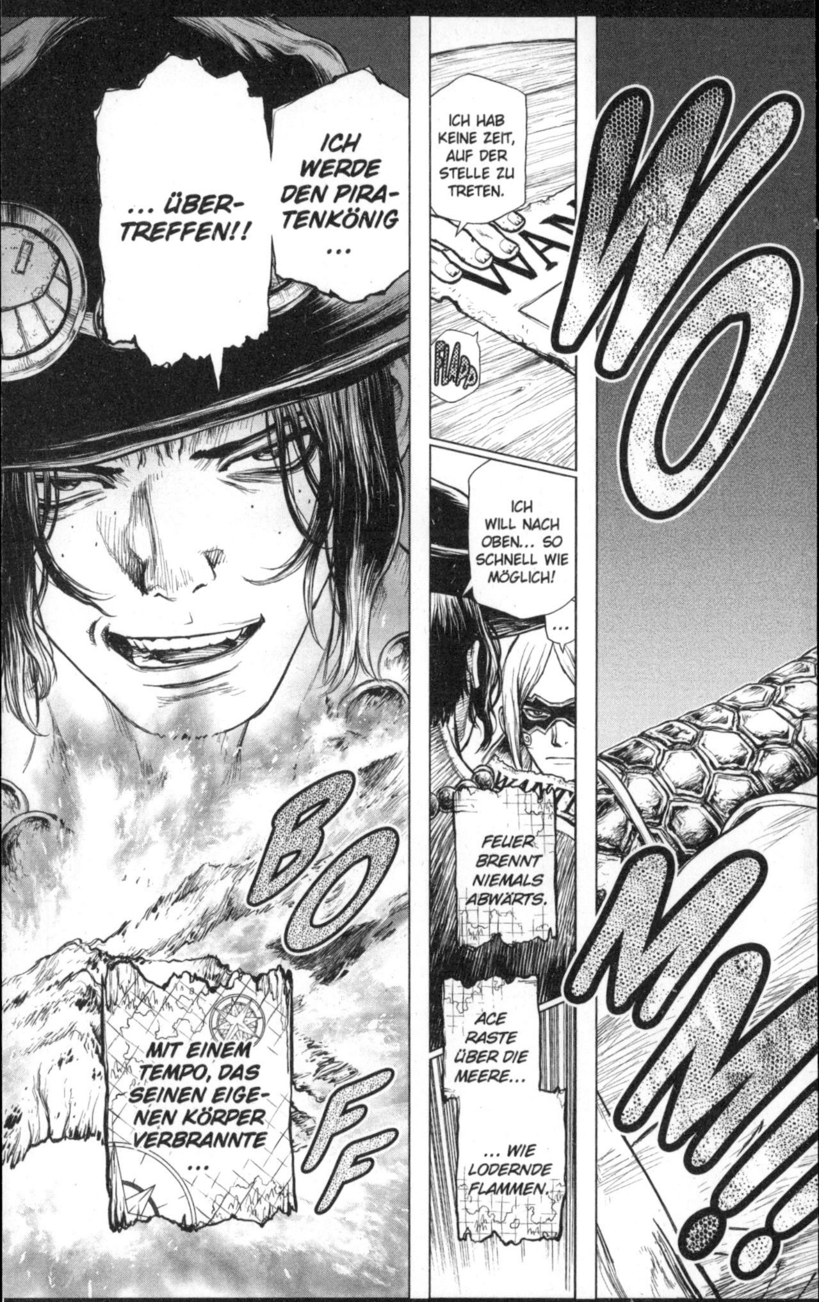
ICH WERDE DEN PIRATENKÖNIG …
… ÜBERTREFFEN!!
BOFF
MIT EINEM TEMPO, DAS SEINEN EIGENEN KÖRPER VERBRANNTE …
ICH HAB KEINE ZEIT, AUF DER STELLE ZU TRETEN.
FLAPP
ICH WILL NACH OBEN… SO SCHNELL WIE MÖGLICH!
…
FEUER BRENNT NIEMALS ABWÄRTS.
ACE RASTE ÜBER DIE MEERE…
… WIE LODERNDE FLAMMEN.
WOOMMM!!

ONE PIECE episode A

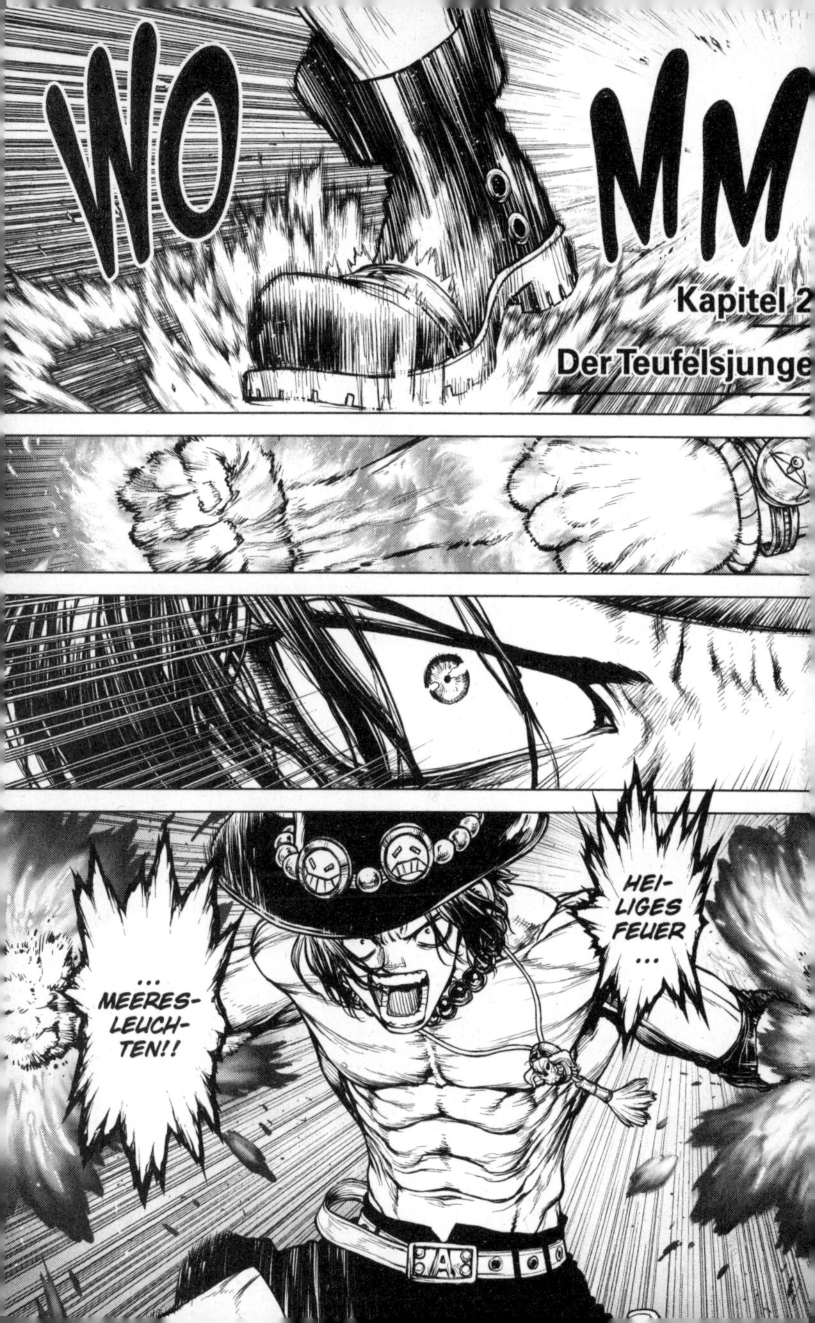
WOMM
Kapitel 2
Der Teufelsjunge
HEI-LIGES FEUER ...
... MEERES-LEUCHTEN!!

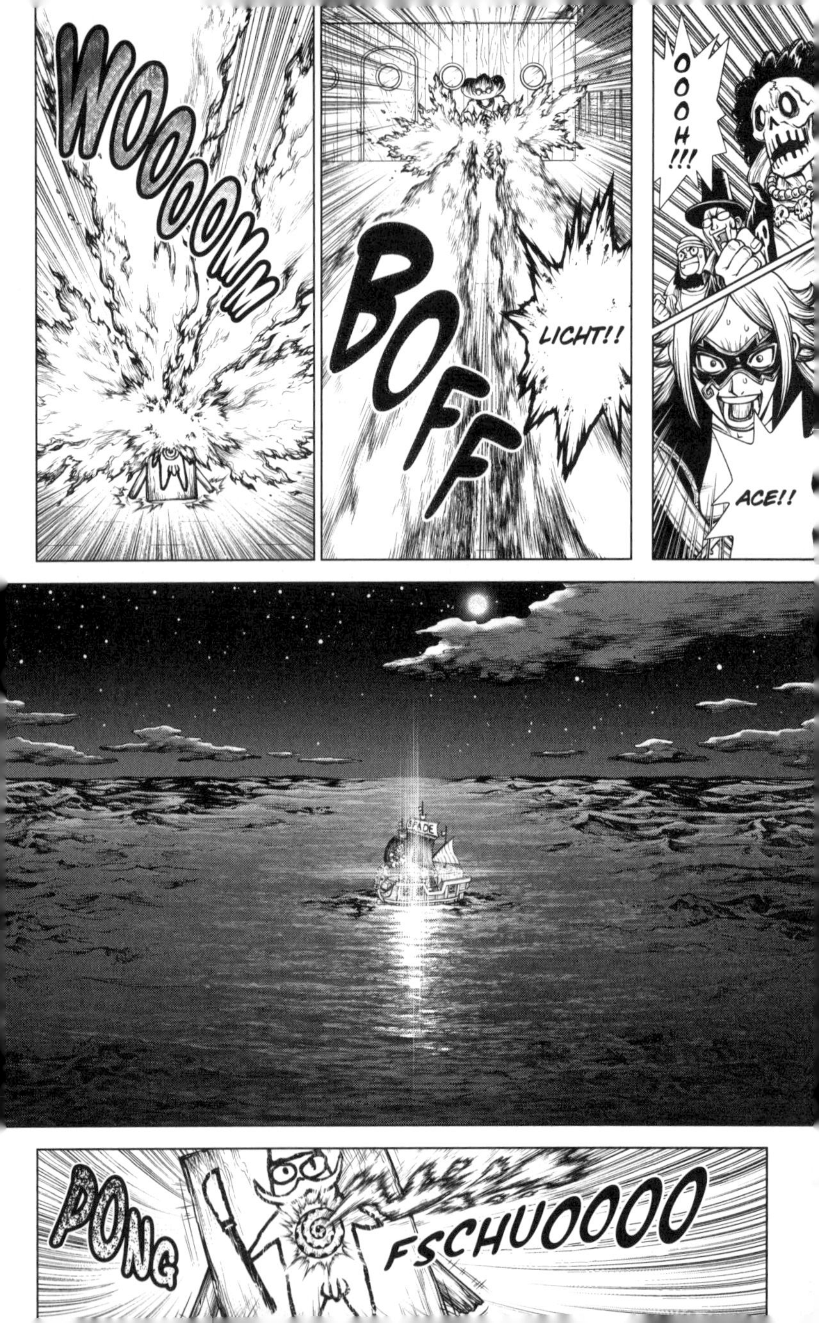
OOOOH!!!
ACE!!
LICHT!!
BOFF
WOOOOOMM
SPADE
FSCHUOOOO
PONG

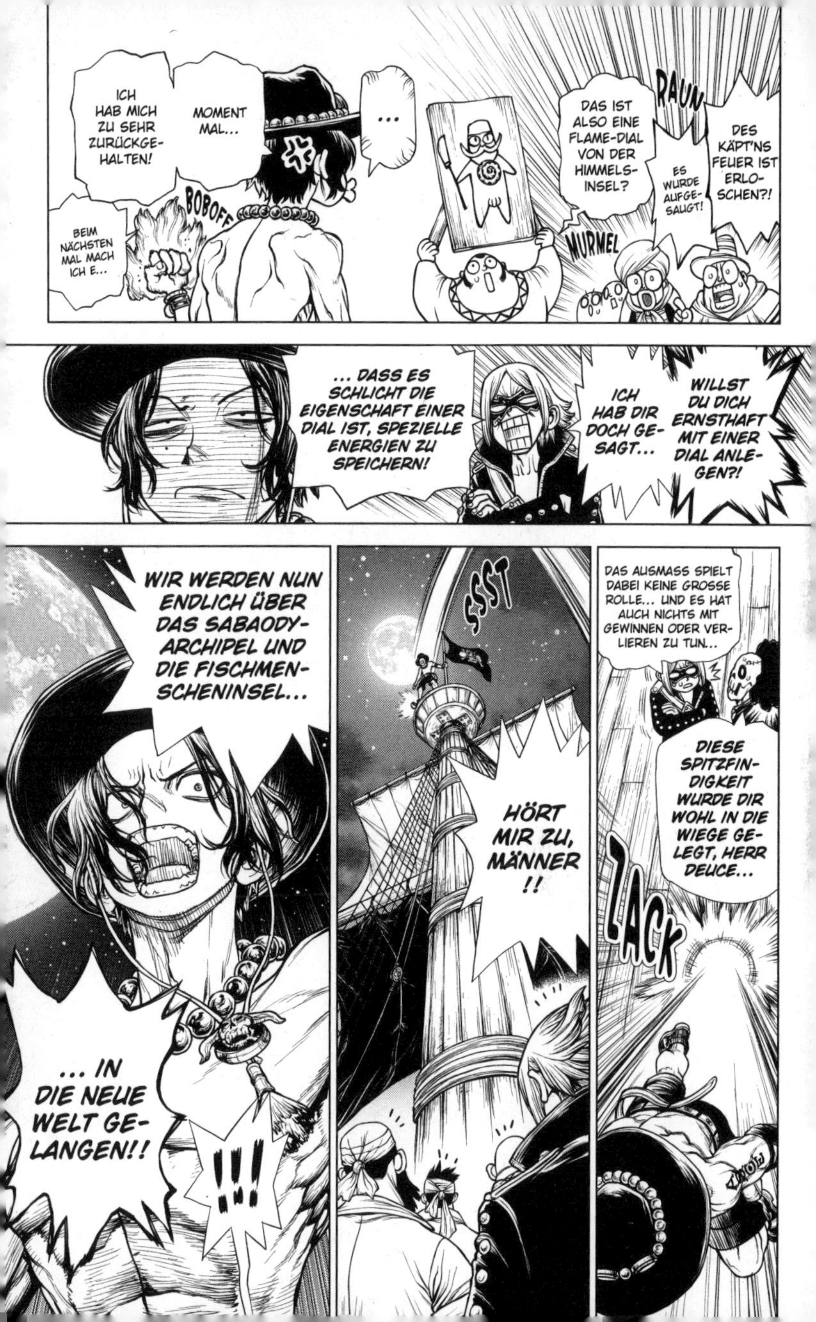

DES KÄPT'NS FEUER IST ERLOSCHEN?!
RAUN
ES WURDE AUFGESAUGT!
DAS IST ALSO EINE FLAME-DIAL VON DER HIMMELSINSEL?
MURMEL
...
MOMENT MAL...
ICH HAB MICH ZU SEHR ZURÜCKGEHALTEN!
BOBOFF
BEIM NÄCHSTEN MAL MACH ICH E...
WILLST DU DICH ERNSTHAFT MIT EINER DIAL ANLEGEN?!
ICH HAB DIR DOCH GESAGT...
... DASS ES SCHLICHT DIE EIGENSCHAFT EINER DIAL IST, SPEZIELLE ENERGIEN ZU SPEICHERN!
DAS AUSMASS SPIELT DABEI KEINE GROSSE ROLLE... UND ES HAT AUCH NICHTS MIT GEWINNEN ODER VERLIEREN ZU TUN...
DIESE SPITZFINDIGKEIT WURDE DIR WOHL IN DIE WIEGE GELEGT, HERR DEUCE...
ZACK
SSST
HÖRT MIR ZU, MÄNNER!!
WIR WERDEN NUN ENDLICH ÜBER DAS SABAODY-ARCHIPEL UND DIE FISCHMENSCHENINSEL...
... IN DIE NEUE WELT GELANGEN!!
!!!

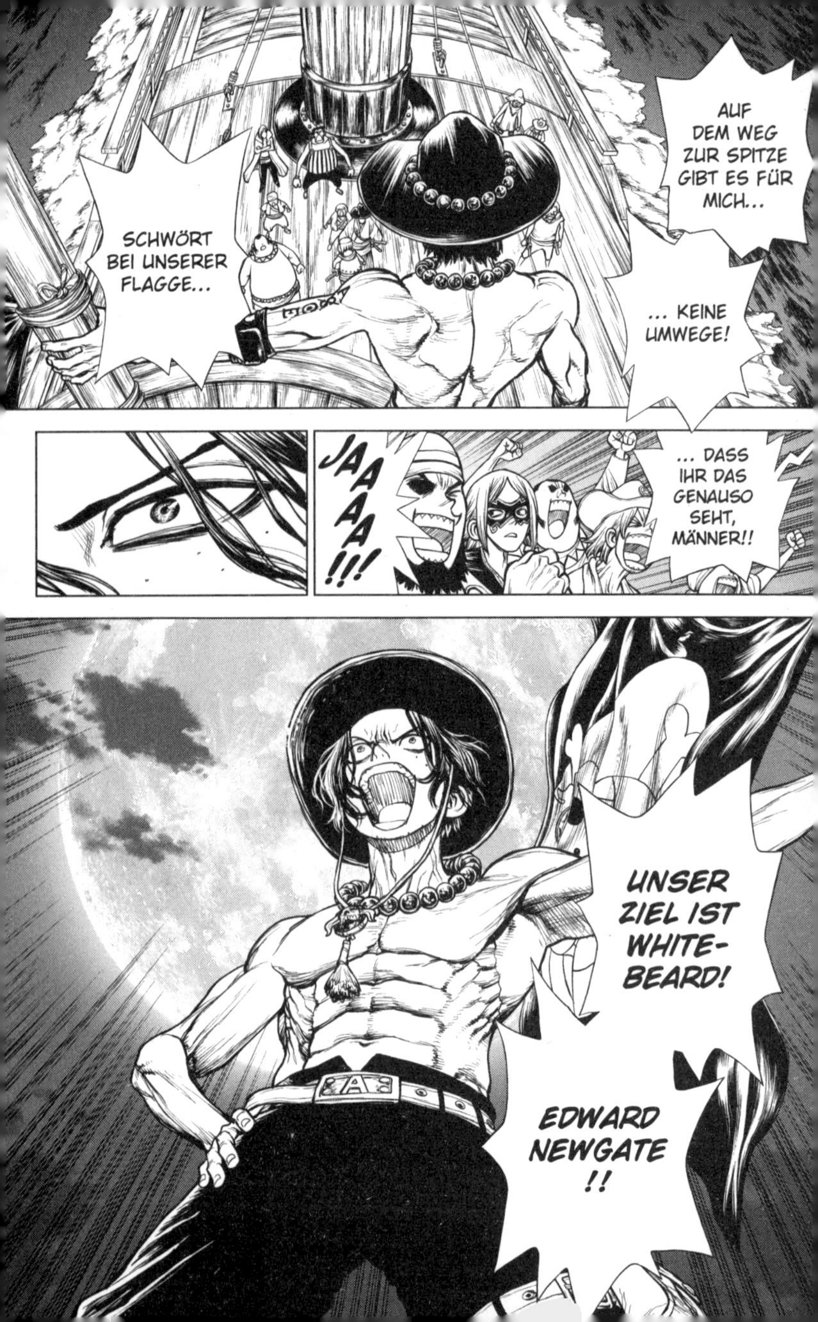
AUF DEM WEG ZUR SPITZE GIBT ES FÜR MICH…
… KEINE UMWEGE!
SCHWÖRT BEI UNSERER FLAGGE…
… DASS IHR DAS GENAUSO SEHT, MÄNNER!!
JAAAAA!!!
UNSER ZIEL IST WHITE-BEARD!
EDWARD NEWGATE!!

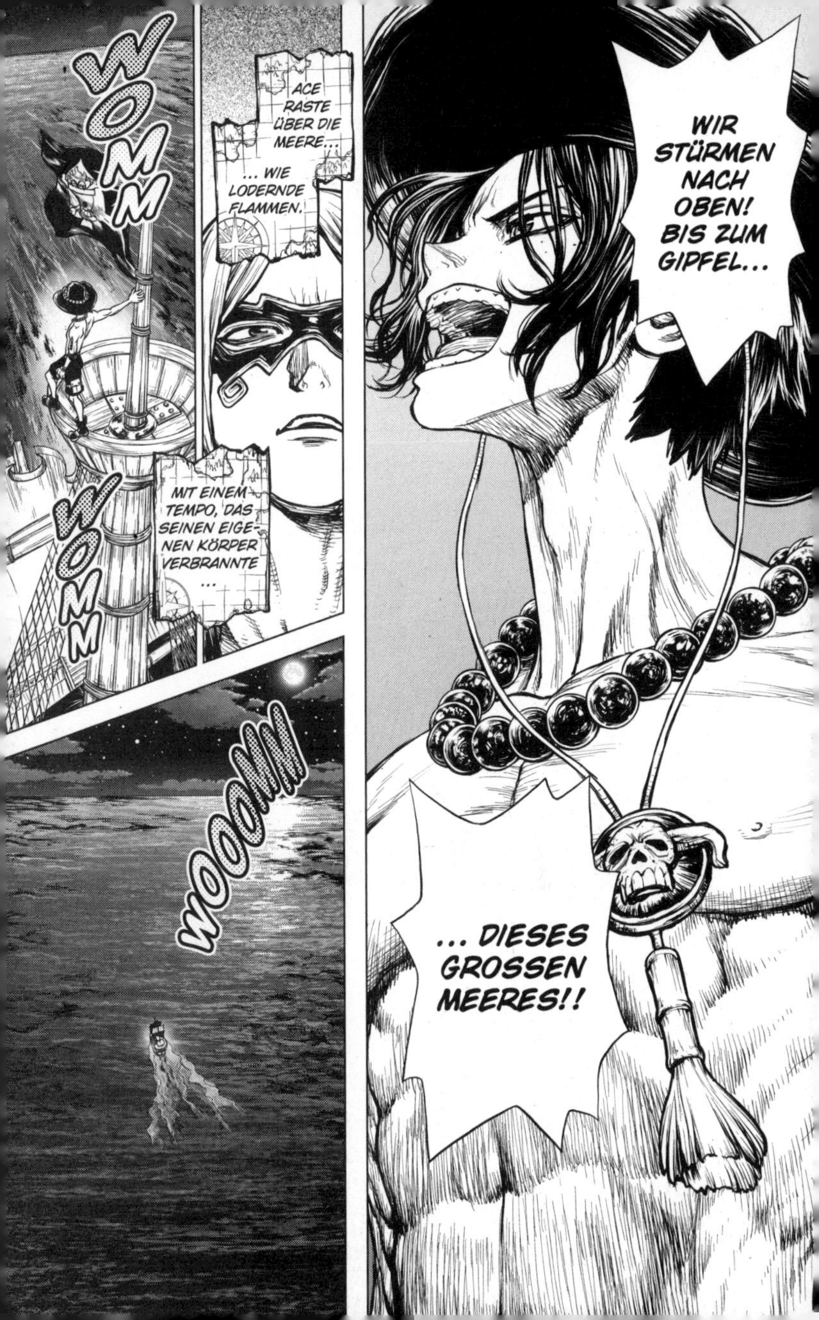
WIR STÜRMEN NACH OBEN! BIS ZUM GIPFEL...
... DIESES GROSSEN MEERES!!
ACE RASTE ÜBER DIE MEERE...
... WIE LODERNDE FLAMMEN.
MIT EINEM TEMPO, DAS SEINEN EIGE-NEN KÖRPER VERBRANNTE ...
WOMM
WOMM
WOOOMM

Kapitel 2

Der Teufelsjunge

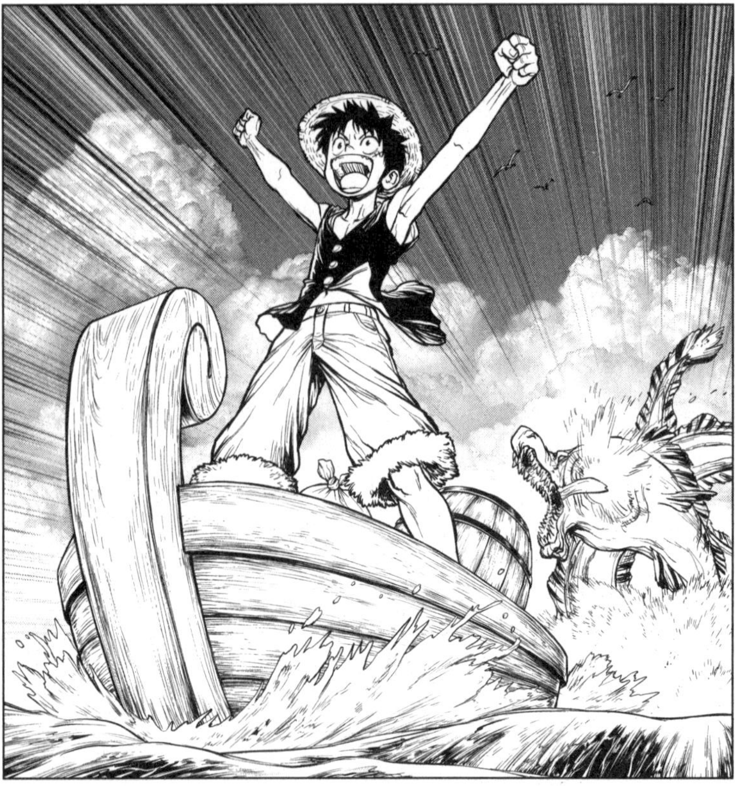

Abenteuerchronik seines kleinen Bruders
Ruffy – Teil 1: Auf ins Abenteuer!

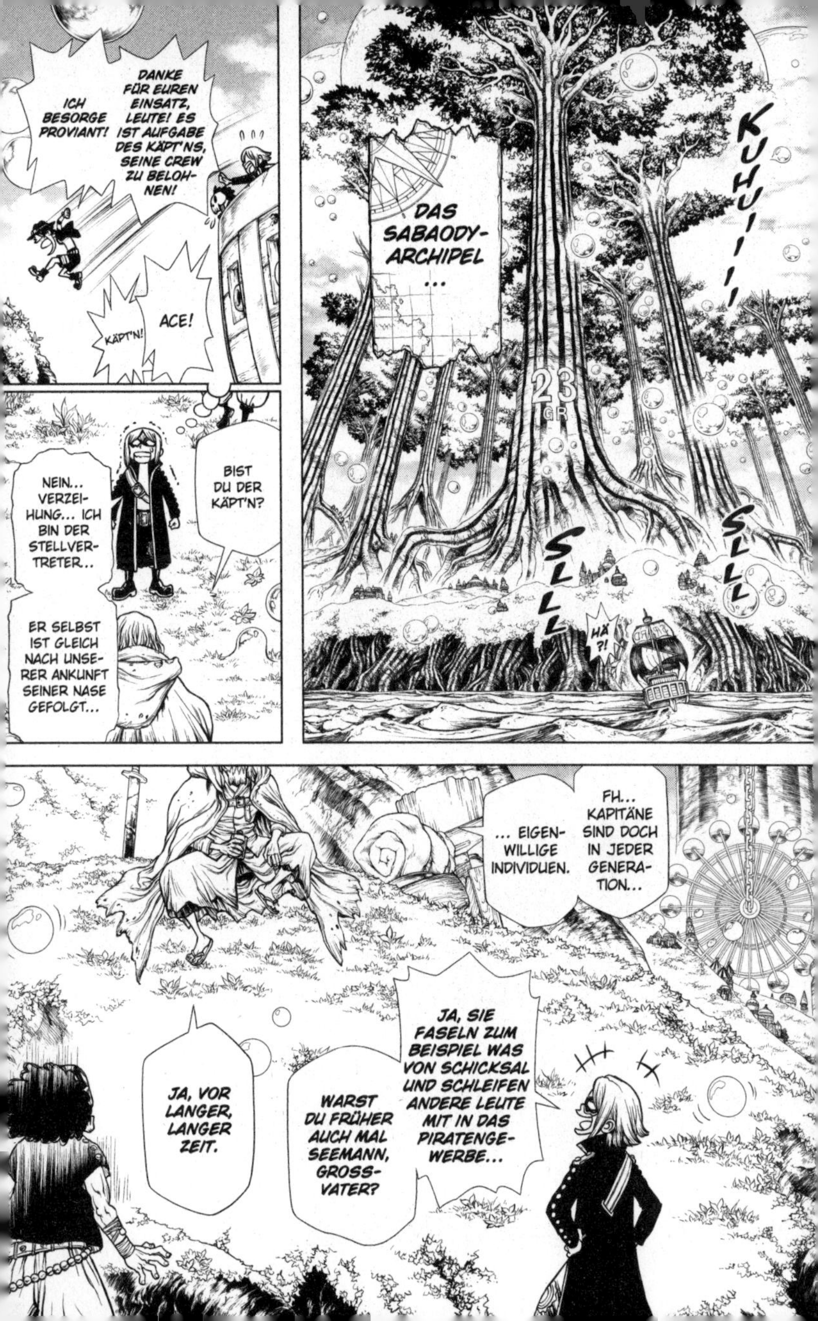

ICH BESORGE PROVIANT!
DANKE FÜR EUREN EINSATZ, LEUTE! ES IST AUFGABE DES KÄPT'NS, SEINE CREW ZU BELOHNEN!
KÄPT'N!
ACE!
DAS SABAODY-ARCHIPEL …
KUHU!!!!!
23 GR
SLLL
SLLL
HÄ ?!
BIST DU DER KÄPT'N?
NEIN… VERZEIHUNG… ICH BIN DER STELLVERTRETER…
ER SELBST IST GLEICH NACH UNSERER ANKUNFT SEINER NASE GEFOLGT…
FH… KAPITÄNE SIND DOCH IN JEDER GENERATION…
… EIGENWILLIGE INDIVIDUEN.
JA, SIE FASELN ZUM BEISPIEL WAS VON SCHICKSAL UND SCHLEIFEN ANDERE LEUTE MIT IN DAS PIRATENGEWERBE…
WARST DU FRÜHER AUCH MAL SEEMANN, GROSSVATER?
JA, VOR LANGER, LANGER ZEIT.

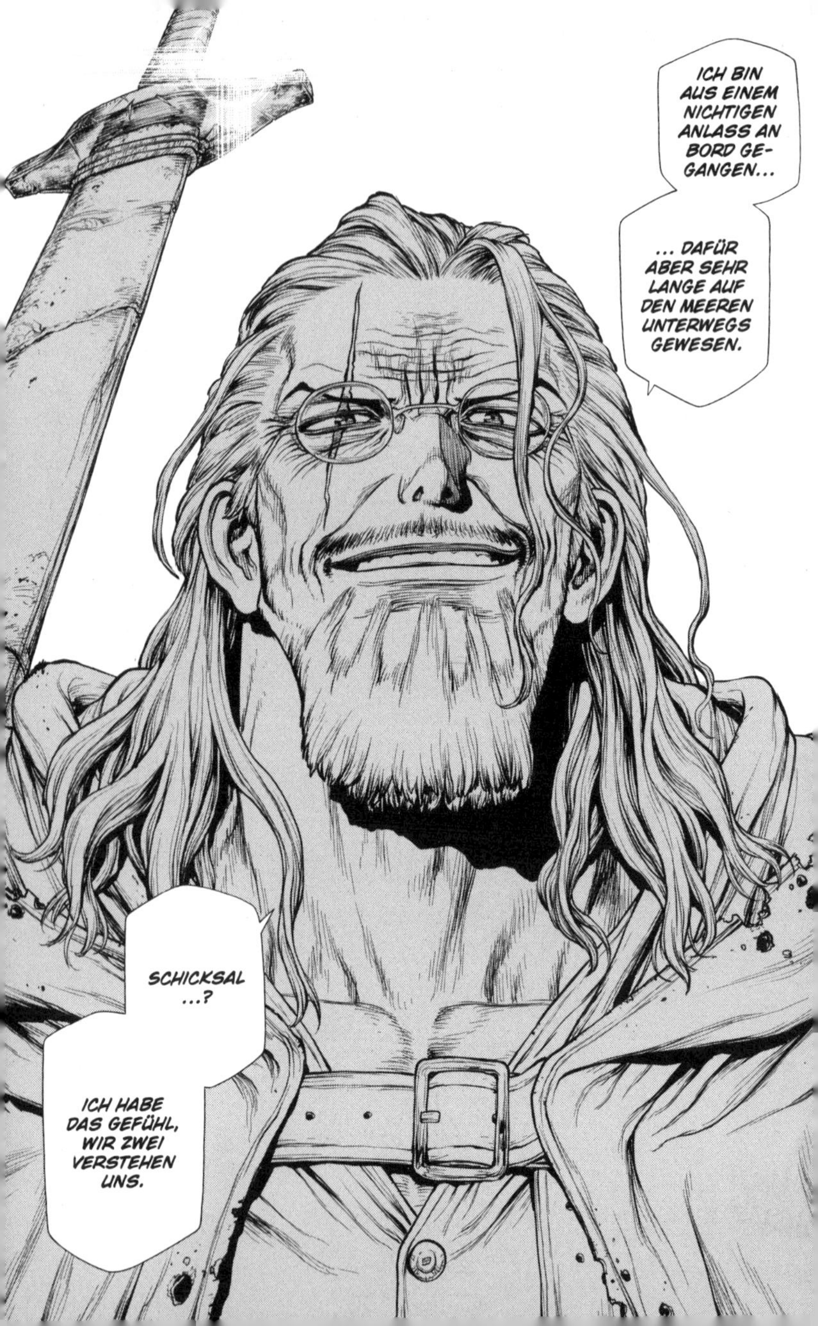
ICH BIN AUS EINEM NICHTIGEN ANLASS AN BORD GE-GANGEN...
... DAFÜR ABER SEHR LANGE AUF DEN MEEREN UNTERWEGS GEWESEN.
SCHICKSAL ...?
ICH HABE DAS GEFÜHL, WIR ZWEI VERSTEHEN UNS.

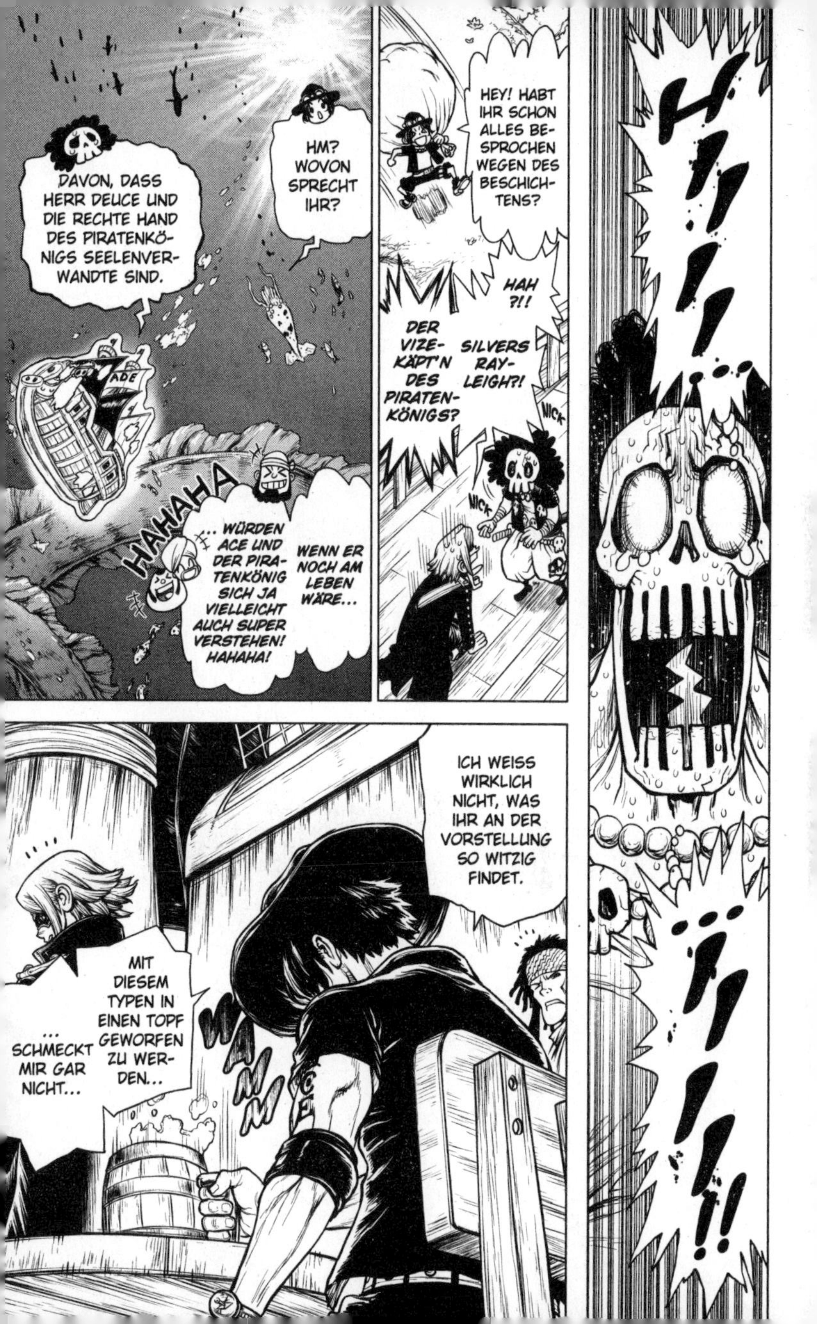
HEY! HABT IHR SCHON ALLES BESPROCHEN WEGEN DES BESCHICHTENS?
HAH ?!!
SILVERS RAYLEIGH?!
DER VIZE-KÄPT'N DES PIRATENKÖNIGS?
NICK
NICK
HM? WOVON SPRECHT IHR?
DAVON, DASS HERR DEUCE UND DIE RECHTE HAND DES PIRATENKÖNIGS SEELENVERWANDTE SIND.
ADE
HAHAHA
WENN ER NOCH AM LEBEN WÄRE...
... WÜRDEN ACE UND DER PIRATENKÖNIG SICH JA VIELLEICHT AUCH SUPER VERSTEHEN! HAHAHA!
ICH WEISS WIRKLICH NICHT, WAS IHR AN DER VORSTELLUNG SO WITZIG FINDET.
MIT DIESEM TYPEN IN EINEN TOPF GEWORFEN ZU WERDEN...
... SCHMECKT MIR GAR NICHT...

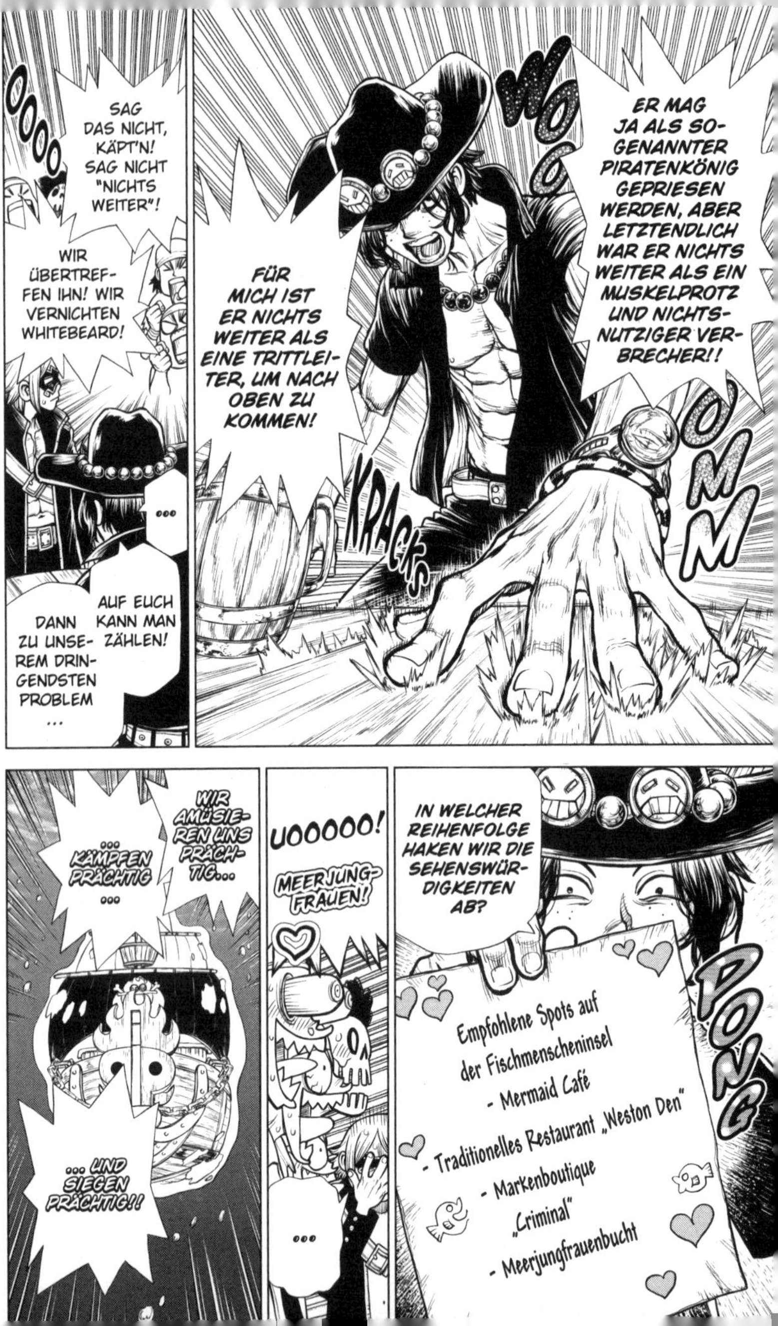
ER MAG JA ALS SOGENANNTER PIRATENKÖNIG GEPRIESEN WERDEN, ABER LETZTENDLICH WAR ER NICHTS WEITER ALS EIN MUSKELPROTZ UND NICHTSNUTZIGER VERBRECHER!!
WOOO
FÜR MICH IST ER NICHTS WEITER ALS EINE TRITTLEITER, UM NACH OBEN ZU KOMMEN!
OMMM
KRACKS
OOOO
SAG DAS NICHT, KÄPT'N! SAG NICHT "NICHTS WEITER"!
WIR ÜBERTREFFEN IHN! WIR VERNICHTEN WHITEBEARD!
...
AUF EUCH KANN MAN ZÄHLEN!
DANN ZU UNSEREM DRINGENDSTEN PROBLEM ...
IN WELCHER REIHENFOLGE HAKEN WIR DIE SEHENSWÜRDIGKEITEN AB?
DONG
Empfohlene Spots auf der Fischmenscheninsel
- Mermaid Café
- Traditionelles Restaurant „Weston Den"
- Markenboutique „Criminal"
- Meerjungfrauenbucht
UOOOOO!
MEERJUNGFRAUEN!
...
WIR AMÜSIEREN UNS PRÄCHTIG...
... KÄMPFEN PRÄCHTIG ...
... UND SIEGEN PRÄCHTIG!!

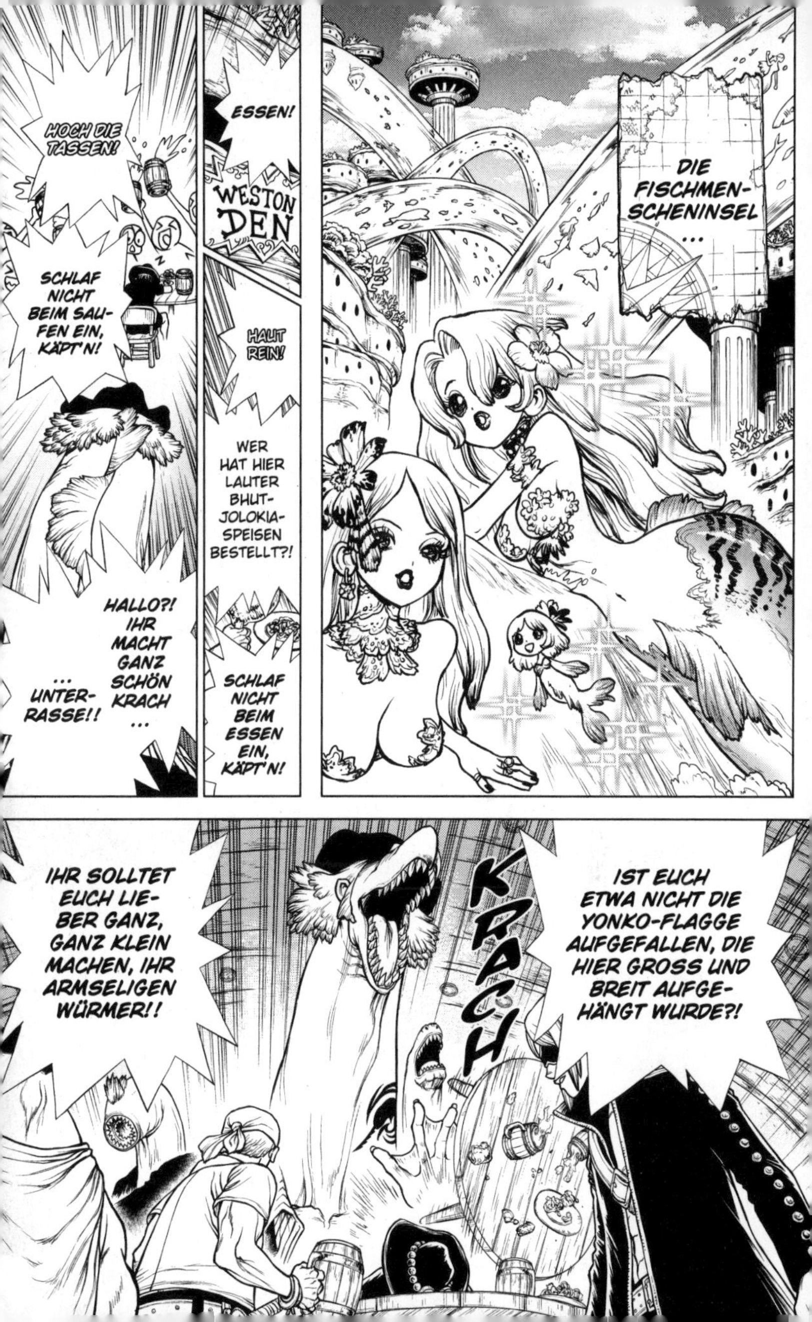
DIE FISCHMENSCHENINSEL …
ESSEN!
WESTON DEN
HAUT REIN!
WER HAT HIER LAUTER BHUT-JOLOKIA-SPEISEN BESTELLT?!
SCHLAF NICHT BEIM ESSEN EIN, KÄPT'N!
HOCH DIE TASSEN!
SCHLAF NICHT BEIM SAUFEN EIN, KÄPT'N!
HALLO?! IHR MACHT GANZ SCHÖN KRACH …
… UNTERRASSE!!
IST EUCH ETWA NICHT DIE YONKO-FLAGGE AUFGEFALLEN, DIE HIER GROSS UND BREIT AUFGEHÄNGT WURDE?!
KRACH
IHR SOLLTET EUCH LIEBER GANZ, GANZ KLEIN MACHEN, IHR ARMSELIGEN WÜRMER!!

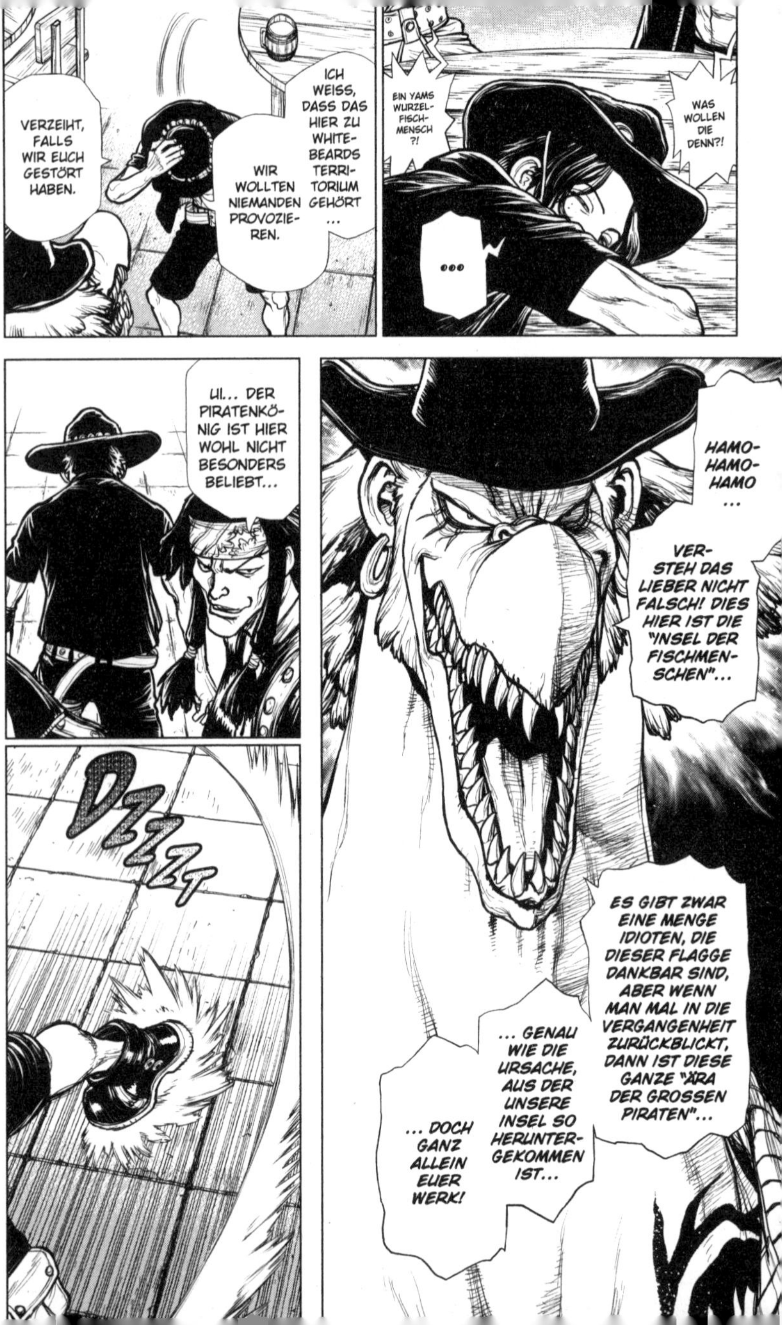
VERZEIHT, FALLS WIR EUCH GESTÖRT HABEN.
ICH WEISS, DASS DAS HIER ZU WHITEBEARDS TERRITORIUM GEHÖRT ...
WIR WOLLTEN NIEMANDEN PROVOZIEREN.
EIN YAMS WURZEL-FISCHMENSCH ?!
WAS WOLLEN DIE DENN?!
...
UI... DER PIRATENKÖNIG IST HIER WOHL NICHT BESONDERS BELIEBT...
HAMO-HAMO-HAMO ...
VERSTEH DAS LIEBER NICHT FALSCH! DIES HIER IST DIE "INSEL DER FISCHMENSCHEN"...
DZZZT
ES GIBT ZWAR EINE MENGE IDIOTEN, DIE DIESER FLAGGE DANKBAR SIND, ABER WENN MAN MAL IN DIE VERGANGENHEIT ZURÜCKBLICKT, DANN IST DIESE GANZE "ÄRA DER GROSSEN PIRATEN"...
... GENAU WIE DIE URSACHE, AUS DER UNSERE INSEL SO HERUNTERGEKOMMEN IST...
... DOCH GANZ ALLEIN EUER WERK!

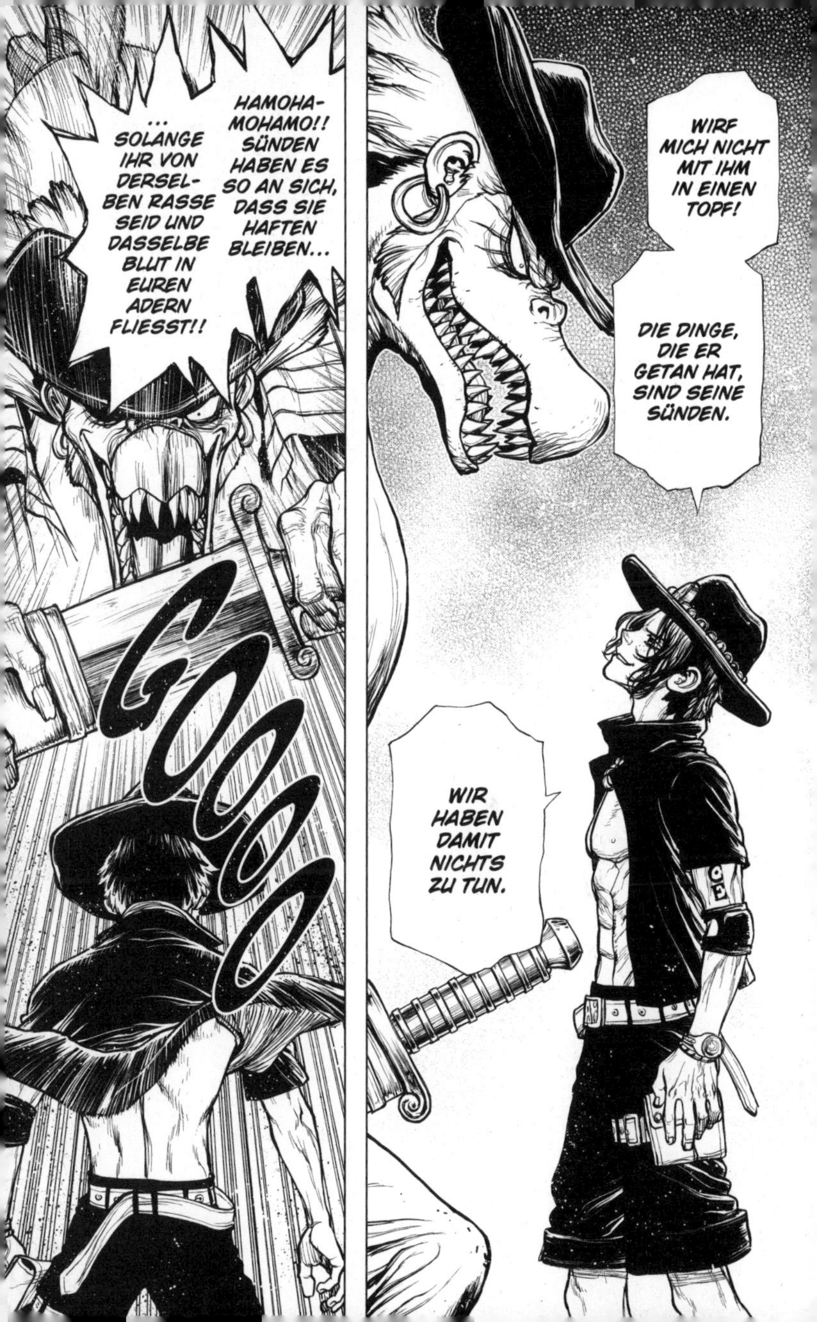
WIRF MICH NICHT MIT IHM IN EINEN TOPF!
DIE DINGE, DIE ER GETAN HAT, SIND SEINE SÜNDEN.
WIR HABEN DAMIT NICHTS ZU TUN.
HAMOHAMOHAMO!! SÜNDEN HABEN ES SO AN SICH, DASS SIE HAFTEN BLEIBEN...
... SOLANGE IHR VON DERSELBEN RASSE SEID UND DASSELBE BLUT IN EUREN ADERN FLIESST!!
GOOOO

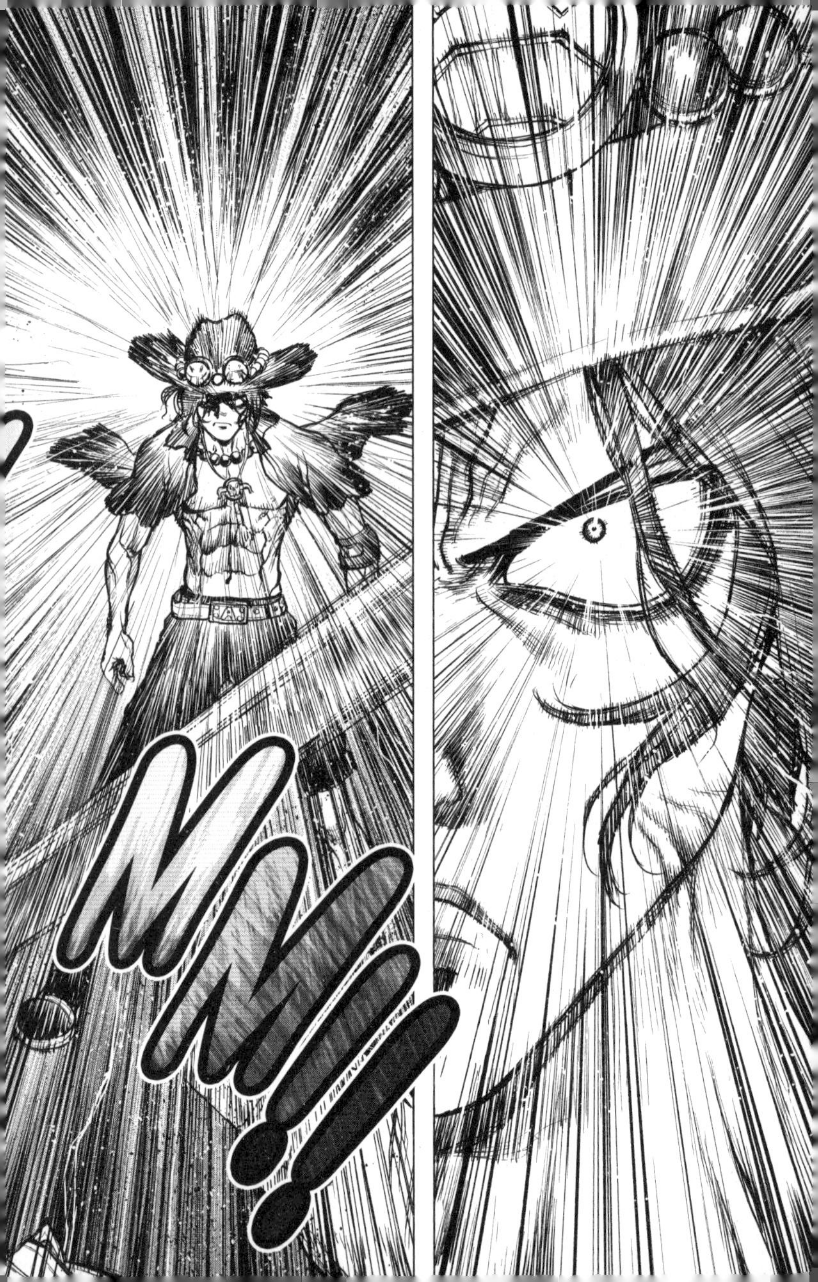

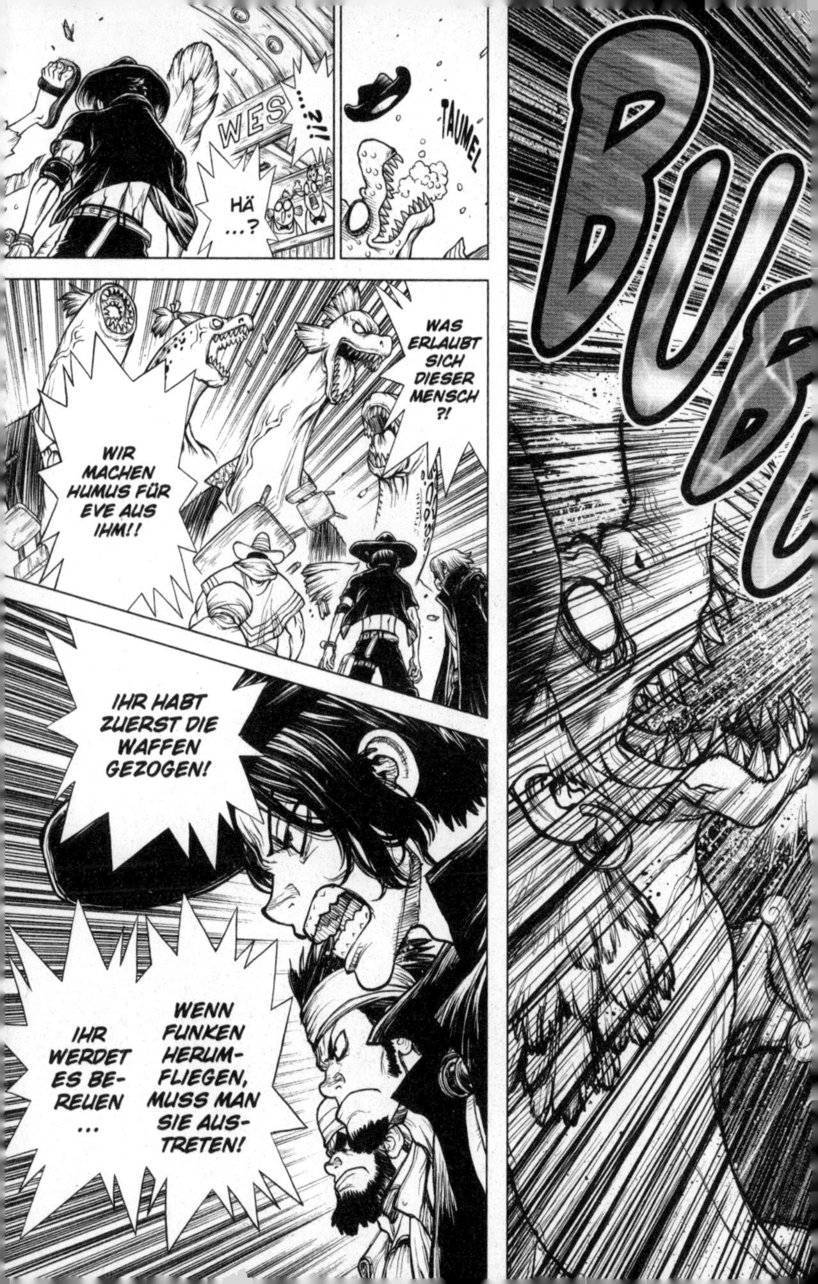
BUBU
TAUMEL
WES
?!...
HÄ ...?
WAS ERLAUBT SICH DIESER MENSCH ?!
WIR MACHEN HUMUS FÜR EVE AUS IHM!!
IHR HABT ZUERST DIE WAFFEN GEZOGEN!
WENN FUNKEN HERUM-FLIEGEN, MUSS MAN SIE AUS-TRETEN!
IHR WERDET ES BE-REUEN ...

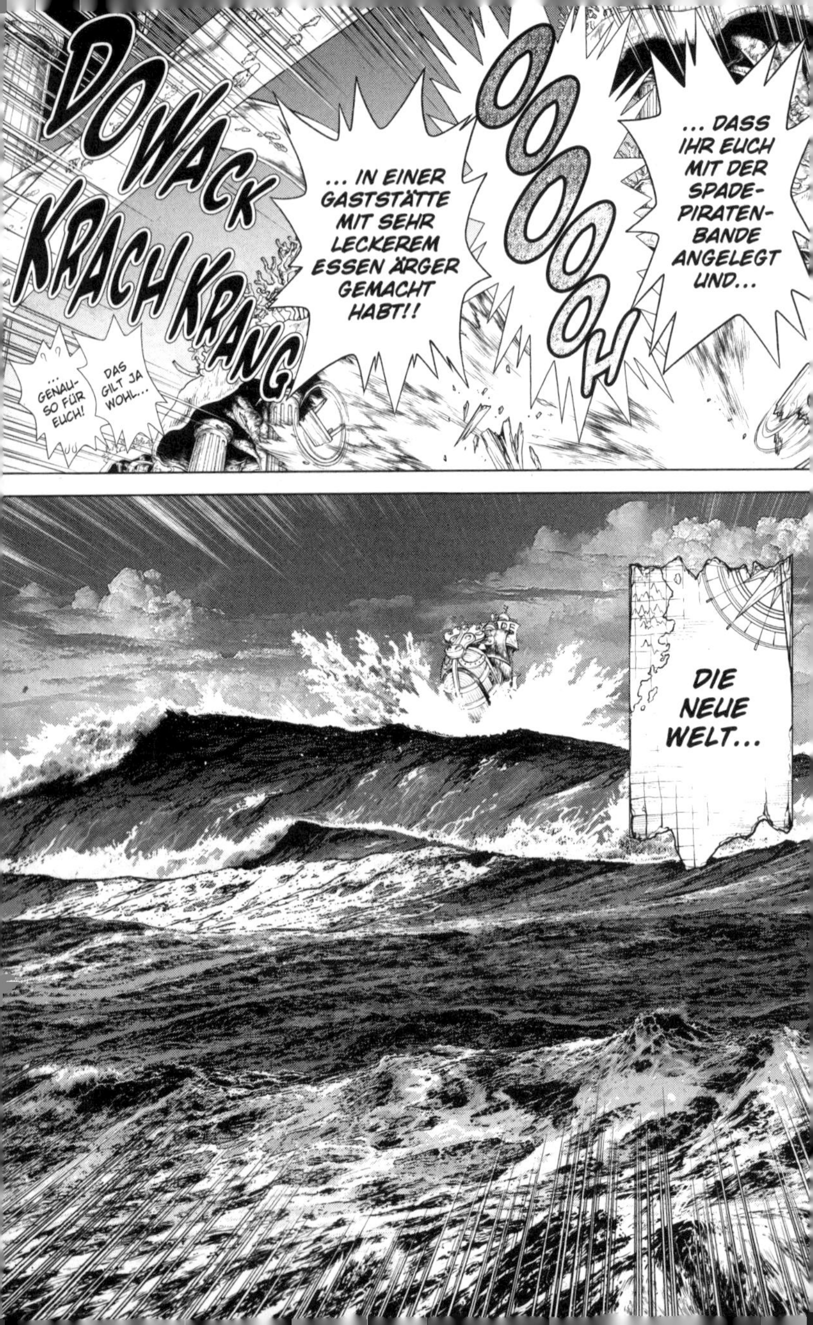
... DASS IHR EUCH MIT DER SPADE-PIRATEN-BANDE ANGELEGT UND...
OOOOOOH
... IN EINER GASTSTÄTTE MIT SEHR LECKEREM ESSEN ÄRGER GEMACHT HABT!!
DOWACK
KRACH KRANG
DAS GILT JA WOHL...
... GENAU-SO FÜR EUCH!
DIE NEUE WELT...

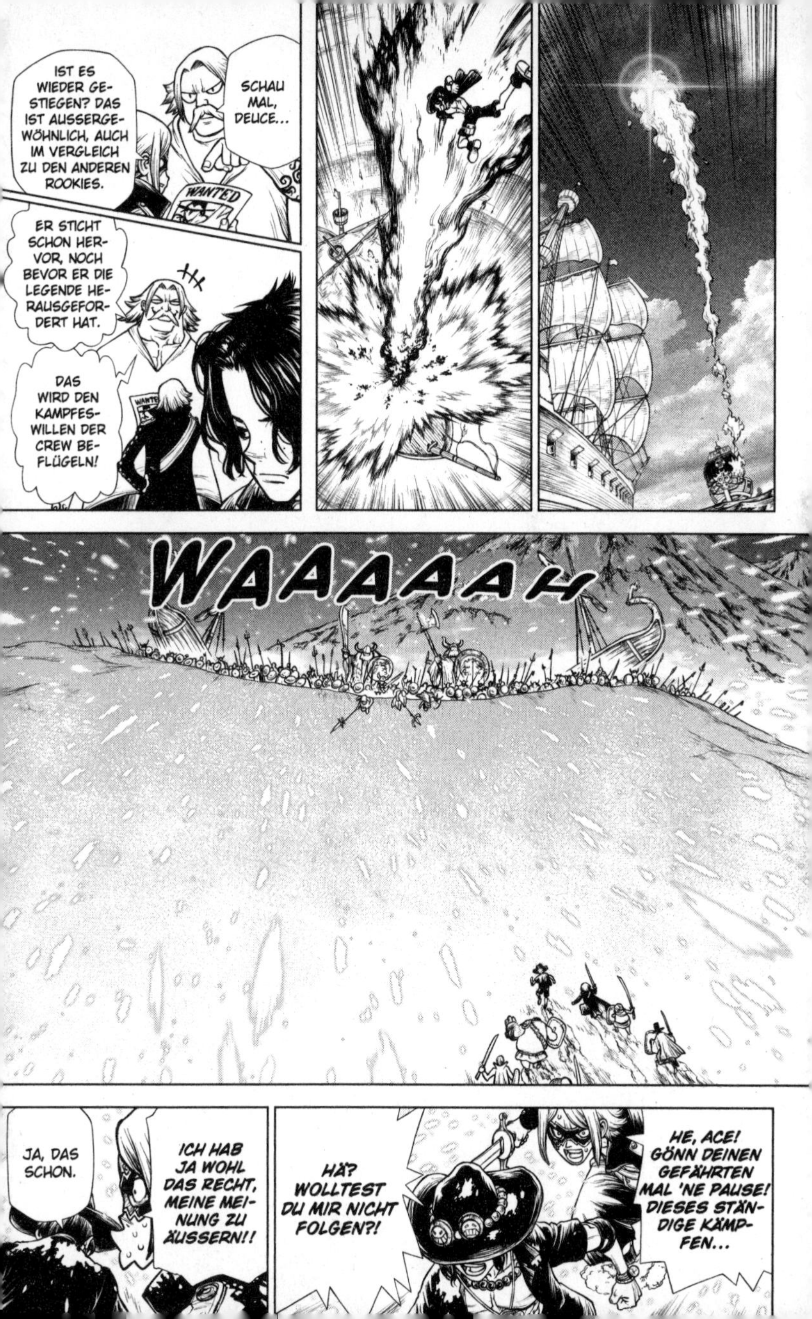
SCHAU MAL, DEUCE…
IST ES WIEDER GESTIEGEN? DAS IST AUSSERGEWÖHNLICH, AUCH IM VERGLEICH ZU DEN ANDEREN ROOKIES.
WANTED
ER STICHT SCHON HERVOR, NOCH BEVOR ER DIE LEGENDE HERAUSGEFORDERT HAT.
DAS WIRD DEN KAMPFESWILLEN DER CREW BEFLÜGELN!
WANTED
WAAAAAH
HE, ACE! GÖNN DEINEN GEFÄHRTEN MAL 'NE PAUSE! DIESES STÄNDIGE KÄMPFEN…
HÄ? WOLLTEST DU MIR NICHT FOLGEN?!
ICH HAB JA WOHL DAS RECHT, MEINE MEINUNG ZU ÄUSSERN!!
JA, DAS SCHON.

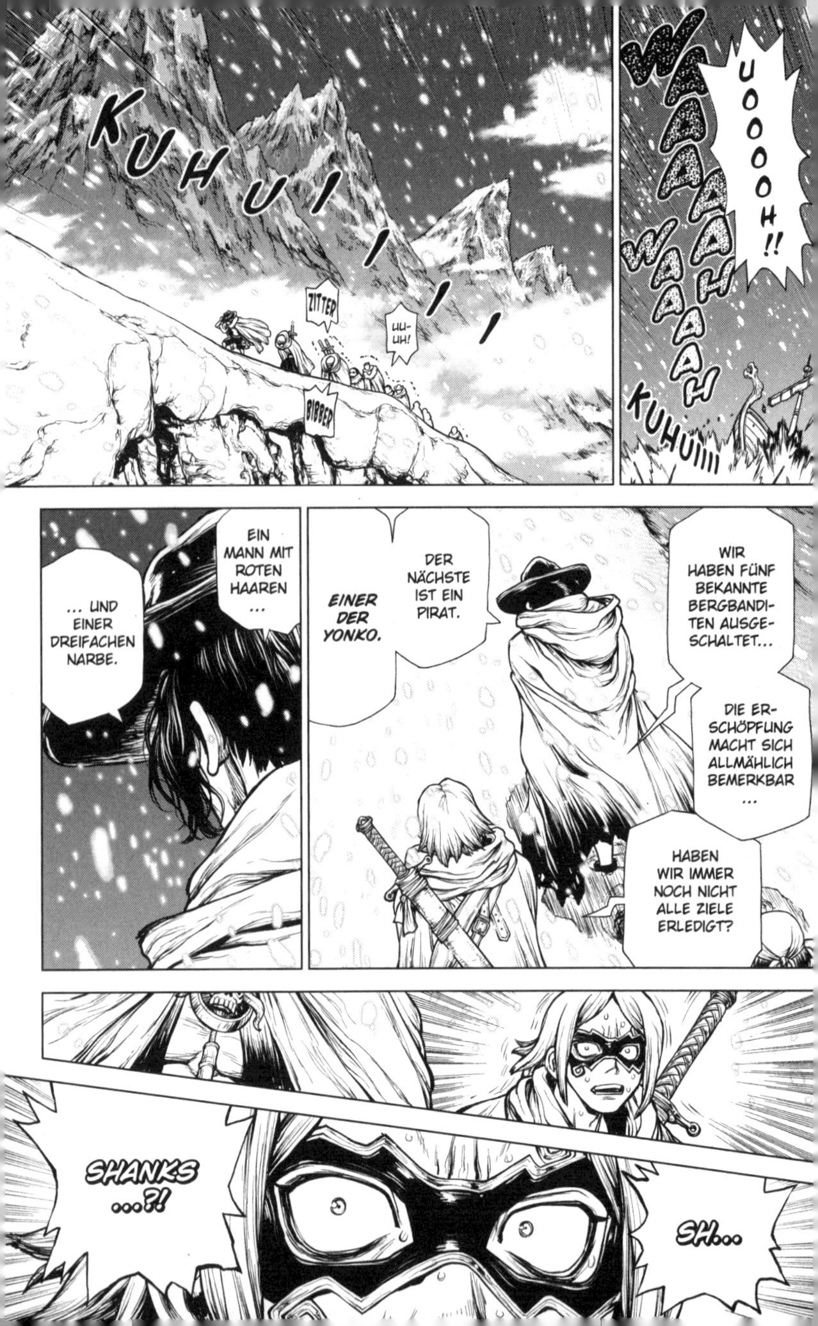
UOOOOH!!
WAAAAAH
WAAAAH
KUHUIIII
KUHUIIIII
ZITTER
UU-UH!
BIBBER
WIR HABEN FÜNF BEKANNTE BERGBANDITEN AUSGESCHALTET…
DIE ERSCHÖPFUNG MACHT SICH ALLMÄHLICH BEMERKBAR …
HABEN WIR IMMER NOCH NICHT ALLE ZIELE ERLEDIGT?
DER NÄCHSTE IST EIN PIRAT.
EINER DER YONKO.
EIN MANN MIT ROTEN HAAREN …
… UND EINER DREIFACHEN NARBE.
SH…
SHANKS …?!

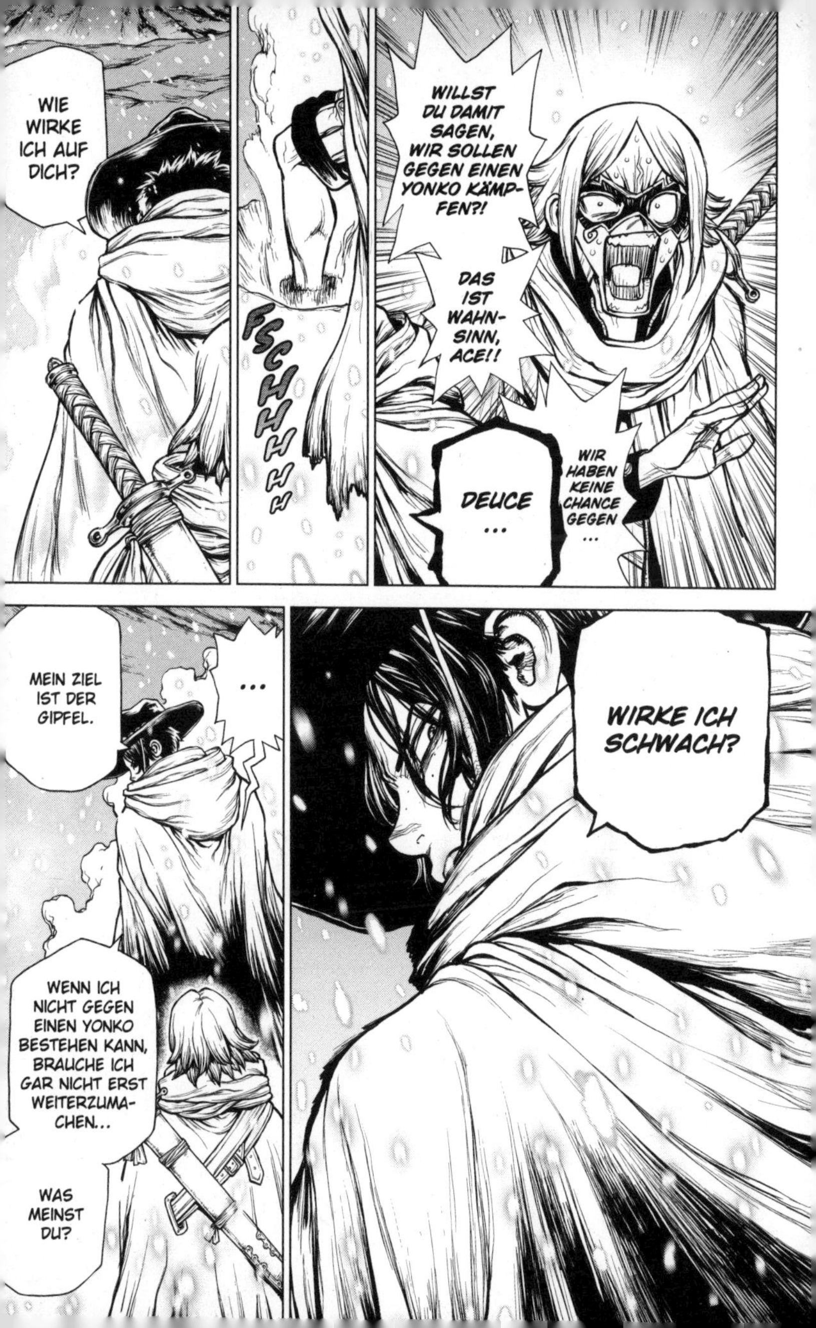
WILLST DU DAMIT SAGEN, WIR SOLLEN GEGEN EINEN YONKO KÄMPFEN?!
DAS IST WAHNSINN, ACE!!
WIR HABEN KEINE CHANCE GEGEN ...
DEUCE ...
FSCHHHHHH
WIE WIRKE ICH AUF DICH?
WIRKE ICH SCHWACH?
...
MEIN ZIEL IST DER GIPFEL.
WENN ICH NICHT GEGEN EINEN YONKO BESTEHEN KANN, BRAUCHE ICH GAR NICHT ERST WEITERZUMACHEN...
WAS MEINST DU?

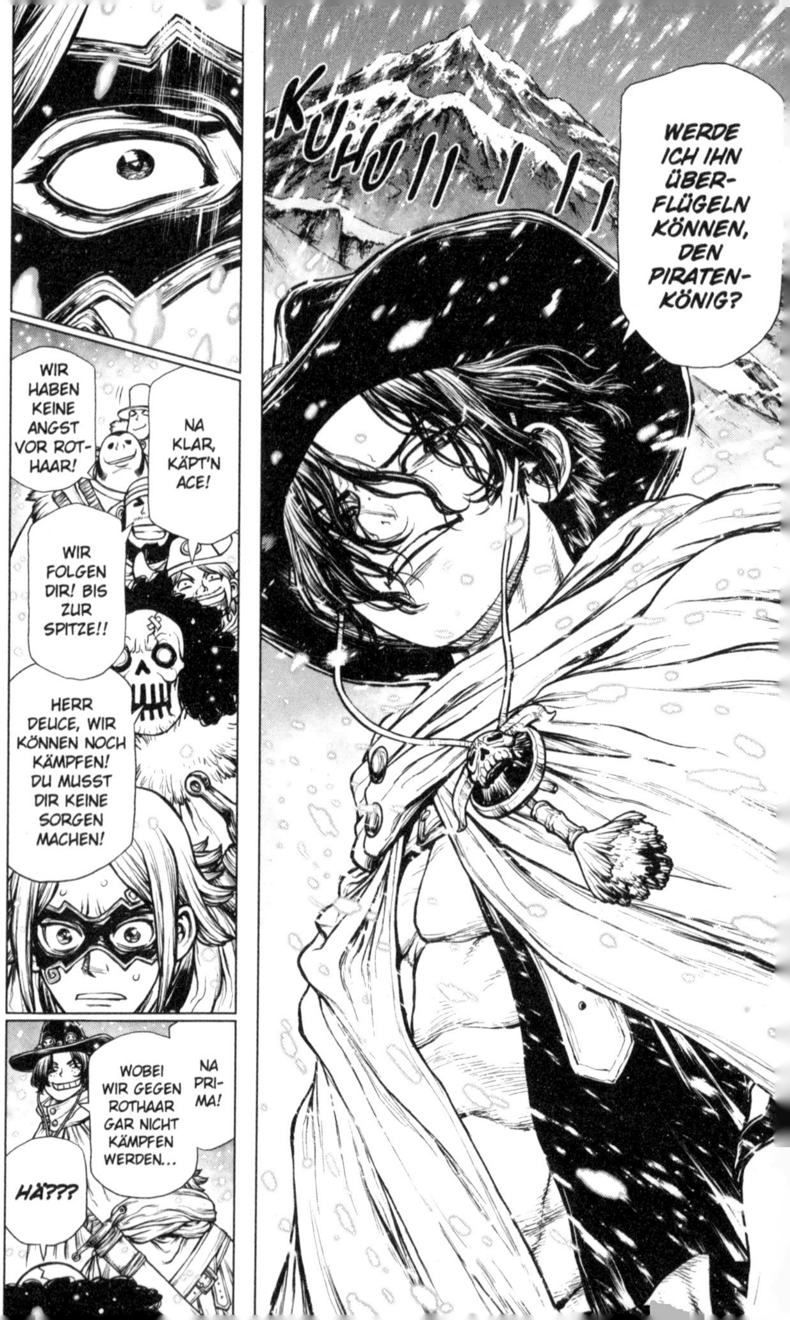

WERDE ICH IHN ÜBERFLÜGELN KÖNNEN, DEN PIRATENKÖNIG?
KUHUIIIIII
WIR HABEN KEINE ANGST VOR ROTHAAR!
NA KLAR, KÄPT'N ACE!
WIR FOLGEN DIR! BIS ZUR SPITZE!!
HERR DEUCE, WIR KÖNNEN NOCH KÄMPFEN! DU MUSST DIR KEINE SORGEN MACHEN!
NA PRIMA!
WOBEI WIR GEGEN ROTHAAR GAR NICHT KÄMPFEN WERDEN…
HÄ???

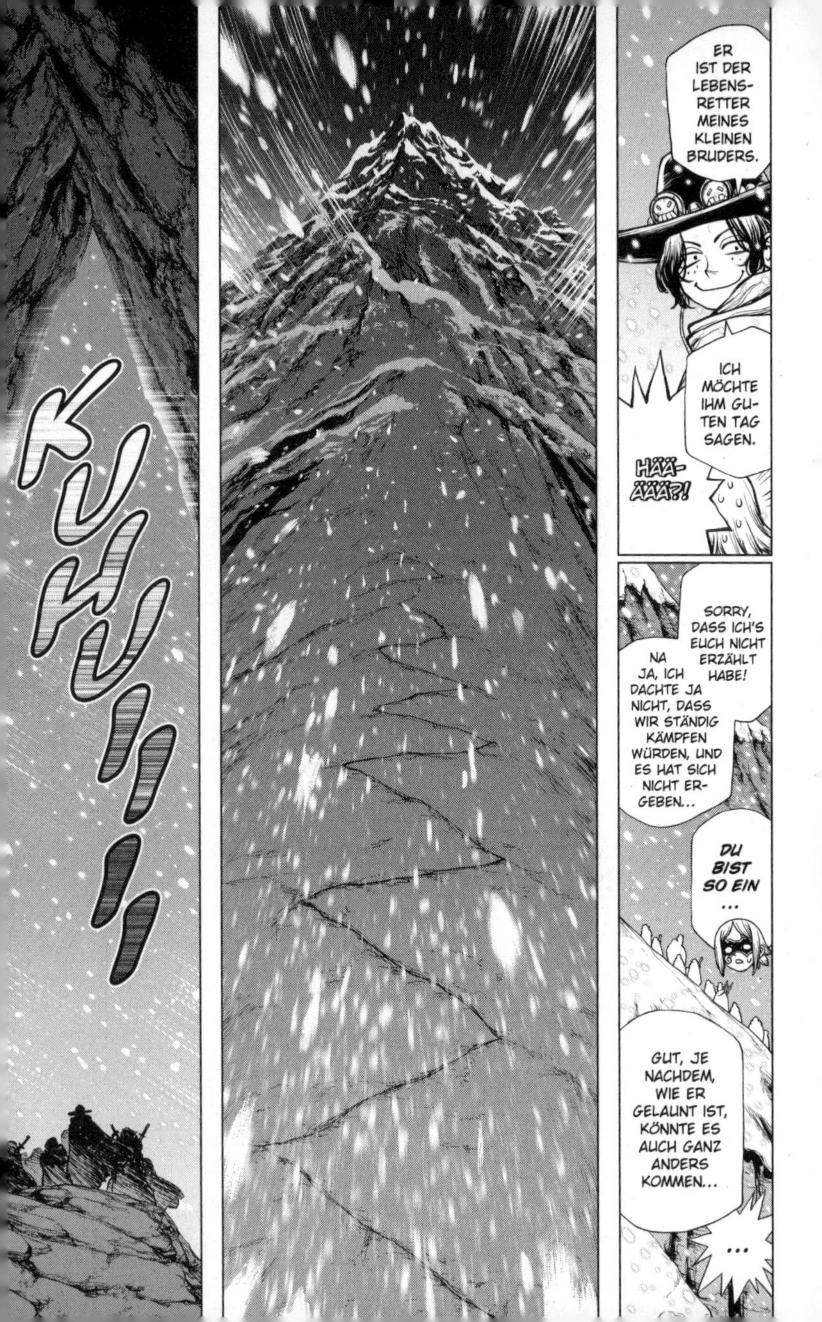
ER IST DER LEBENSRETTER MEINES KLEINEN BRUDERS.
ICH MÖCHTE IHM GUTEN TAG SAGEN.
HÄÄ-ÄÄÄ?!
SORRY, DASS ICH'S EUCH NICHT ERZÄHLT HABE!
NA JA, ICH DACHTE JA NICHT, DASS WIR STÄNDIG KÄMPFEN WÜRDEN, UND ES HAT SICH NICHT ERGEBEN...
DU BIST SO EIN ...
GUT, JE NACHDEM, WIE ER GELAUNT IST, KÖNNTE ES AUCH GANZ ANDERS KOMMEN...
...
KUHUIII

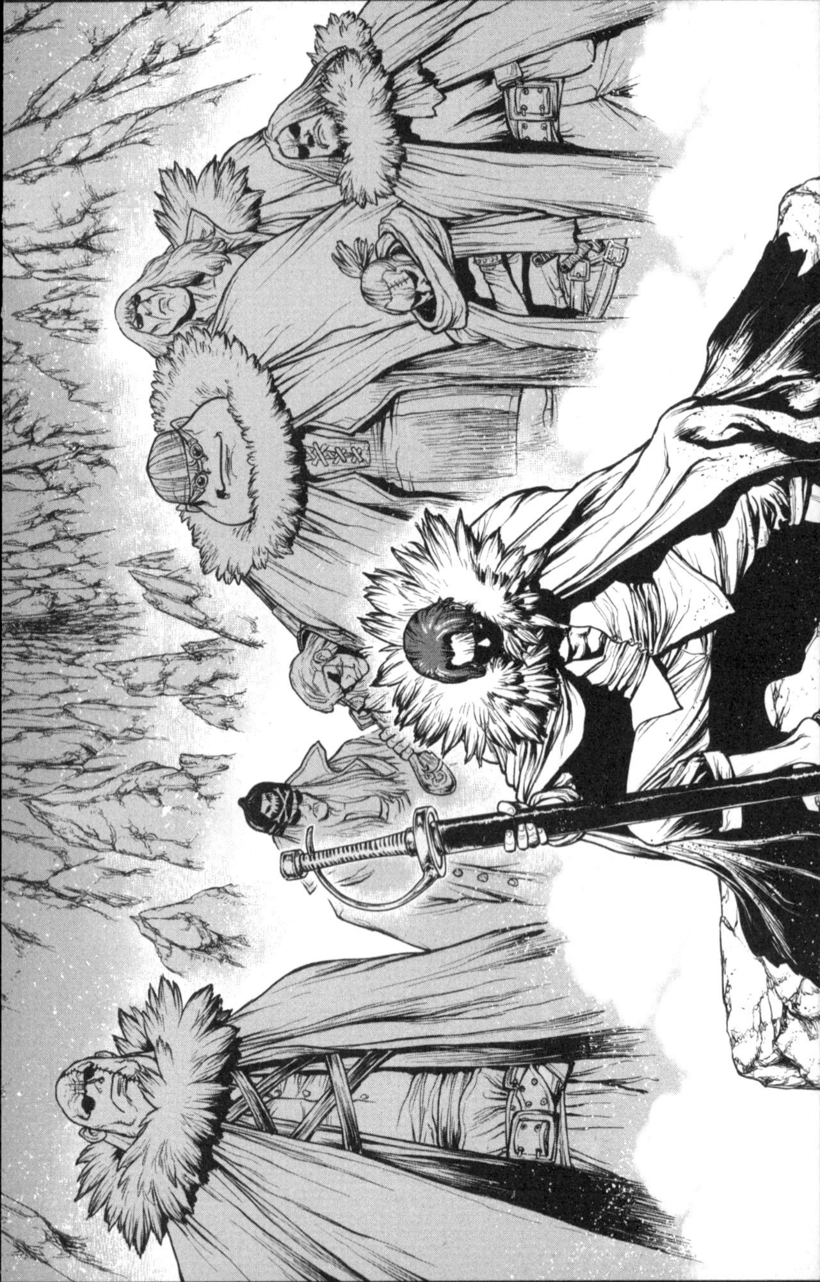

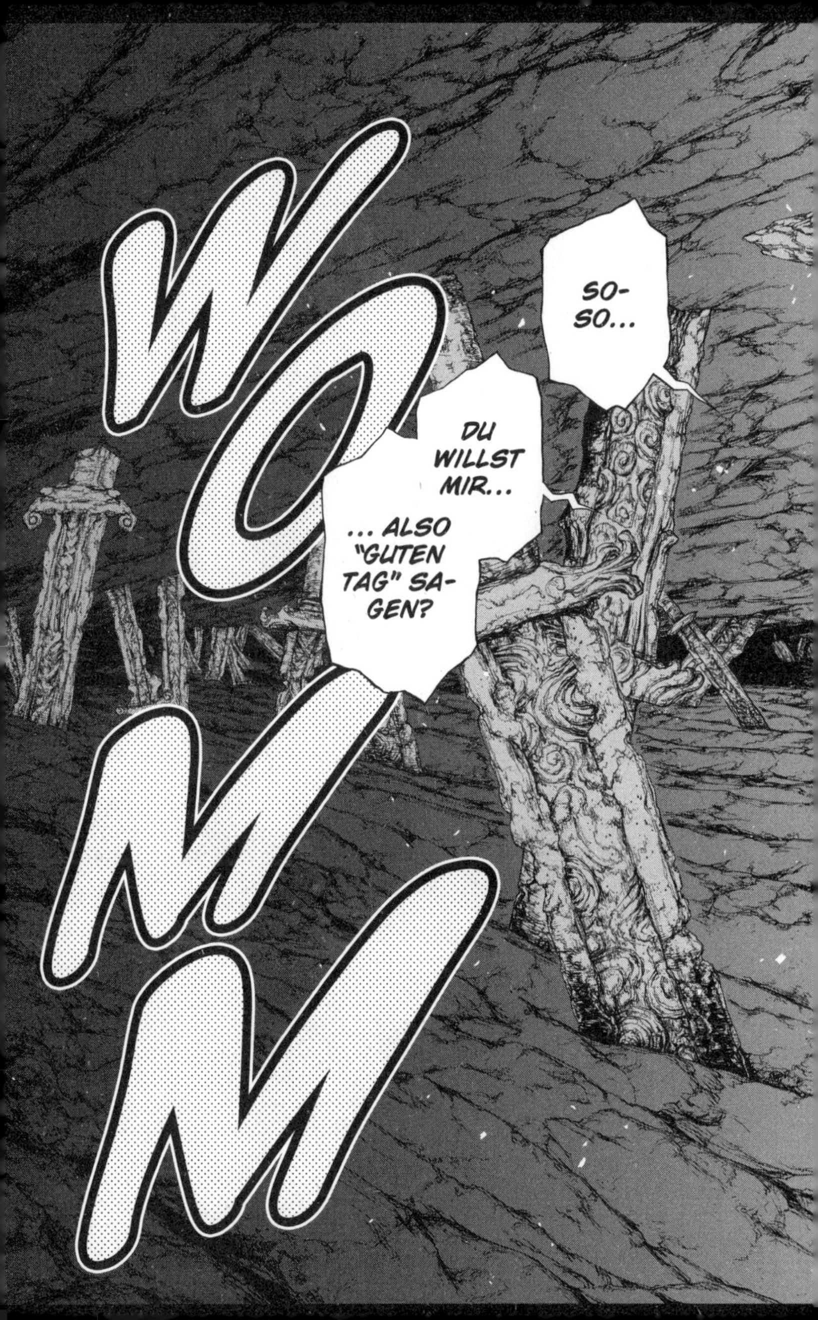
SO-SO…
DU WILLST MIR…
… ALSO "GUTEN TAG" SA-GEN?
WOMM

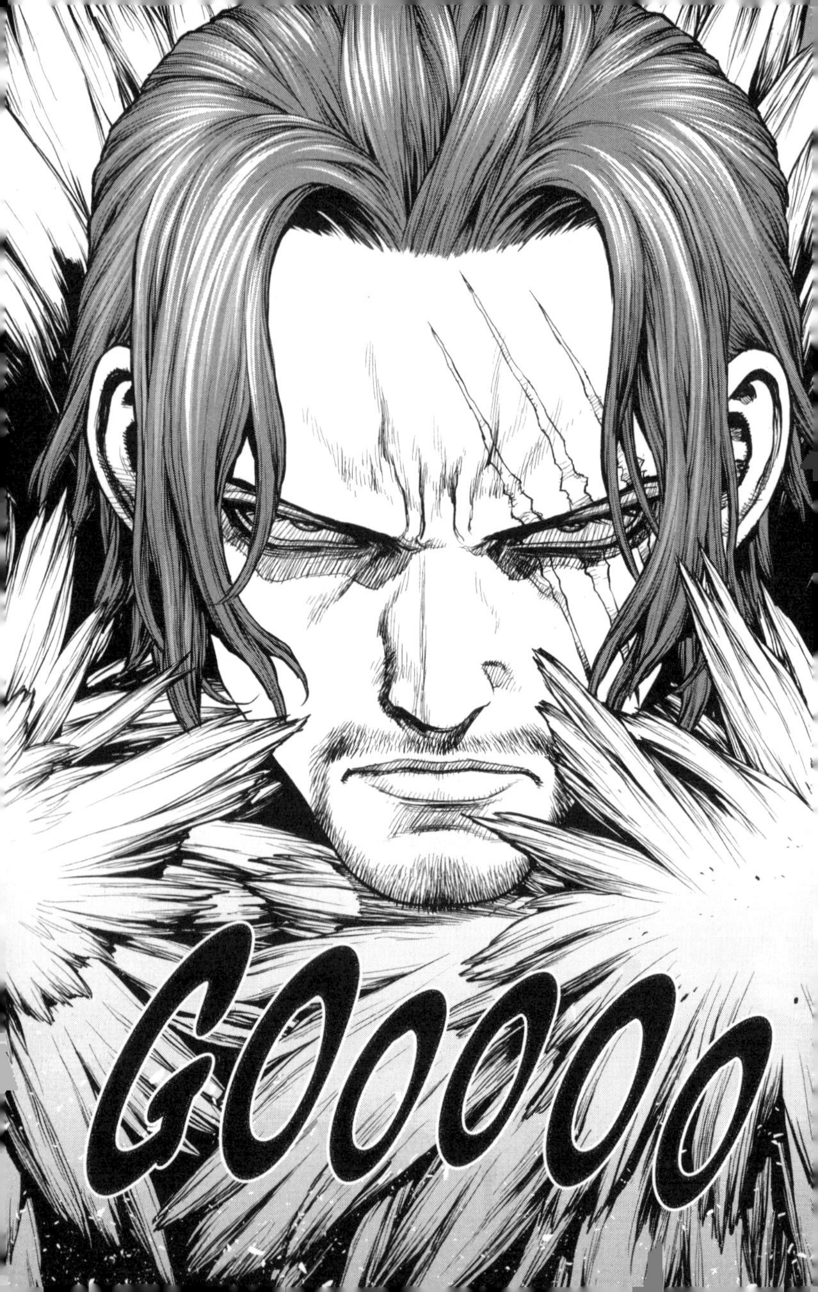
GOOOOO

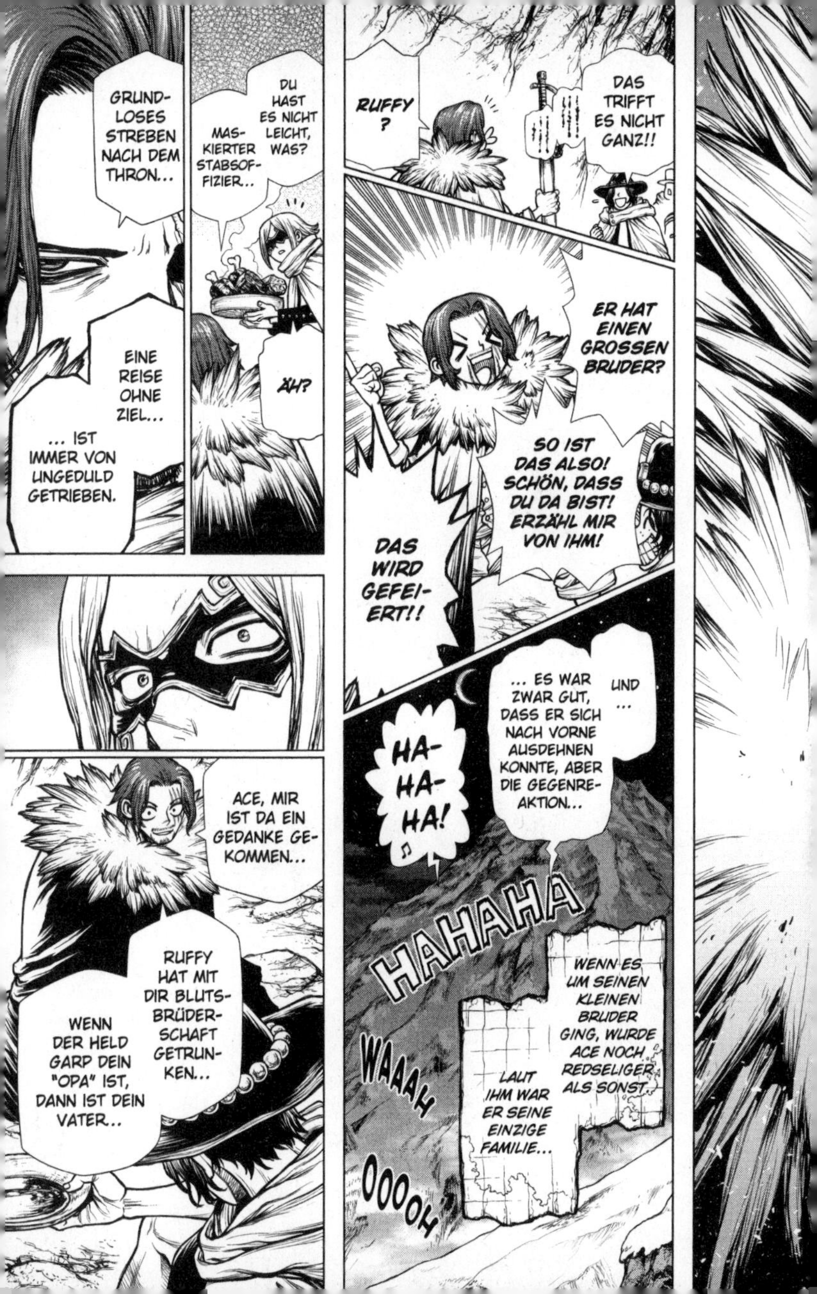
DAS TRIFFT ES NICHT GANZ!!
RUFFY?
ER HAT EINEN GROSSEN BRUDER?
SO IST DAS ALSO! SCHÖN, DASS DU DA BIST! ERZÄHL MIR VON IHM!
DAS WIRD GEFEIERT!!
UND ...
... ES WAR ZWAR GUT, DASS ER SICH NACH VORNE AUSDEHNEN KONNTE, ABER DIE GEGENRE-AKTION...
HA-HA-HA-HA!
HAHAHA
WENN ES UM SEINEN KLEINEN BRUDER GING, WURDE ACE NOCH REDSELIGER ALS SONST.
LAUT IHM WAR ER SEINE EINZIGE FAMILIE...
WAAAAH
OOOOH
DU HAST ES NICHT LEICHT, WAS?
MAS-KIERTER STABSOF-FIZIER...
ÄH?
GRUND-LOSES STREBEN NACH DEM THRON...
EINE REISE OHNE ZIEL...
... IST IMMER VON UNGEDULD GETRIEBEN.
ACE, MIR IST DA EIN GEDANKE GE-KOMMEN...
RUFFY HAT MIT DIR BLUTS-BRÜDER-SCHAFT GETRUN-KEN...
WENN DER HELD GARP DEIN "OPA" IST, DANN IST DEIN VATER..

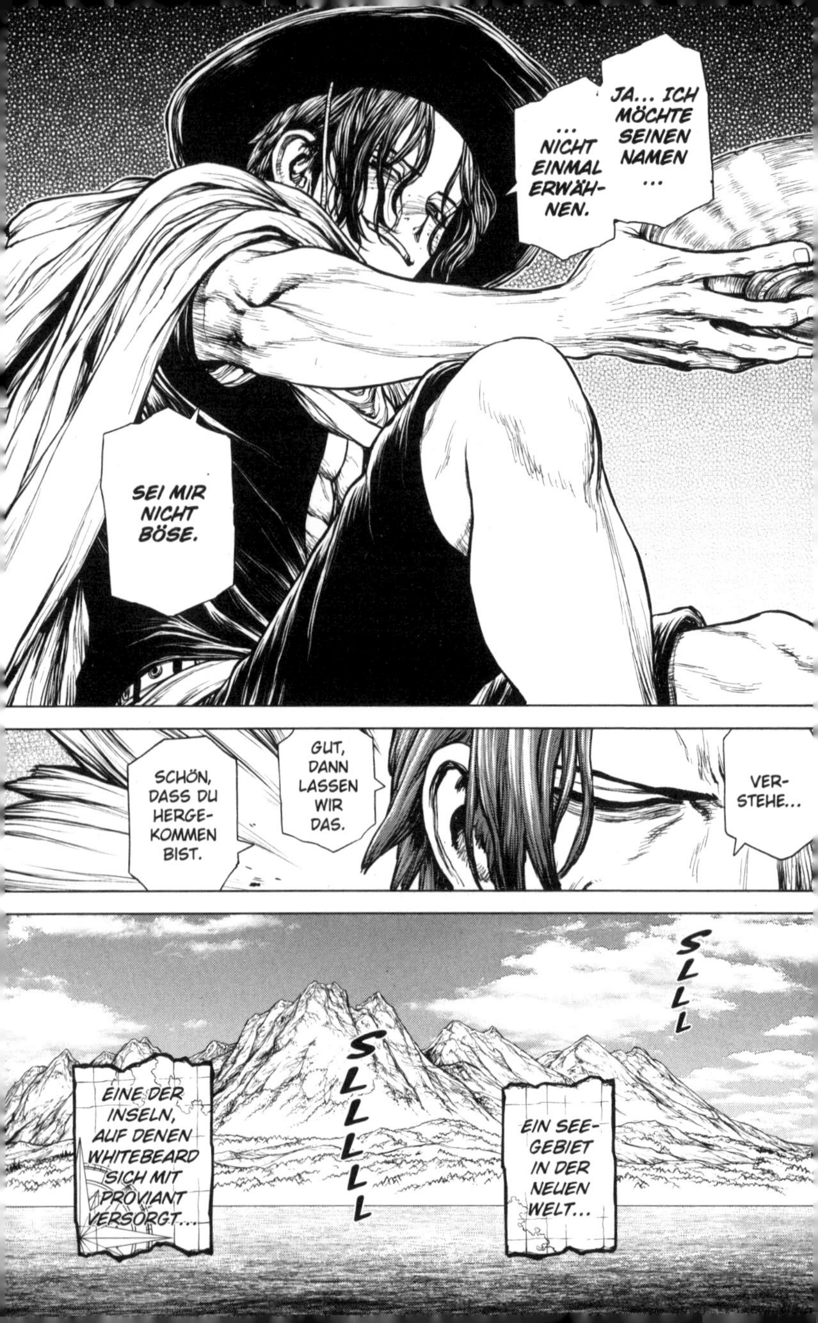
JA... ICH MÖCHTE SEINEN NAMEN ...
... NICHT EINMAL ERWÄHNEN.
SEI MIR NICHT BÖSE.
VERSTEHE...
GUT, DANN LASSEN WIR DAS.
SCHÖN, DASS DU HERGEKOMMEN BIST.
SLLL
SLLLLL
EIN SEEGEBIET IN DER NEUEN WELT...
EINE DER INSELN, AUF DENEN WHITEBEARD SICH MIT PROVIANT VERSORGT...

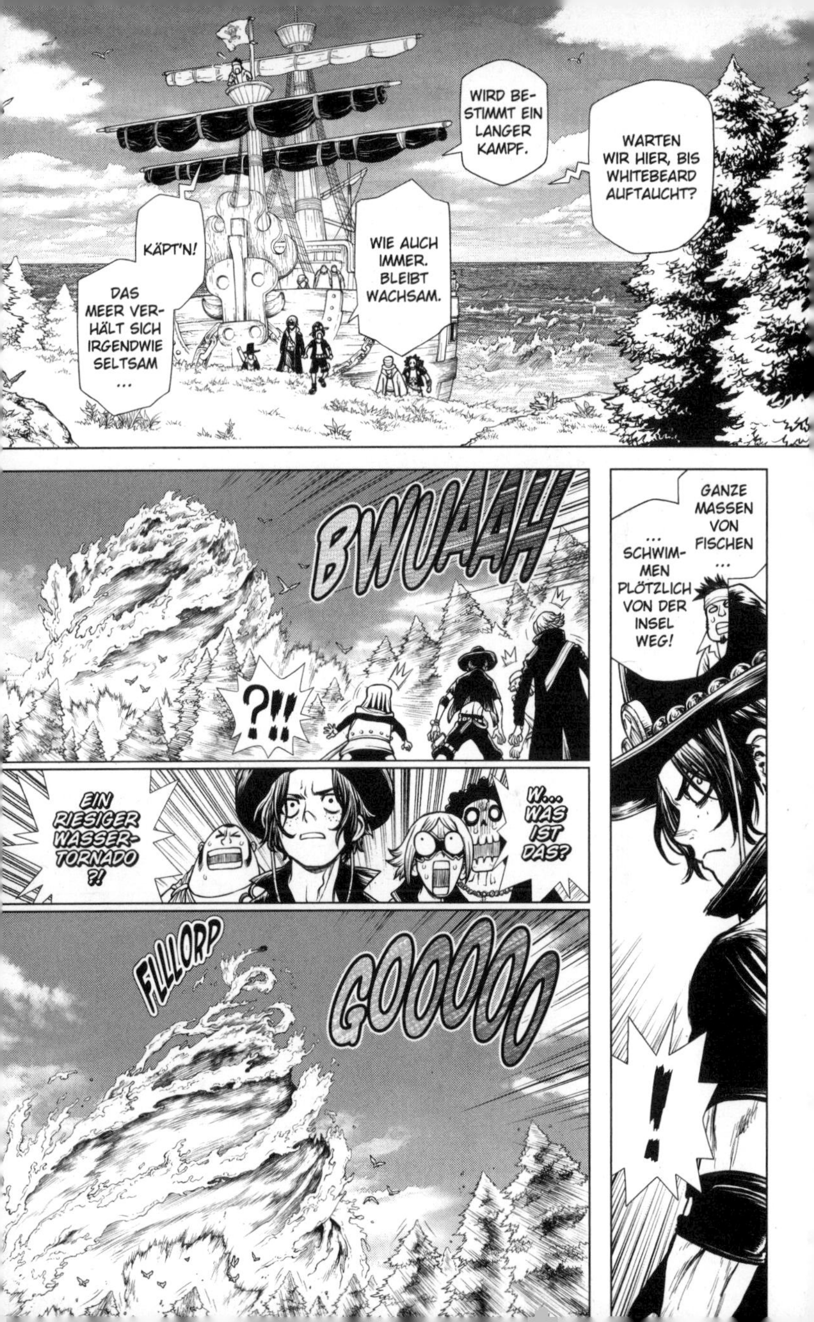
WARTEN WIR HIER, BIS WHITEBEARD AUFTAUCHT?
WIRD BESTIMMT EIN LANGER KAMPF.
WIE AUCH IMMER. BLEIBT WACHSAM.
KÄPT'N!
DAS MEER VERHÄLT SICH IRGENDWIE SELTSAM ...
GANZE MASSEN VON FISCHEN ...
... SCHWIMMEN PLÖTZLICH VON DER INSEL WEG!
!
BWUAAH
?!!
W... WAS IST DAS?
EIN RIESIGER WASSER-TORNADO ?!
GOOOOO
FLLLORP

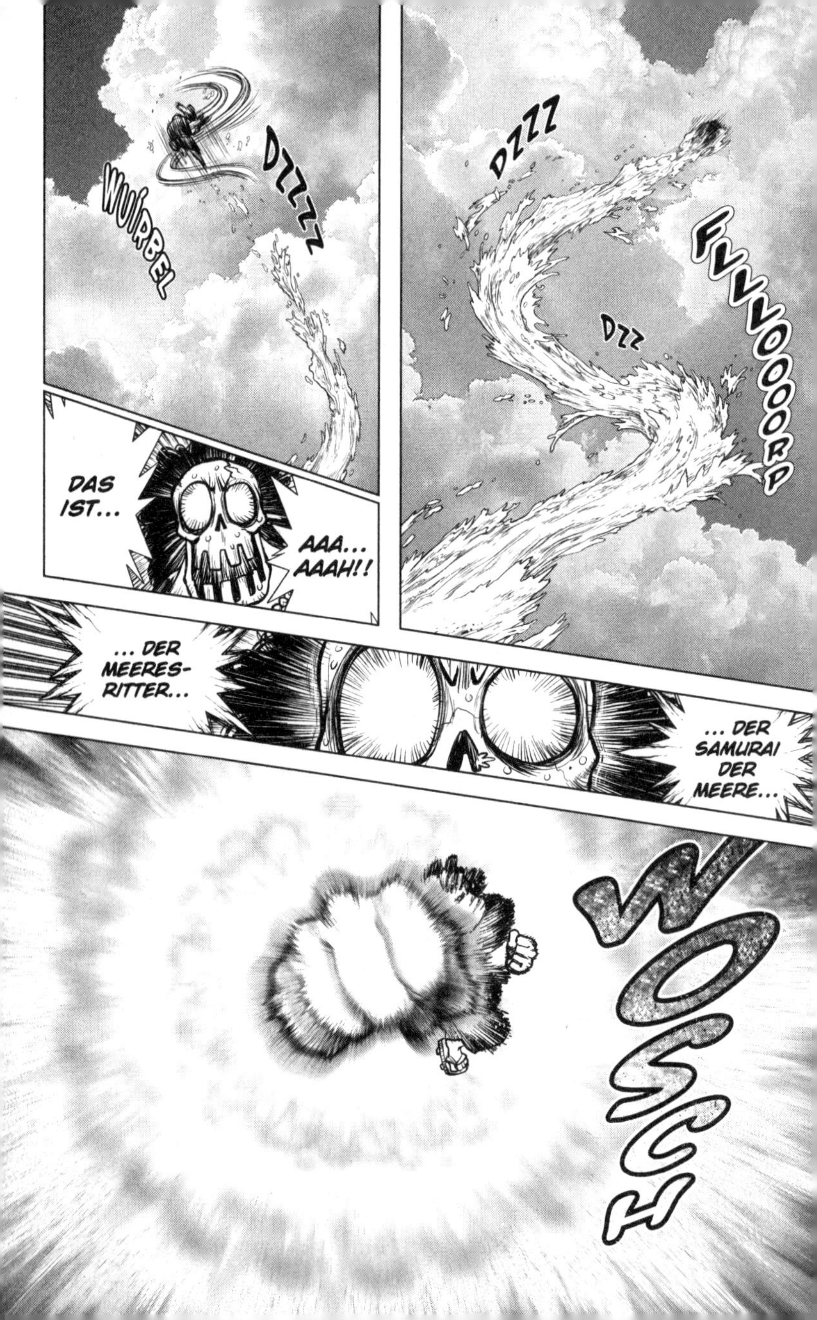
DZZZ
FVVVOOOORP
DZZ
WUÍRBEL
DZZZZZ
DAS IST...
AAA... AAAH!!
... DER MEERES-RITTER...
... DER SAMURAI DER MEERE...
WOSCH

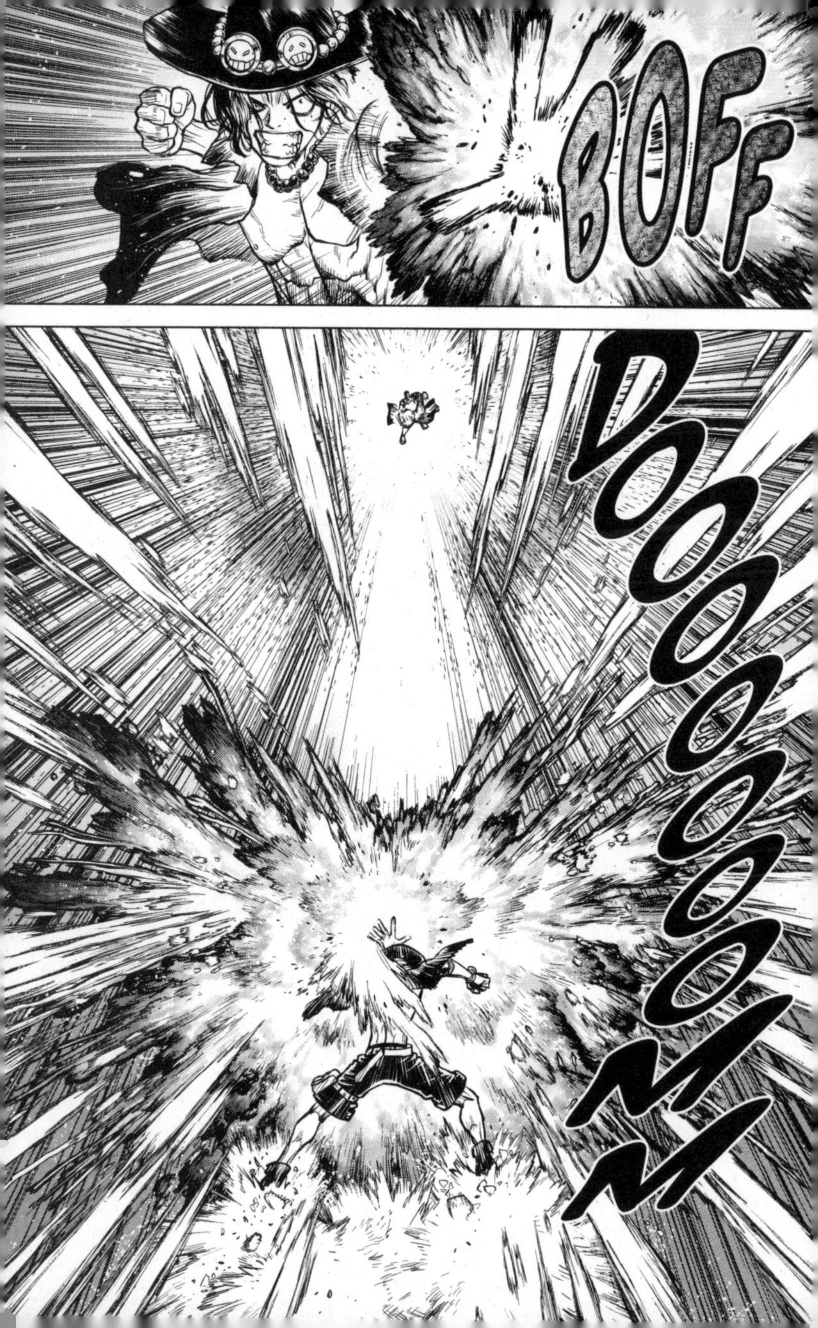
BOFF
DOOOOOOMM

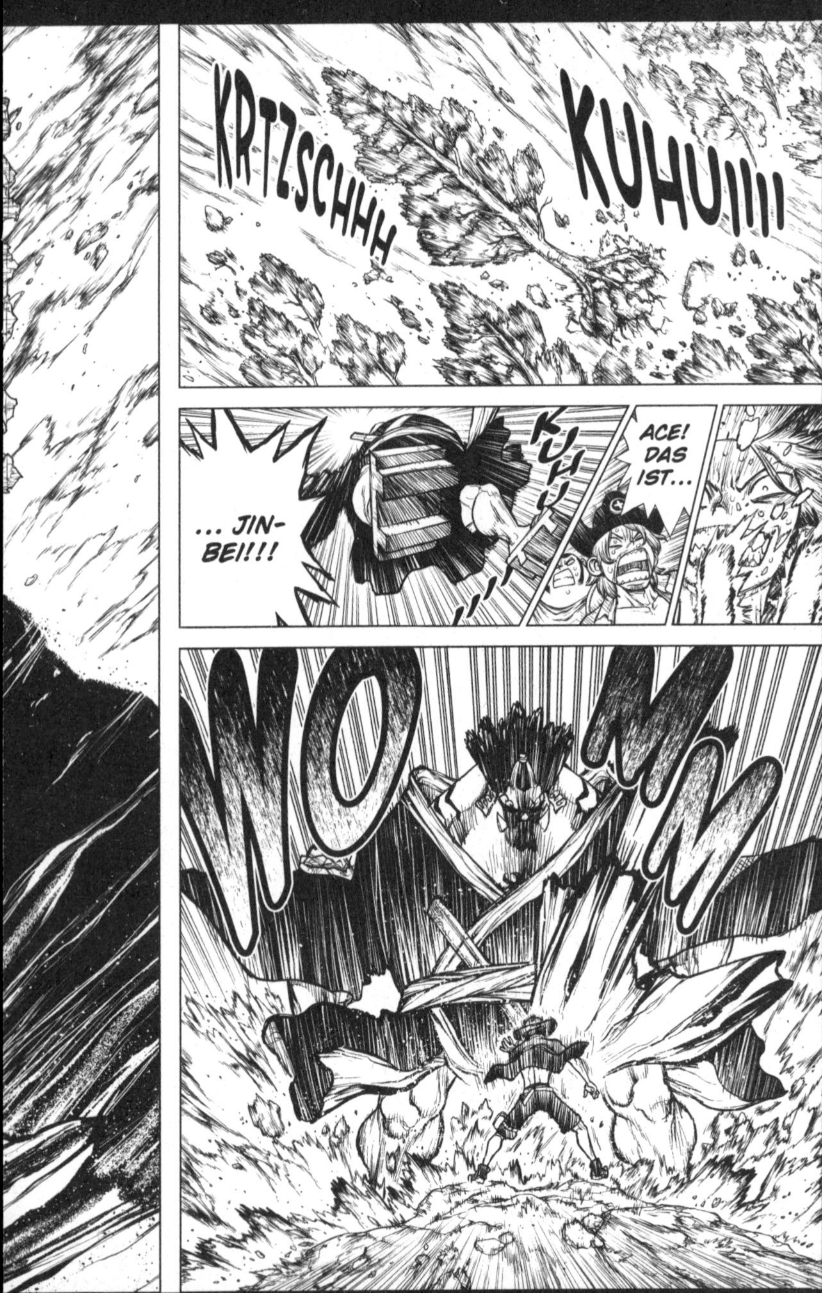
KUHUIIIII
KRTZSCHHH
ACE! DAS IST...
KUHUI
... JIN-BEI!!!
WOMMM

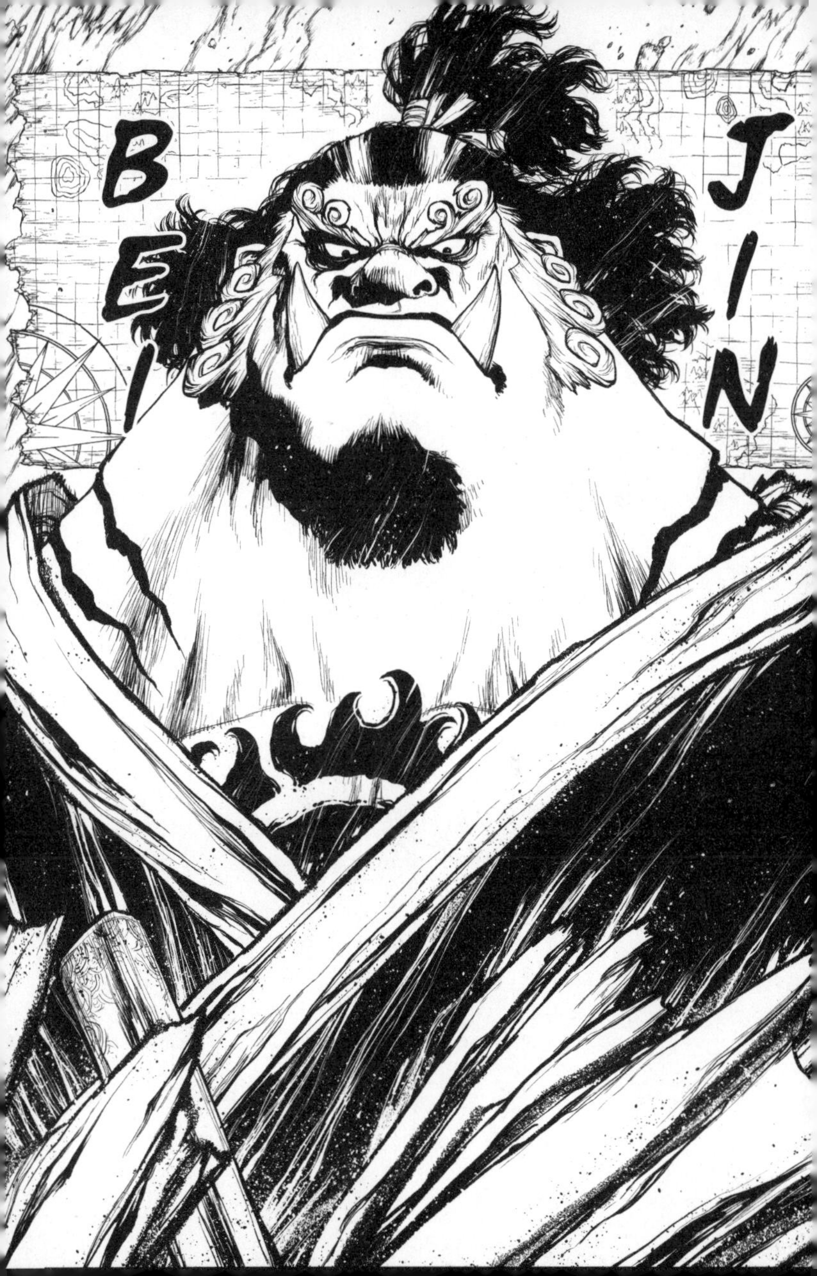
BE!
JIN

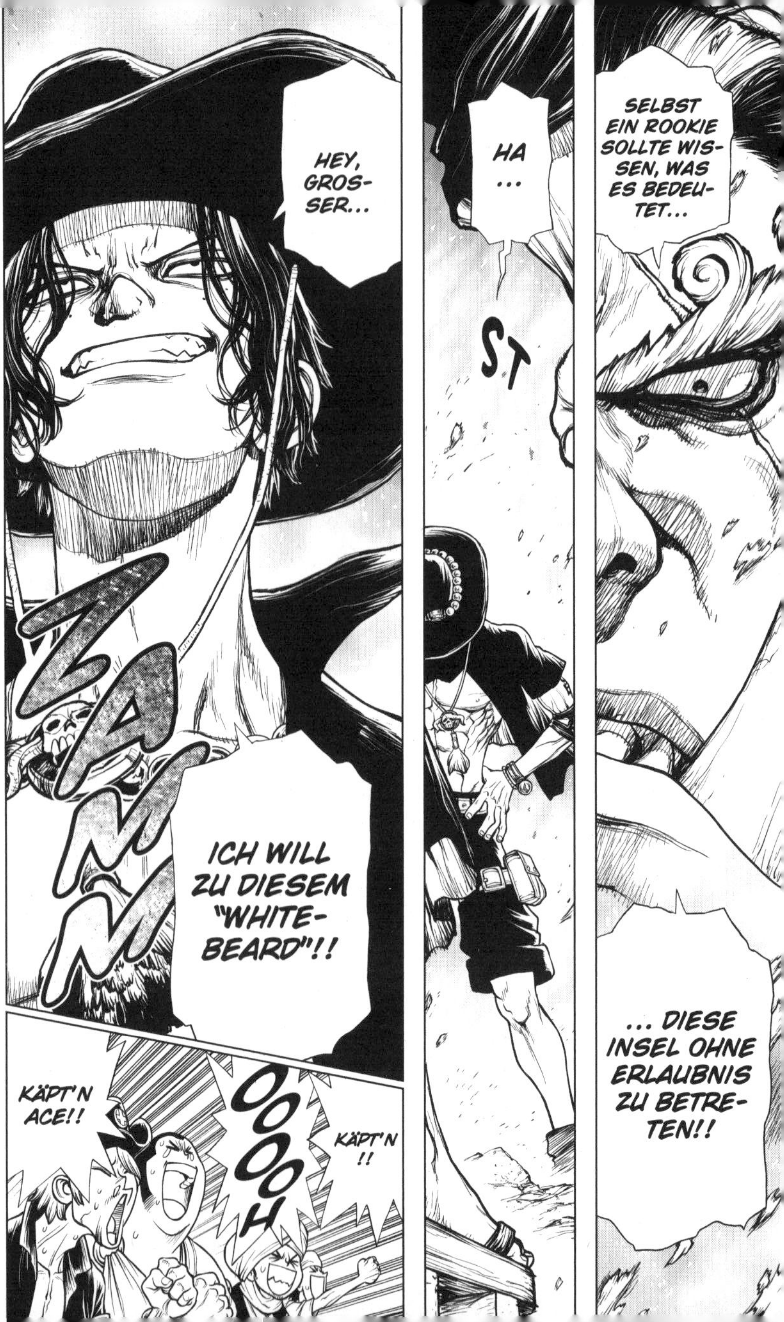
SELBST EIN ROOKIE SOLLTE WISSEN, WAS ES BEDEUTET...
... DIESE INSEL OHNE ERLAUBNIS ZU BETRETEN!!
HA ...
ST
HEY, GROSSER...
ICH WILL ZU DIESEM "WHITEBEARD"!!
ZAMM
OOOOH
KÄPT'N !!
KÄPT'N ACE!!

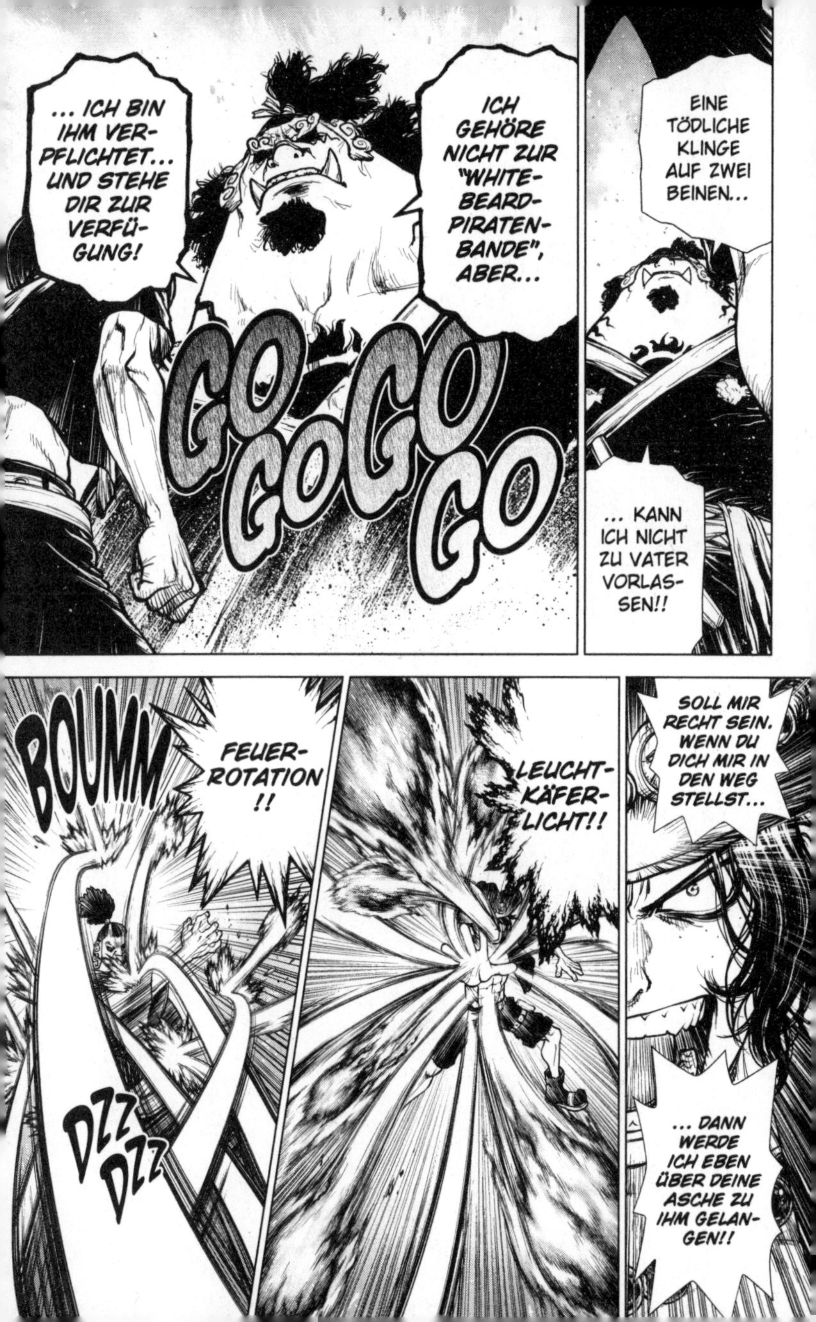
... ICH BIN IHM VERPFLICHTET... UND STEHE DIR ZUR VERFÜGUNG!
ICH GEHÖRE NICHT ZUR "WHITEBEARD-PIRATENBANDE", ABER...
GO GO GO GO GO GO
EINE TÖDLICHE KLINGE AUF ZWEI BEINEN...
... KANN ICH NICHT ZU VATER VORLASSEN!!
BOUMM
FEUERROTATION!!
DZZ DZZ
LEUCHTKÄFERLICHT!!
SOLL MIR RECHT SEIN. WENN DU DICH MIR IN DEN WEG STELLST...
... DANN WERDE ICH EBEN ÜBER DEINE ASCHE ZU IHM GELANGEN!!

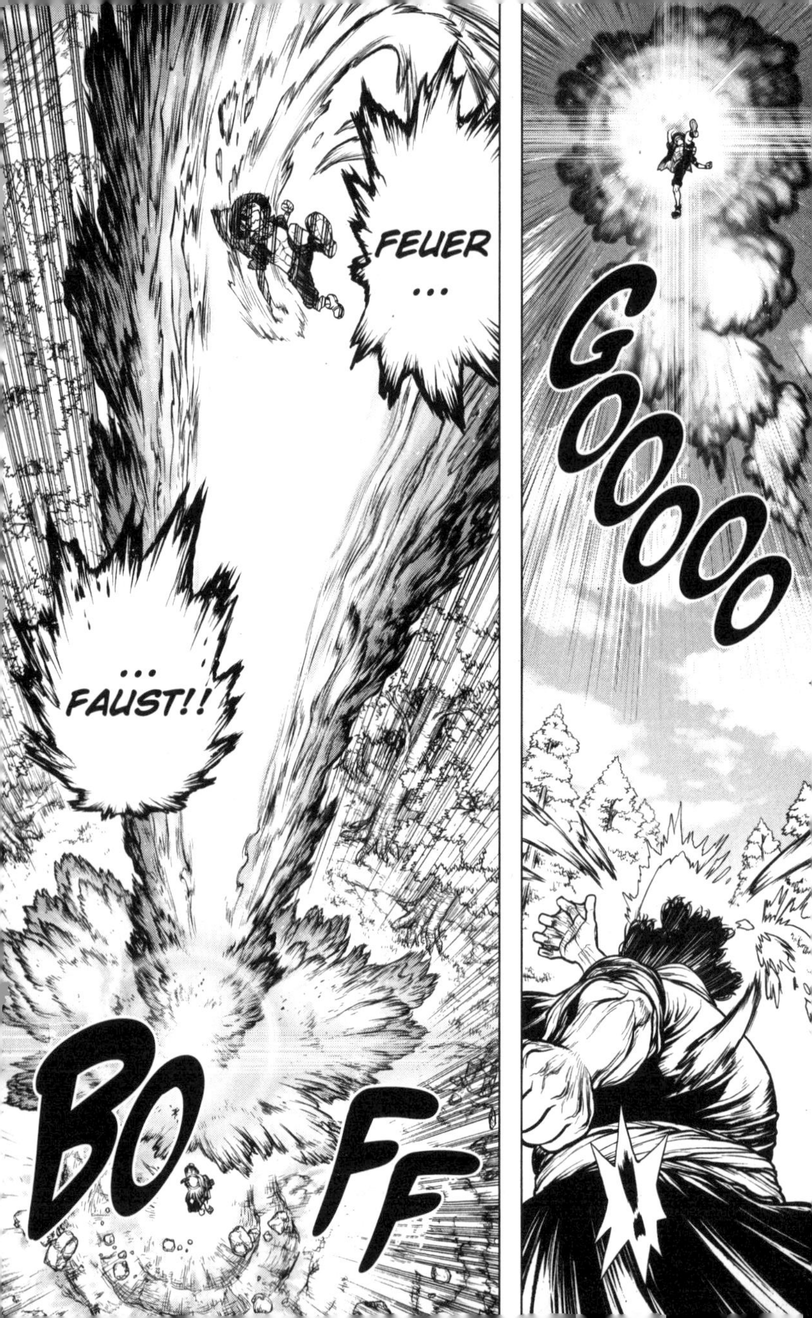
GOOOOO
FEUER ...
... FAUST!!
BOFF

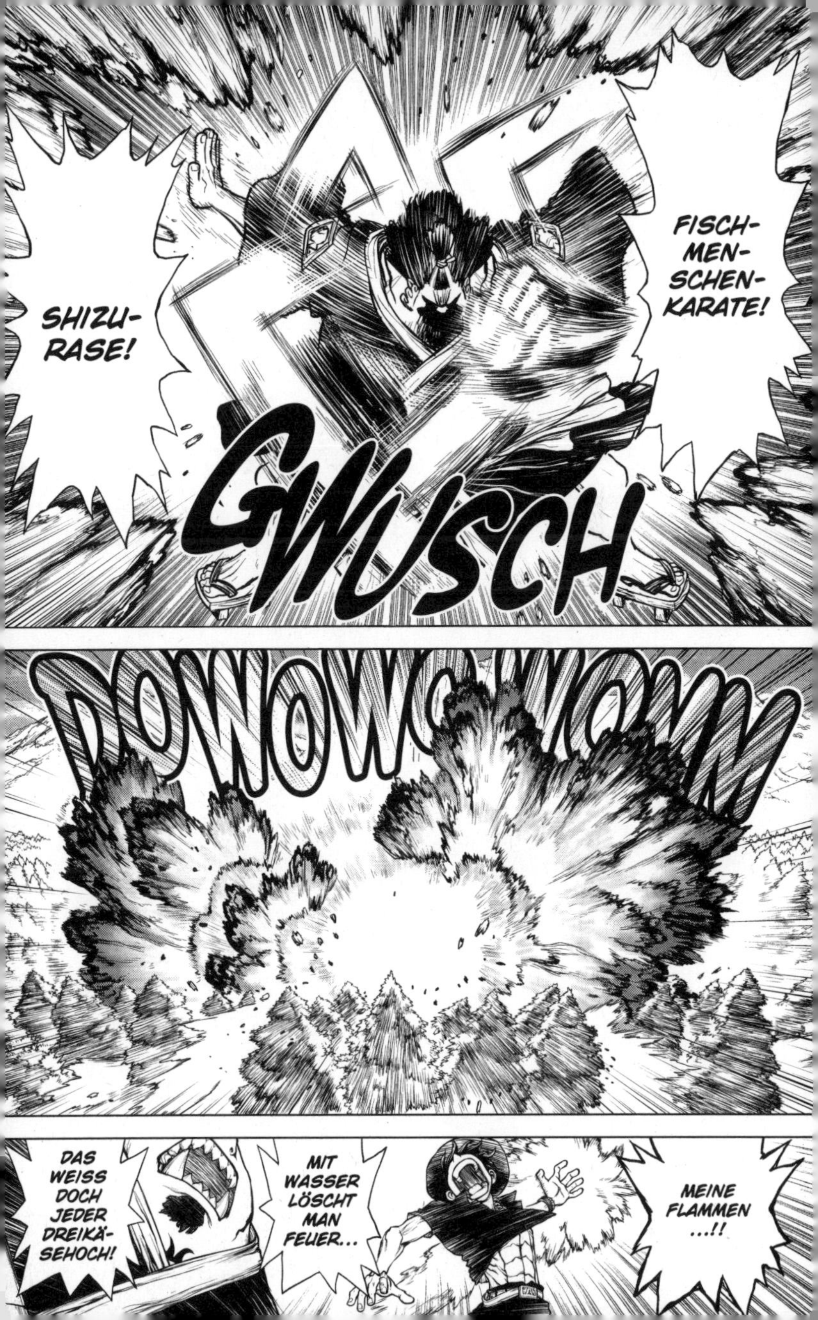
FISCH-MEN-SCHEN-KARATE!
SHIZU-RASE!
GWUSCH
MEINE FLAMMEN ...!!
MIT WASSER LÖSCHT MAN FEUER...
DAS WEISS DOCH JEDER DREIKÄ-SEHOCH!

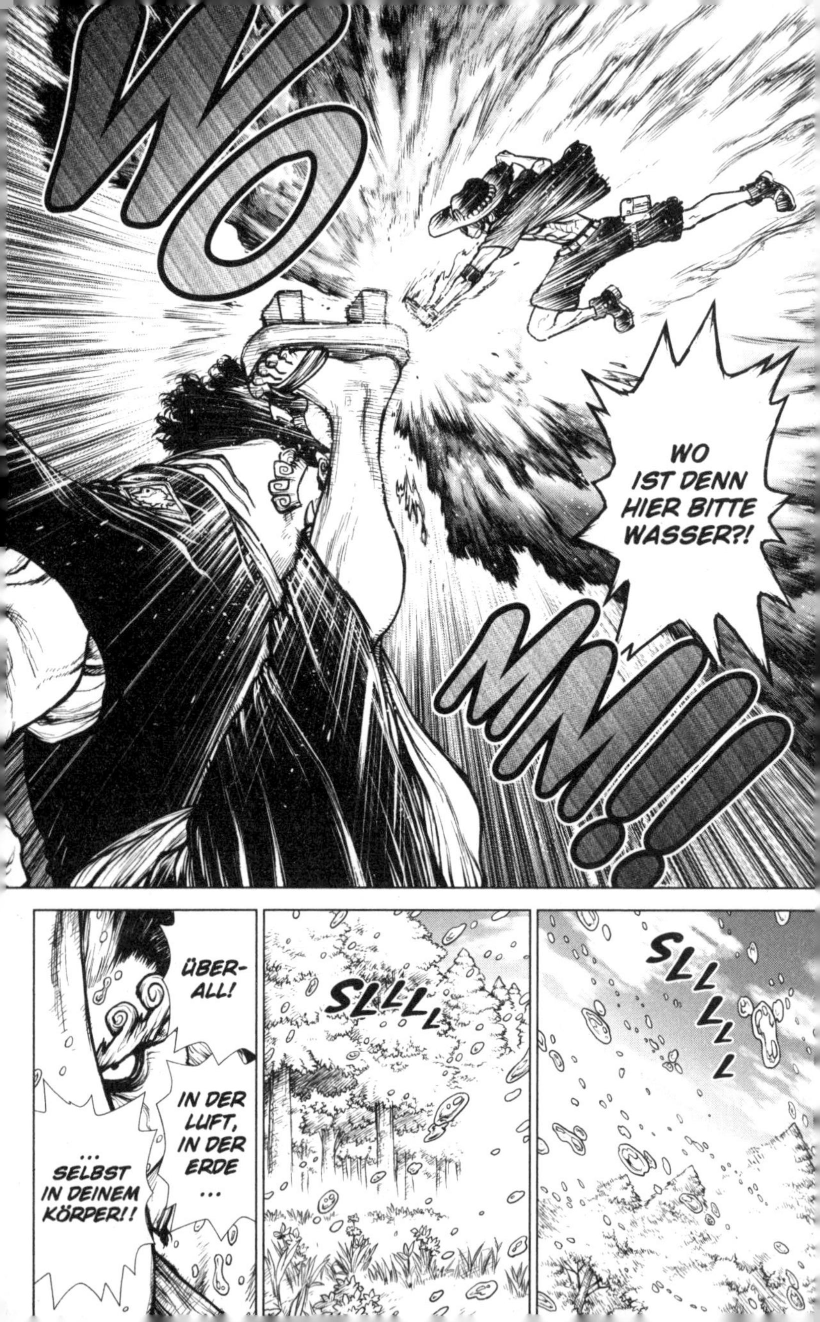
WO
WO IST DENN HIER BITTE WASSER?!
MM!!
SLLLLL
SLLLL
ÜBER-ALL!
IN DER LUFT, IN DER ERDE ...
... SELBST IN DEINEM KÖRPER!!

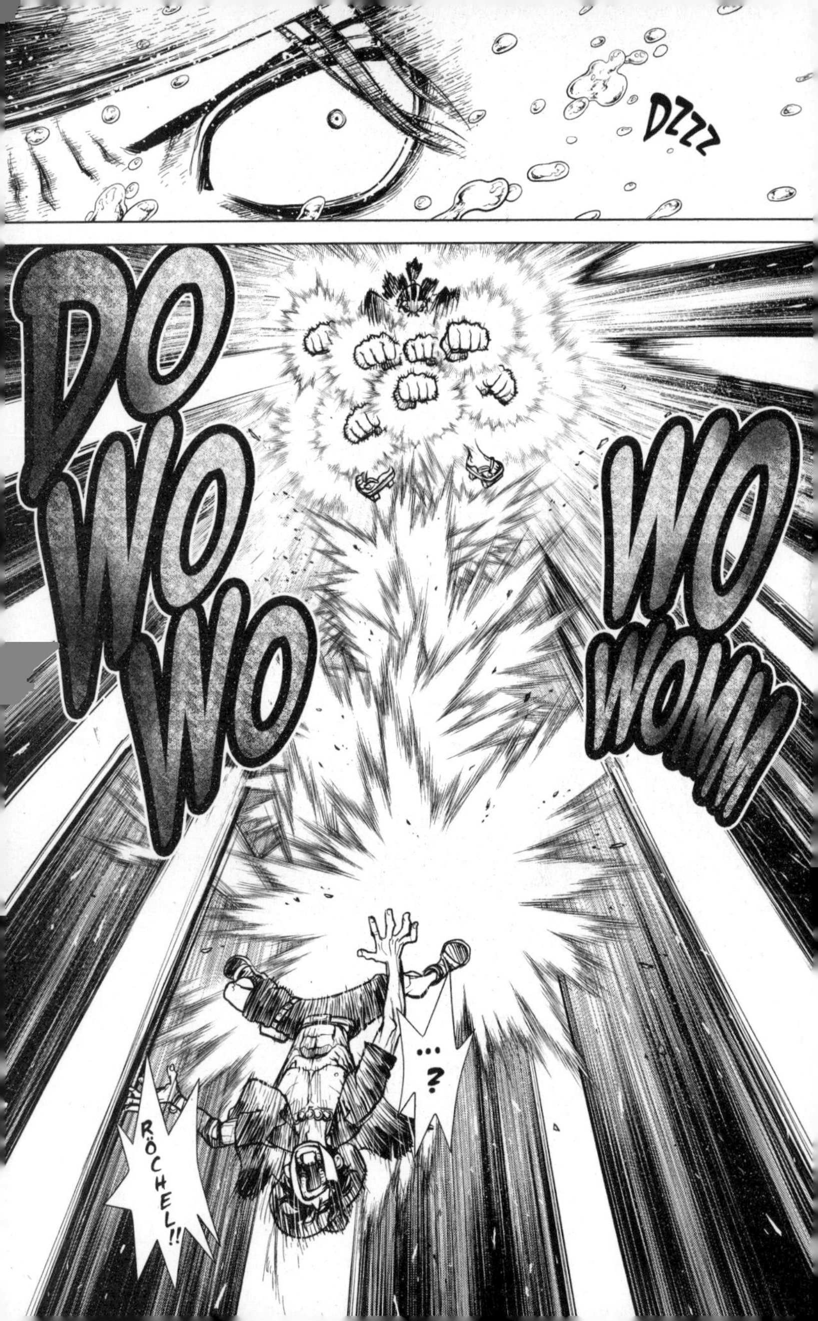
DZZZ
DO WO WO WO
WO WO WOWN
...?
RÖCHEL!!

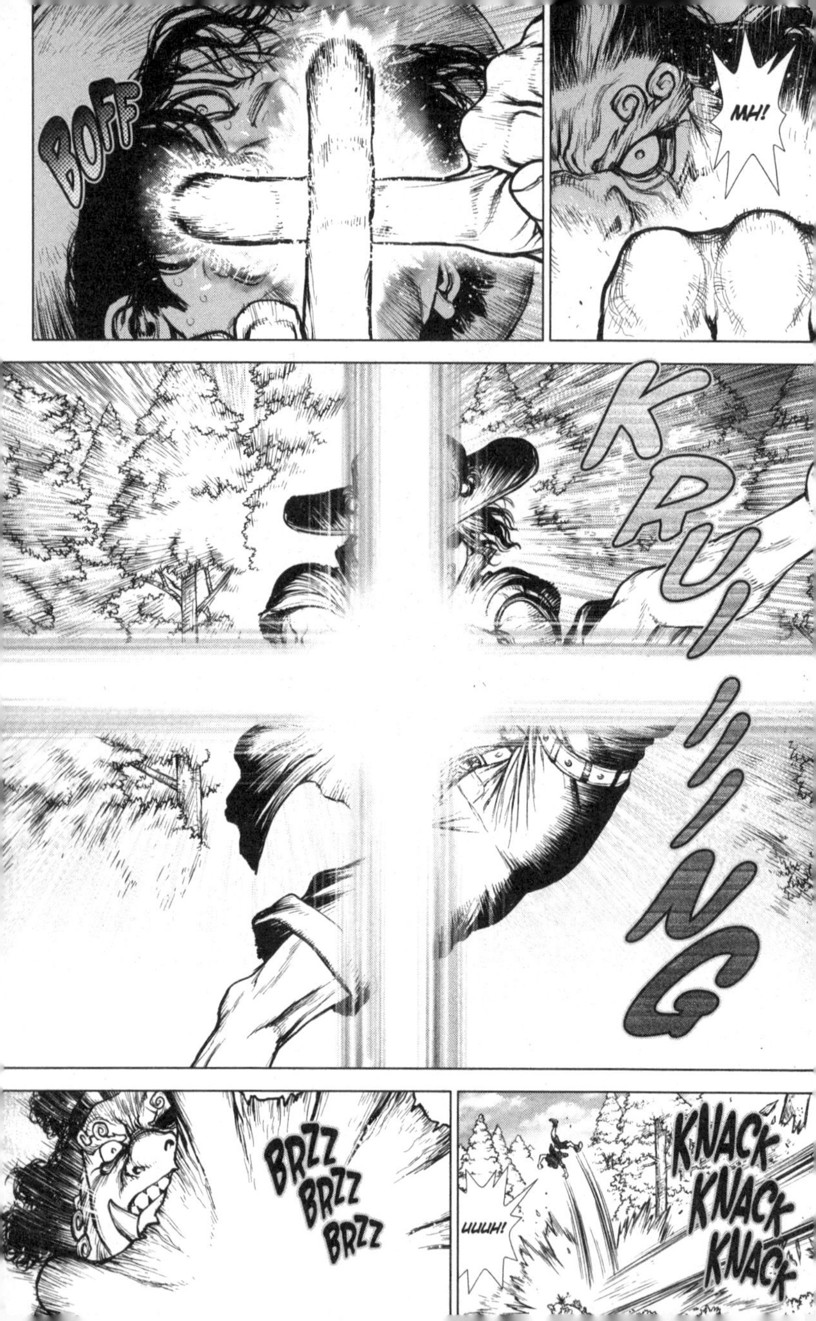
BOFF
MH!
KRUIIIING
BRZZ
BRZZ
BRZZ
KNACK
KNACK
KNACK
UUUH!

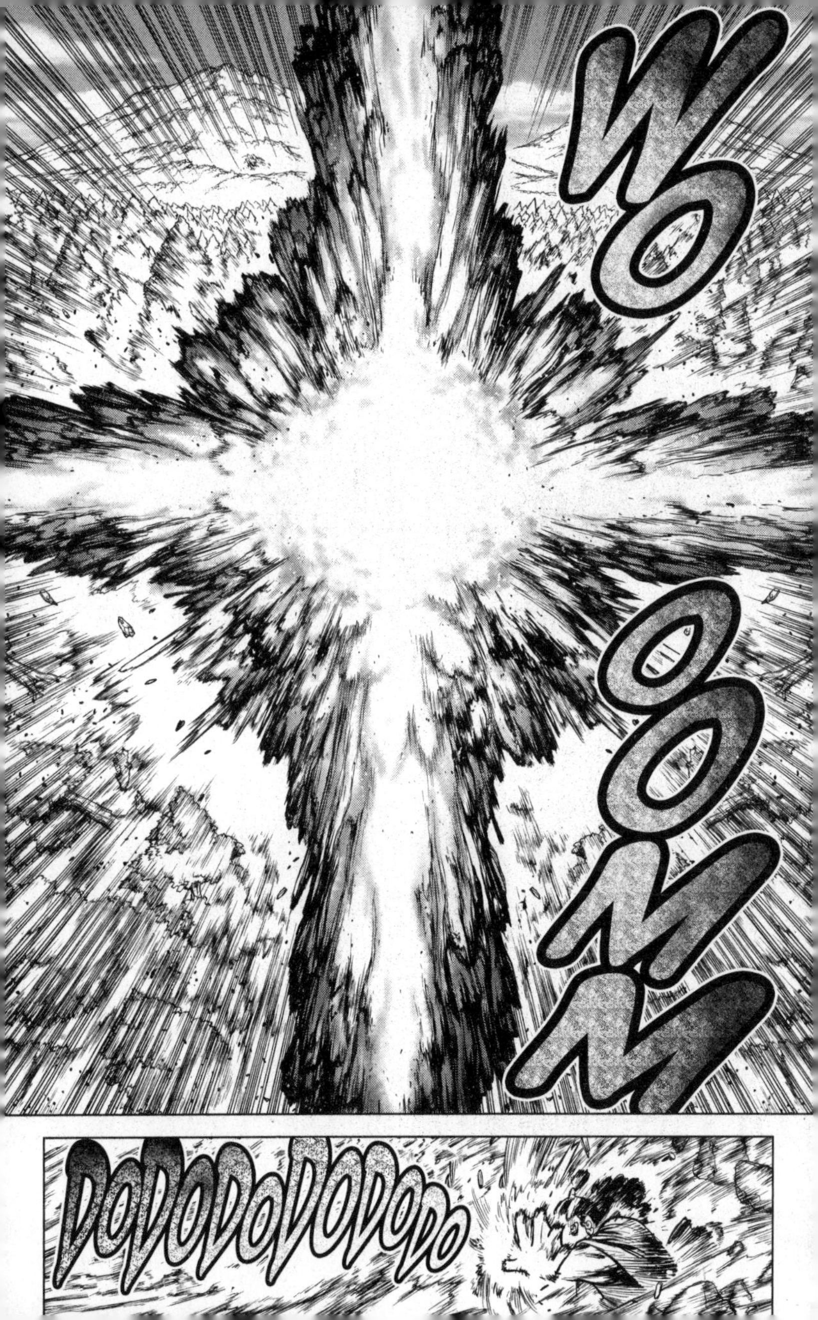
WOOOMM
DODODODODODODO

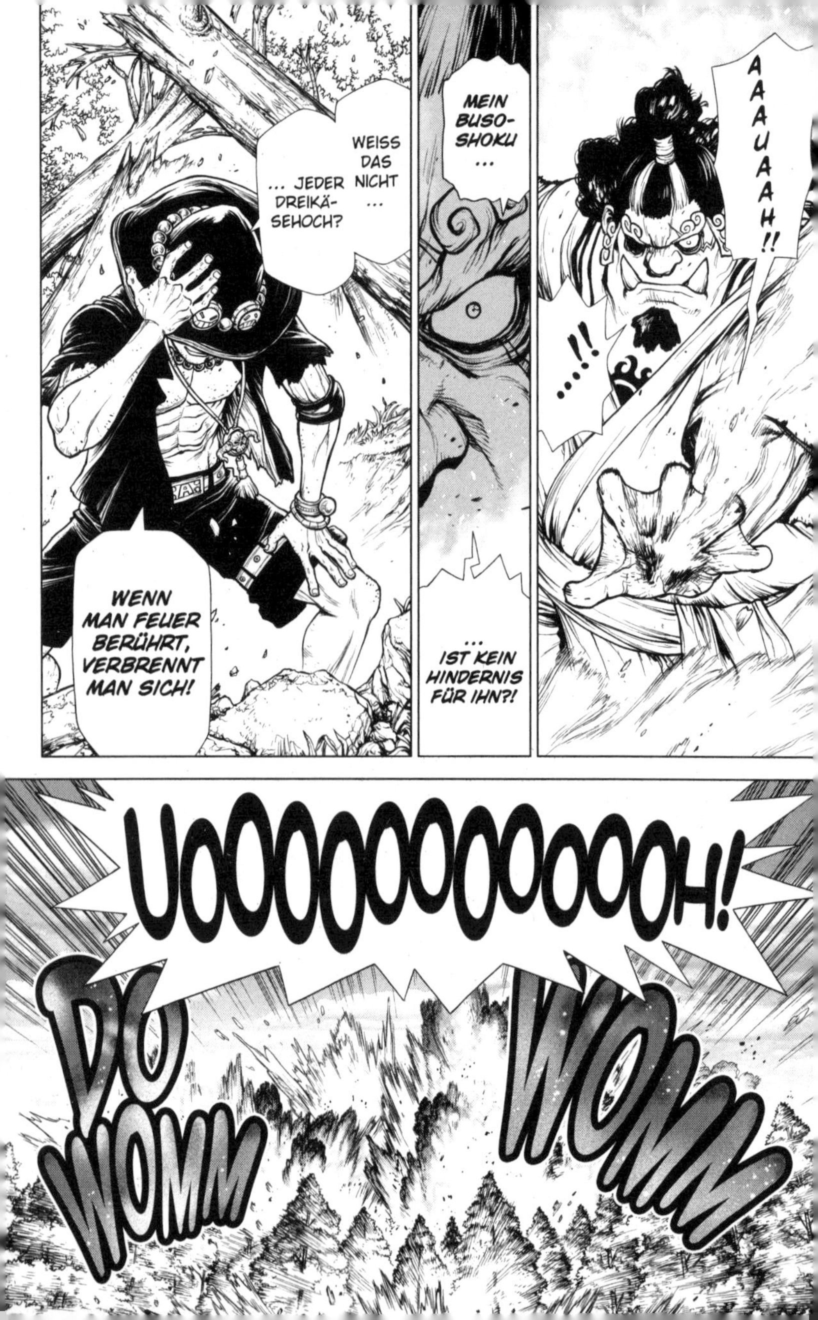
AAAAUAAAH!!
...!!
MEIN BUSO-SHOKU ...
... IST KEIN HINDERNIS FÜR IHN?!
WEISS DAS NICHT ...
... JEDER DREIKÄ-SEHOCH?
WENN MAN FEUER BERÜHRT, VERBRENNT MAN SICH!
UOOOOOOOOOOOH!
DO WOMM
WOMM

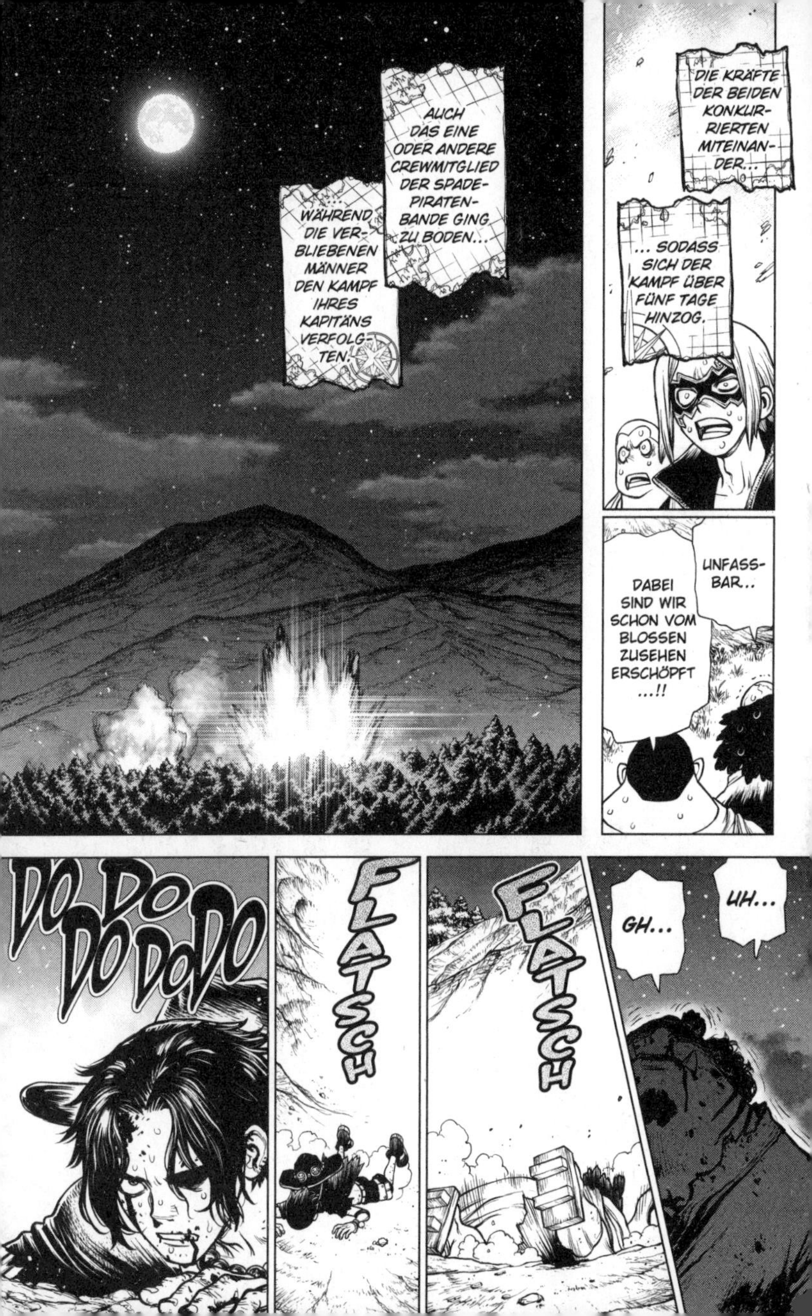
DIE KRÄFTE DER BEIDEN KONKURRIERTEN MITEINANDER...
... SODASS SICH DER KAMPF ÜBER FÜNF TAGE HINZOG.
UNFASSBAR..
DABEI SIND WIR SCHON VOM BLOSSEN ZUSEHEN ERSCHÖPFT ...!!
WÄHREND DIE VERBLIEBENEN MÄNNER DEN KAMPF IHRES KAPITÄNS VERFOLGTEN,
AUCH DAS EINE ODER ANDERE CREWMITGLIED DER SPADE-PIRATENBANDE GING ZU BODEN...
UH...
GH...
FLATSCH
FLATSCH
DO DO DO DO DO

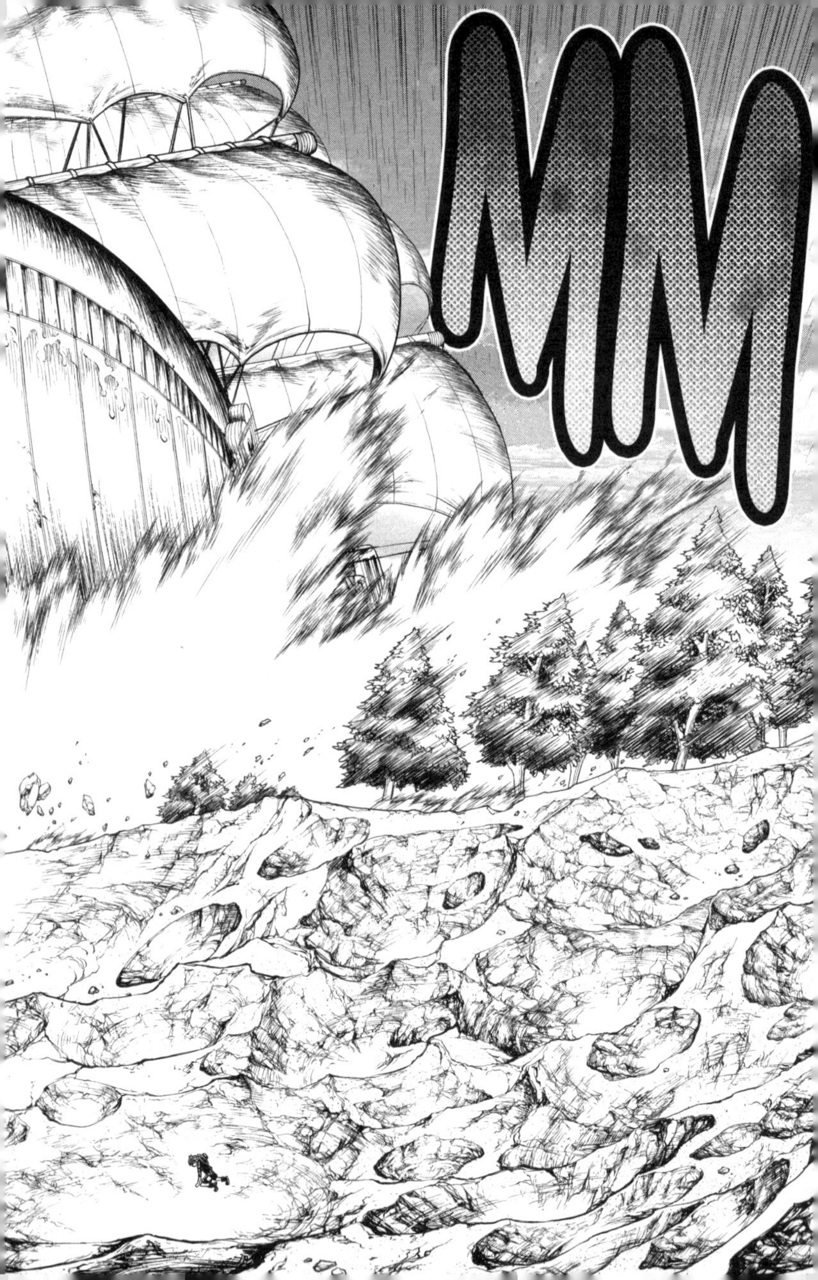
MM

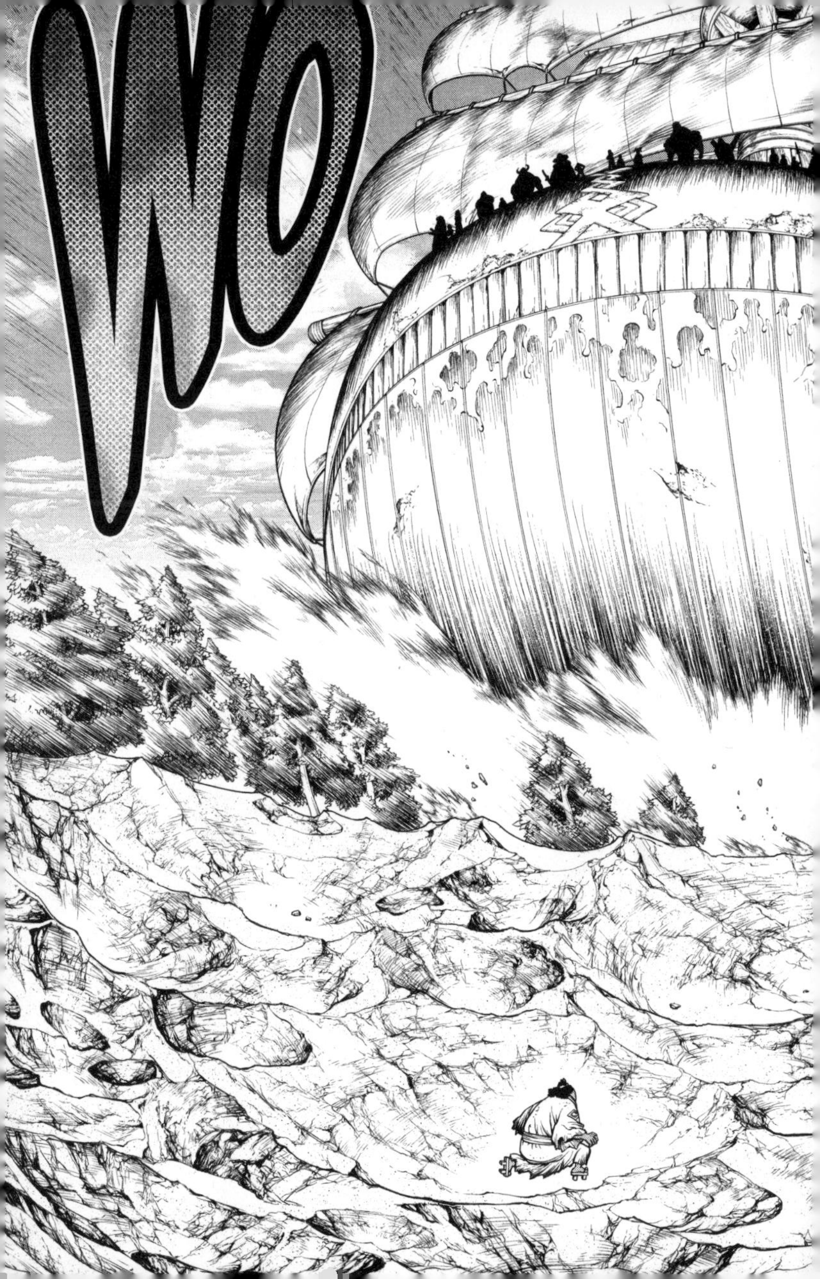
WO

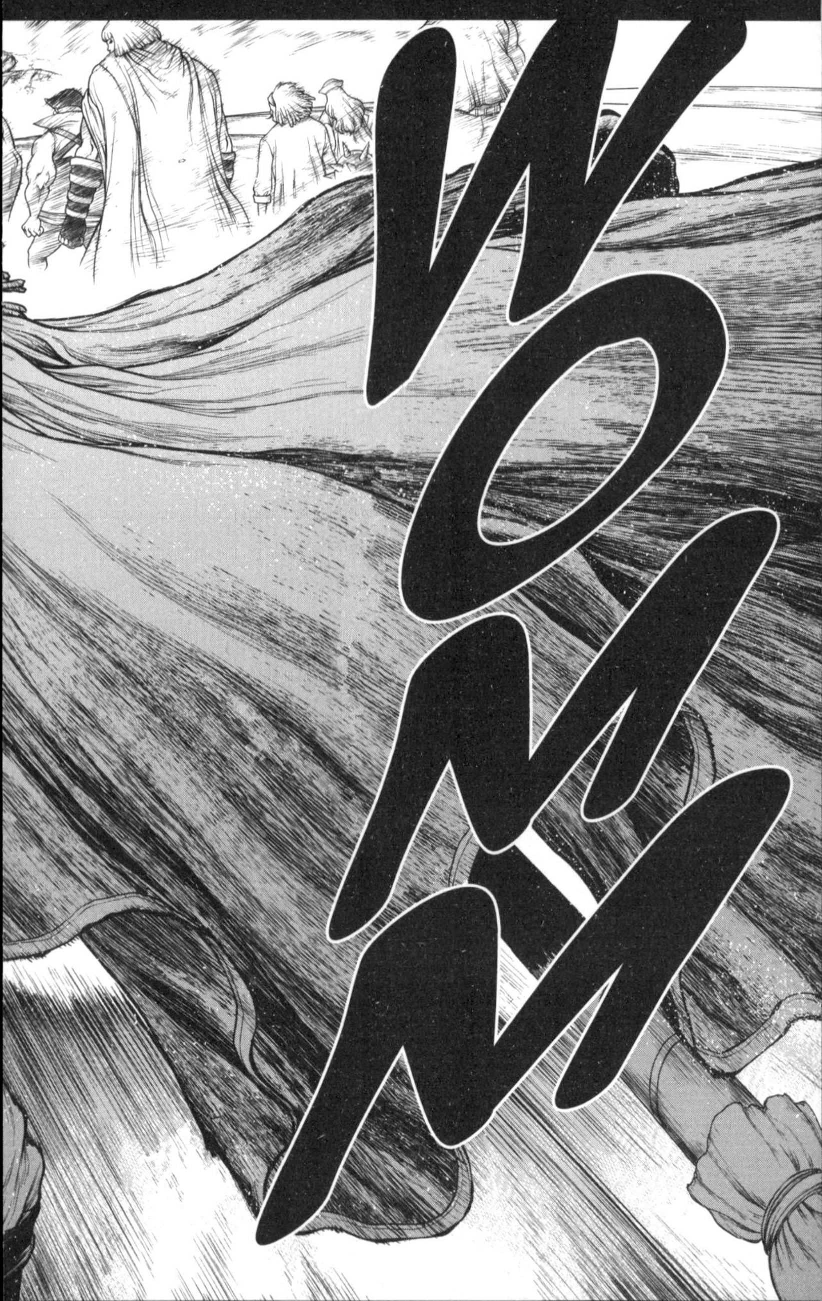
WOMM

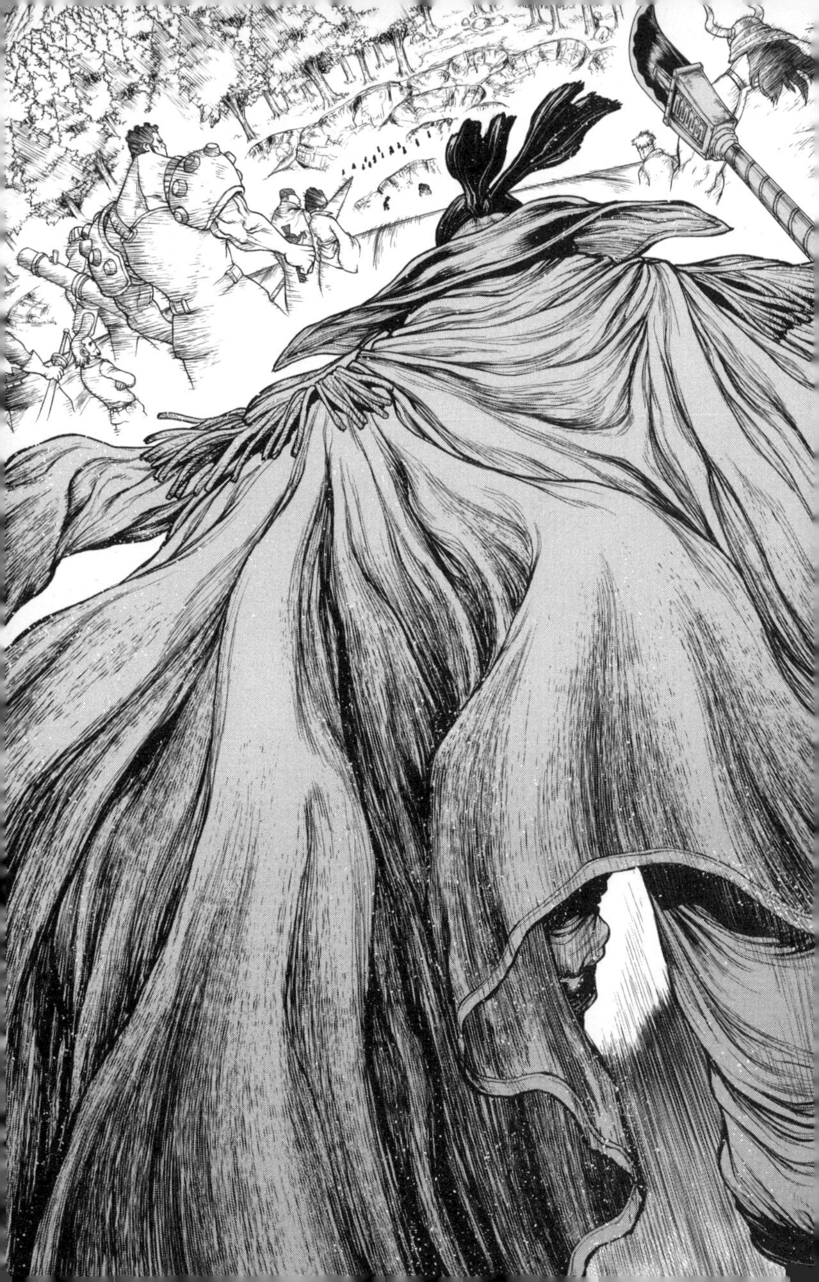

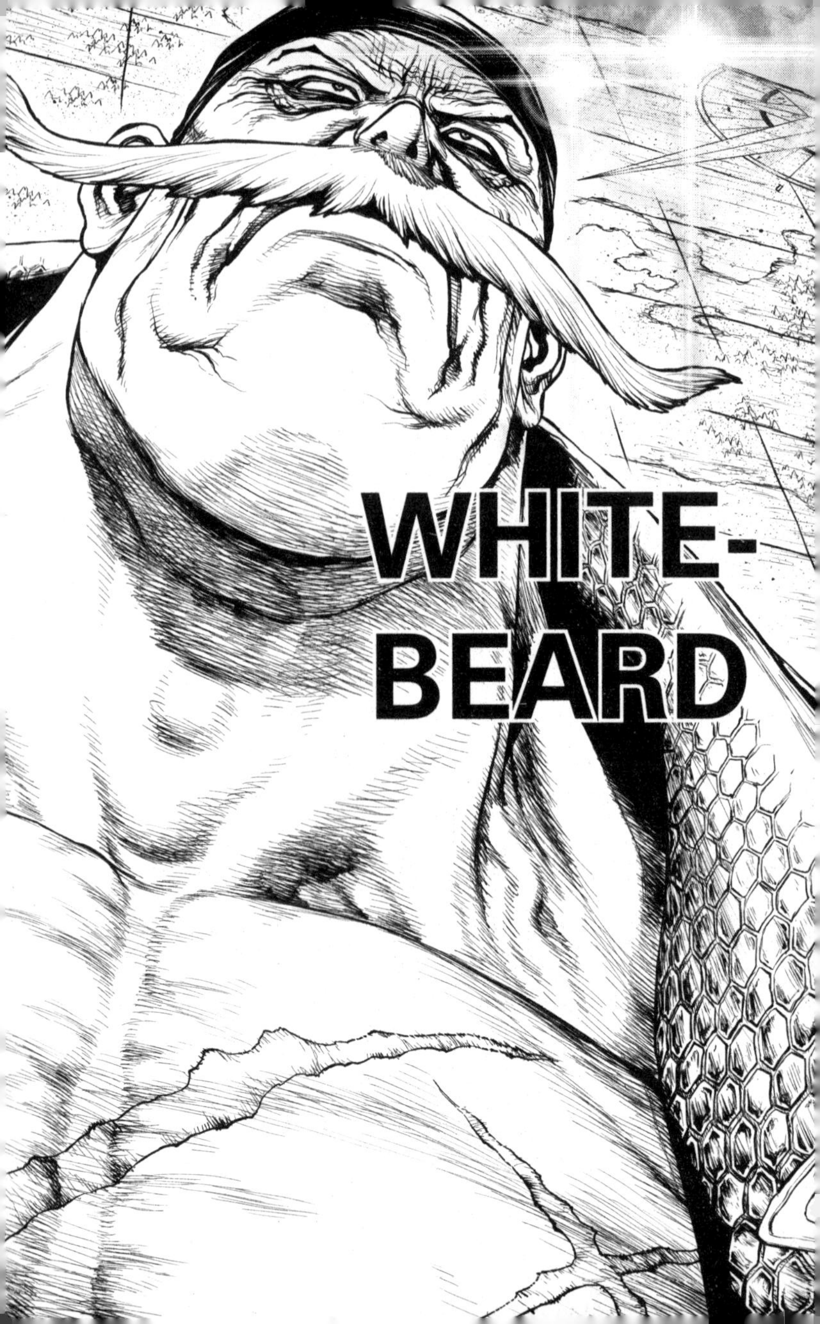
WHITE-
BEARD

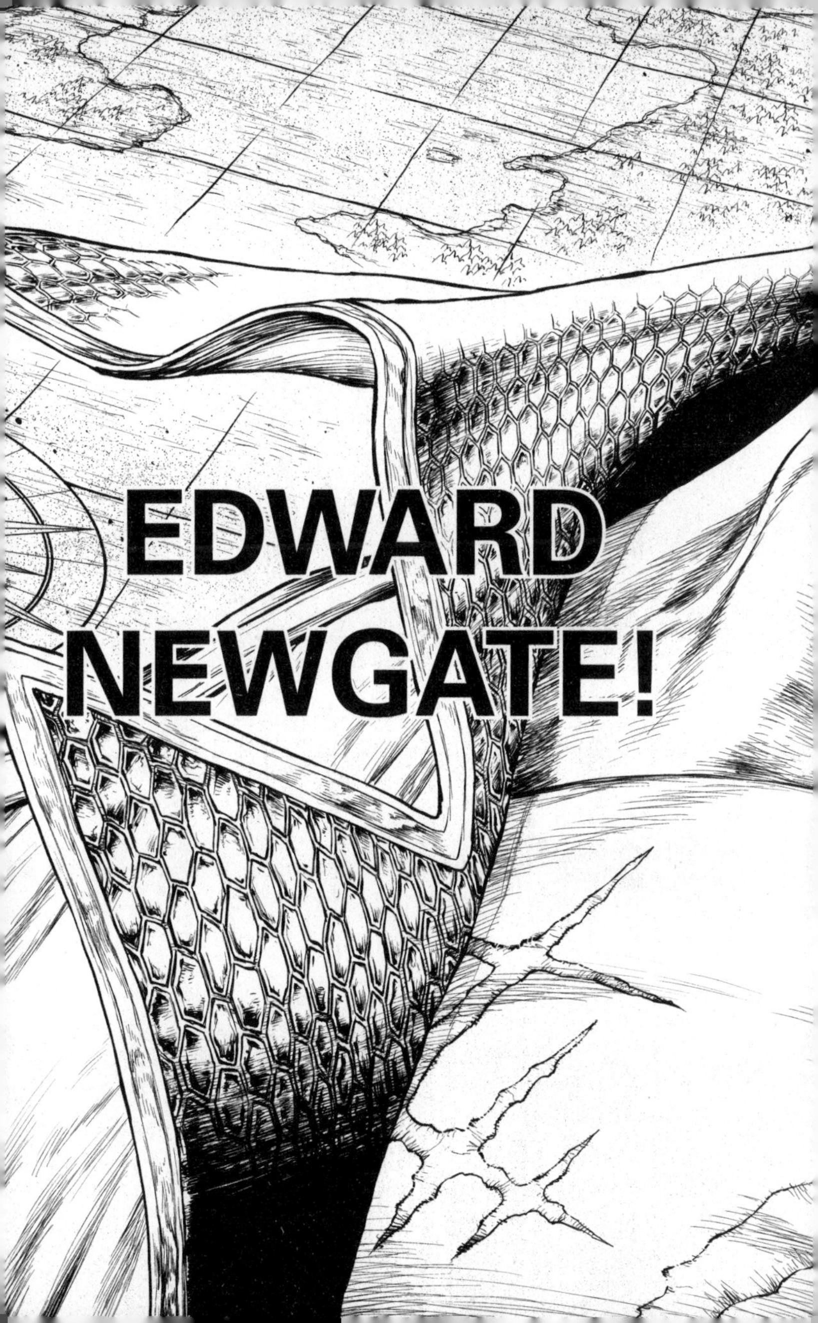
EDWARD
NEWGATE!

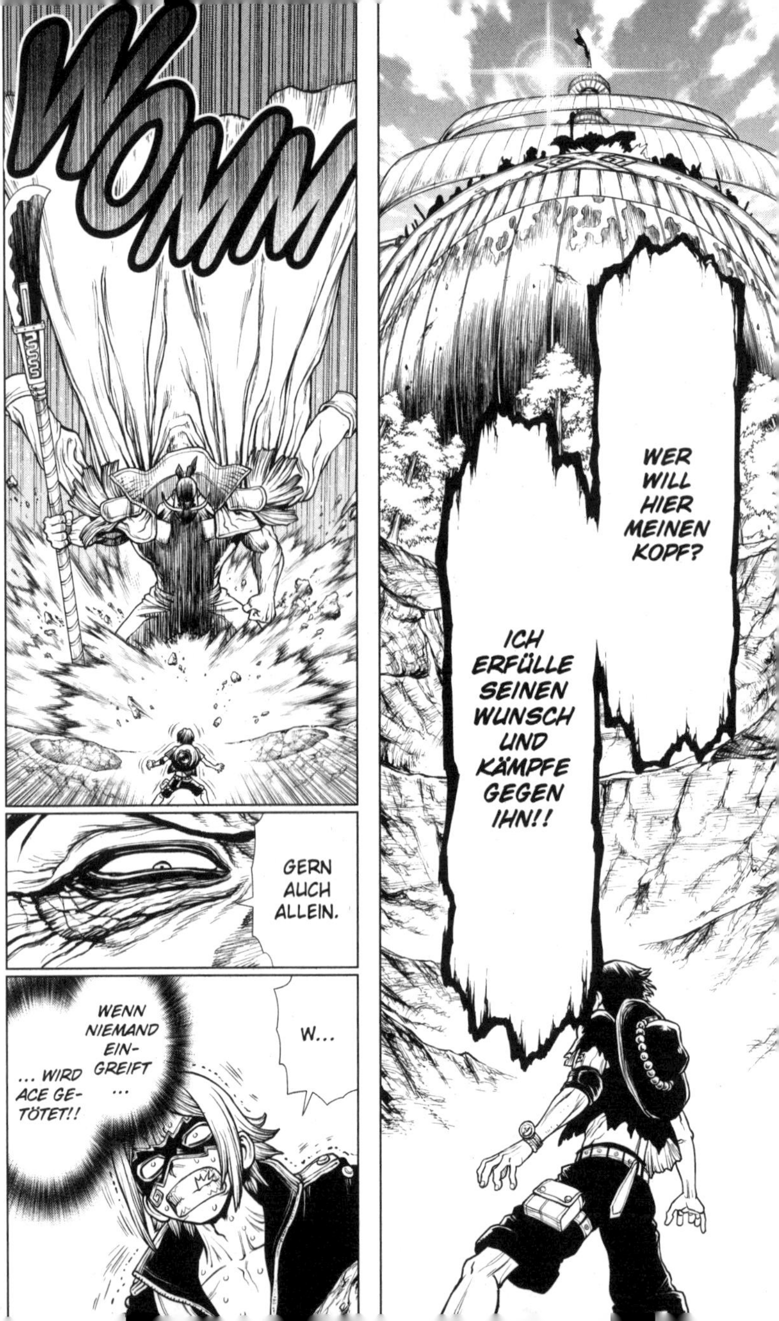
WER WILL HIER MEINEN KOPF?
ICH ERFÜLLE SEINEN WUNSCH UND KÄMPFE GEGEN IHN!!
GERN AUCH ALLEIN.
W...
WENN NIEMAND EIN-GREIFT ...
... WIRD ACE GE-TÖTET!!

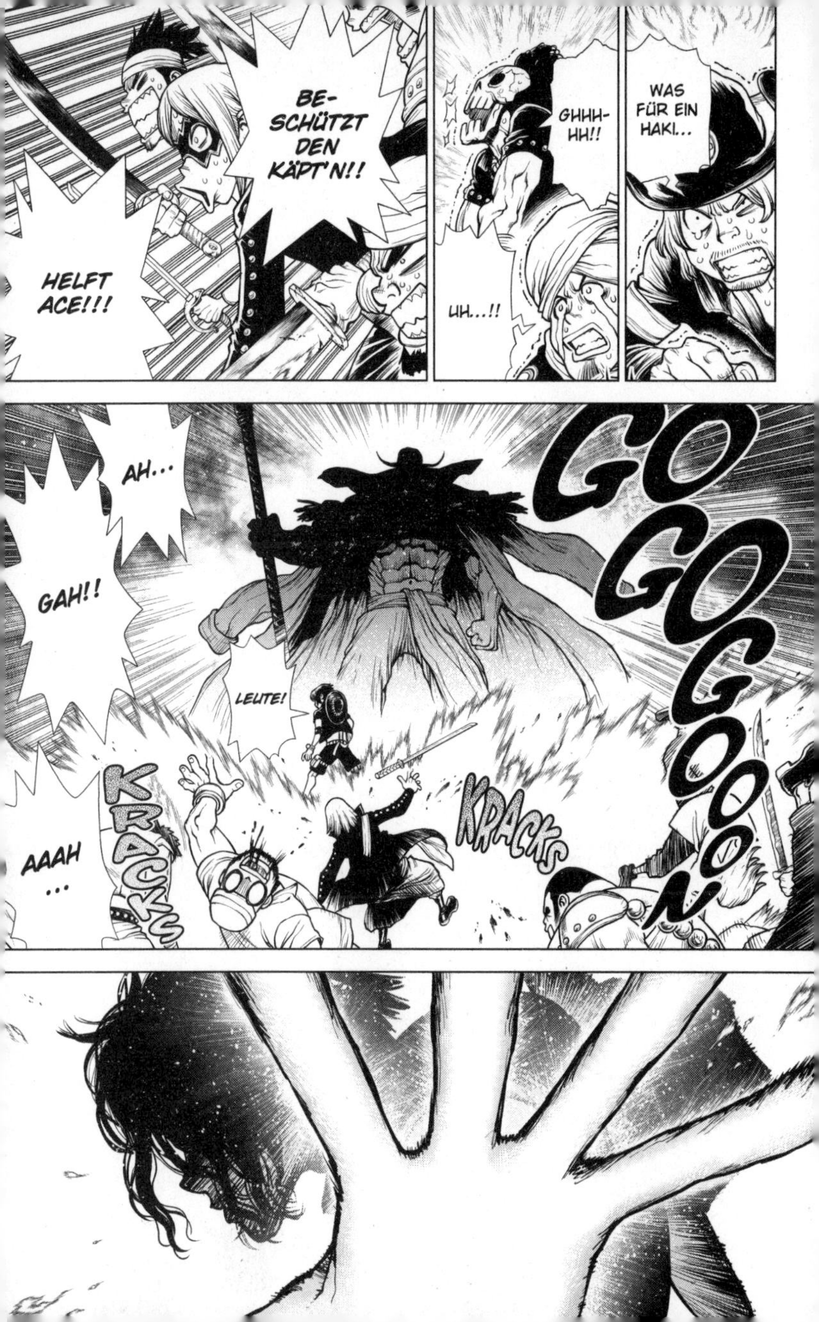
WAS FÜR EIN HAKI...
GHHH-HH!!
UH...!!
BE-SCHÜTZT DEN KÄPT'N!!
HELFT ACE!!!
GOGOGOGOOON
AH...
GAH!!
LEUTE!
KRACKS
KRACKS
AAAH ...

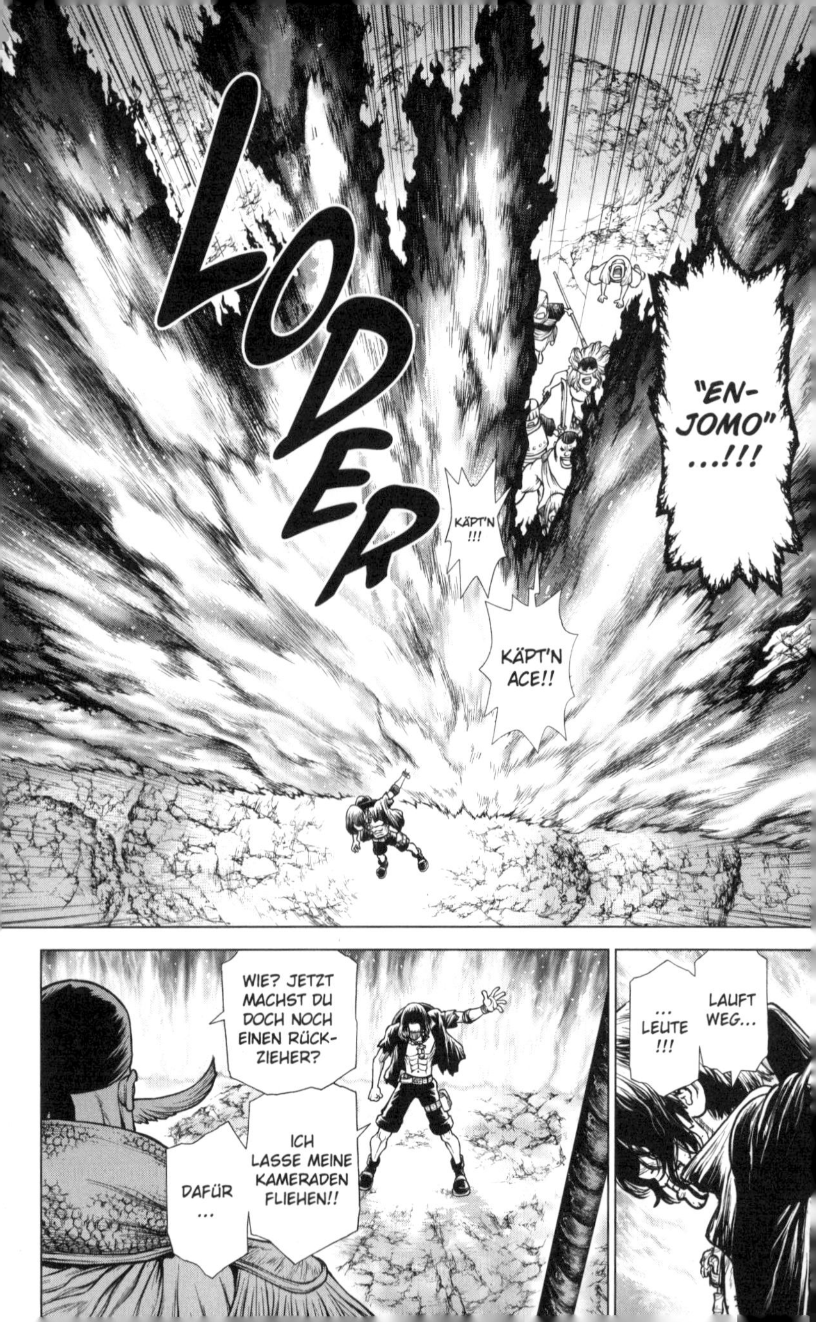
"EN-JOMO" ...!!!
KÄPT'N !!!
KÄPT'N ACE!!
LODER
LAUFT WEG...
... LEUTE !!!
WIE? JETZT MACHST DU DOCH NOCH EINEN RÜCK-ZIEHER?
ICH LASSE MEINE KAMERADEN FLIEHEN!!
DAFÜR ...

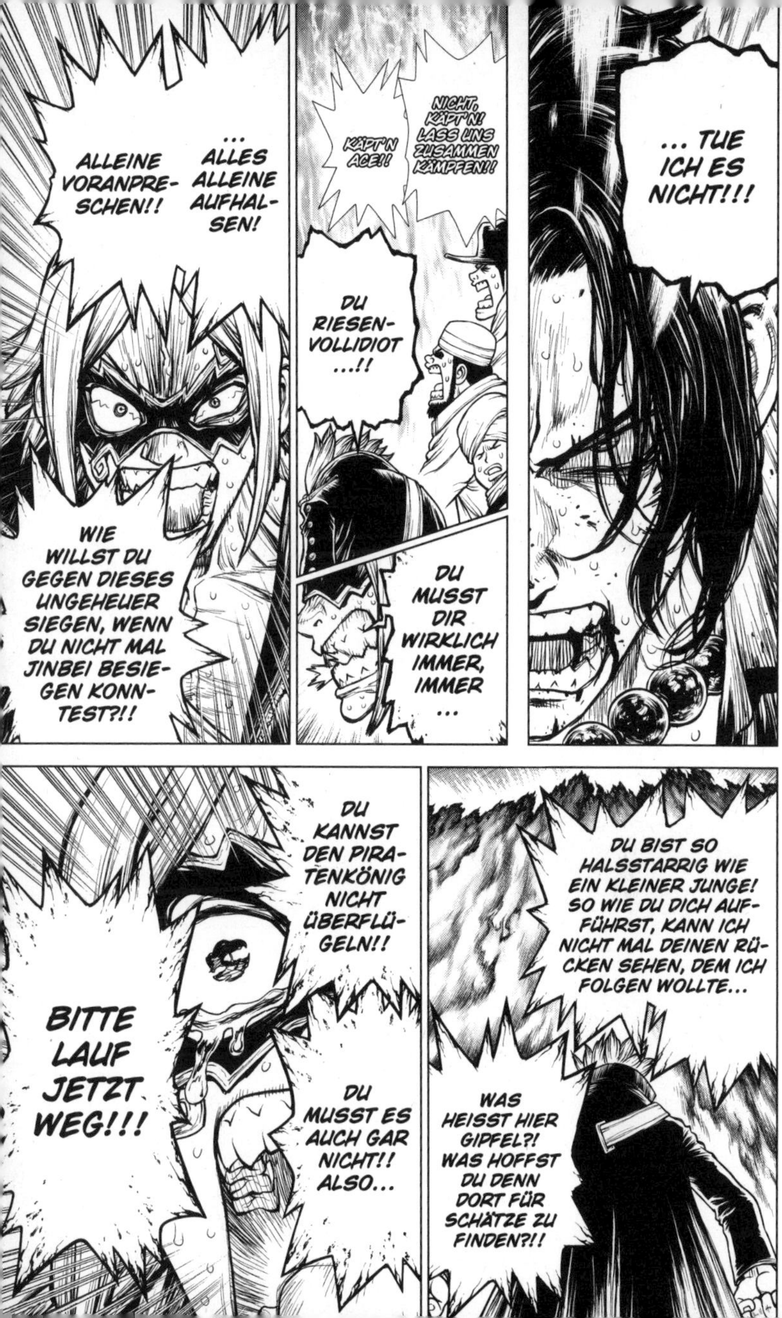
... TUE ICH ES NICHT!!!
NICHT, KÄPT'N! LASS UNS ZUSAMMEN KÄMPFEN!!
KÄPT'N ACE!!
DU RIESEN-VOLLIDIOT ...!!
DU MUSST DIR WIRKLICH IMMER, IMMER ...
... ALLES ALLEINE AUFHALSEN!
ALLEINE VORANPRESCHEN!!
WIE WILLST DU GEGEN DIESES UNGEHEUER SIEGEN, WENN DU NICHT MAL JINBEI BESIEGEN KONNTEST?!!
DU BIST SO HALSSTARRIG WIE EIN KLEINER JUNGE! SO WIE DU DICH AUFFÜHRST, KANN ICH NICHT MAL DEINEN RÜCKEN SEHEN, DEM ICH FOLGEN WOLLTE...
WAS HEISST HIER GIPFEL?! WAS HOFFST DU DENN DORT FÜR SCHÄTZE ZU FINDEN?!!
DU KANNST DEN PIRATENKÖNIG NICHT ÜBERFLÜGELN!!
DU MUSST ES AUCH GAR NICHT!! ALSO...
BITTE LAUF JETZT WEG!!!

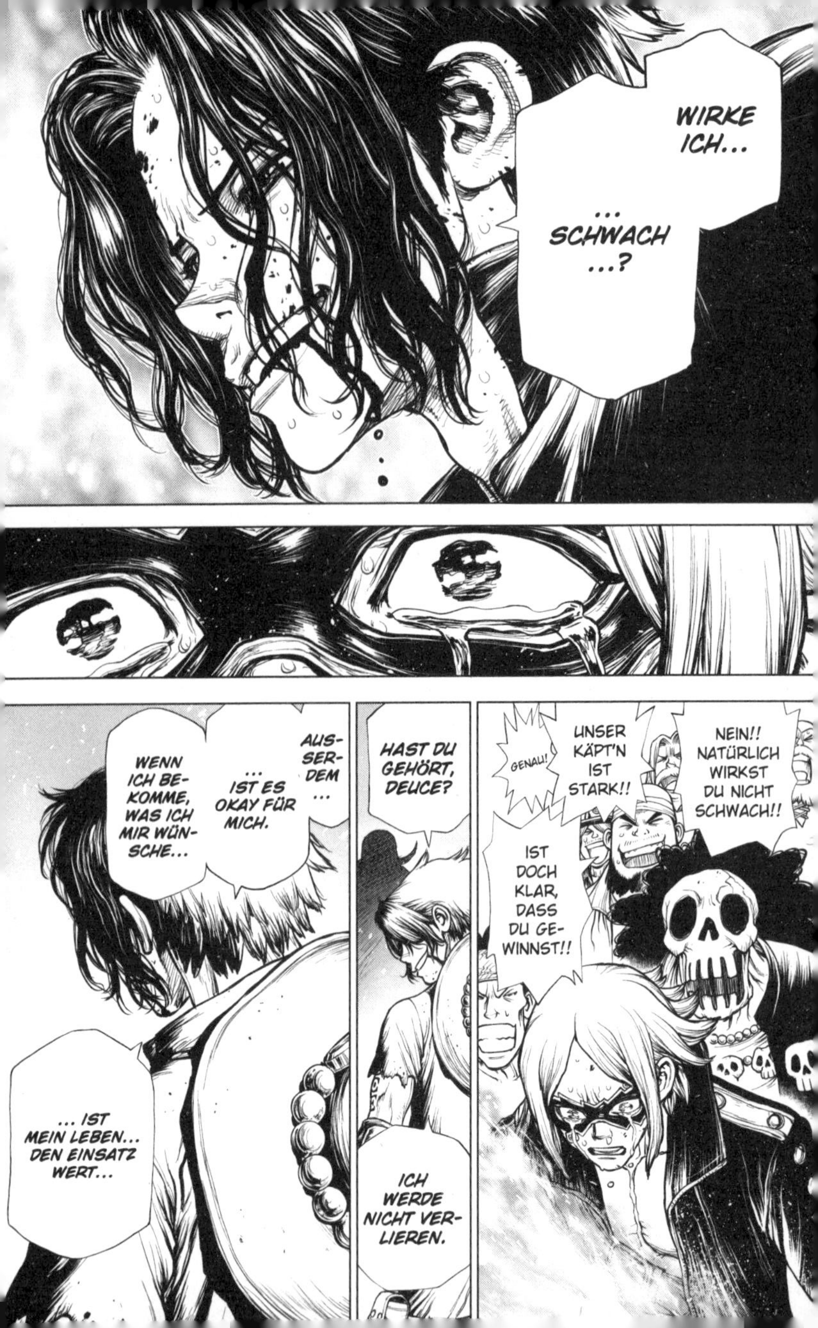

WIRKE ICH...
... SCHWACH ...?
NEIN!! NATÜRLICH WIRKST DU NICHT SCHWACH!!
UNSER KÄPT'N IST STARK!!
GENAU!
IST DOCH KLAR, DASS DU GEWINNST!!
HAST DU GEHÖRT, DEUCE?
ICH WERDE NICHT VERLIEREN.
AUSSERDEM ...
... IST ES OKAY FÜR MICH.
WENN ICH BEKOMME, WAS ICH MIR WÜNSCHE...
... IST MEIN LEBEN... DEN EINSATZ WERT...

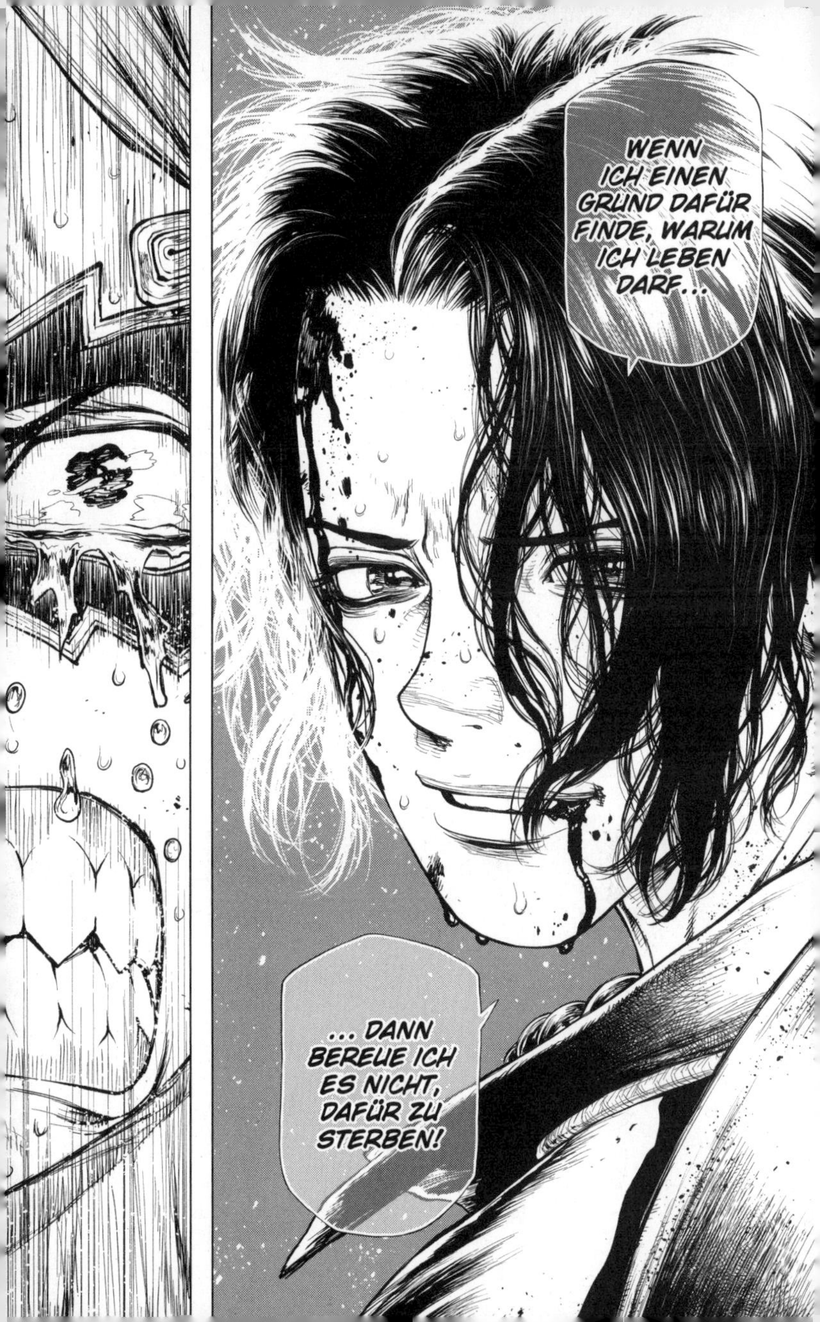
WENN ICH EINEN GRUND DAFÜR FINDE, WARUM ICH LEBEN DARF...
... DANN BEREUE ICH ES NICHT, DAFÜR ZU STERBEN!

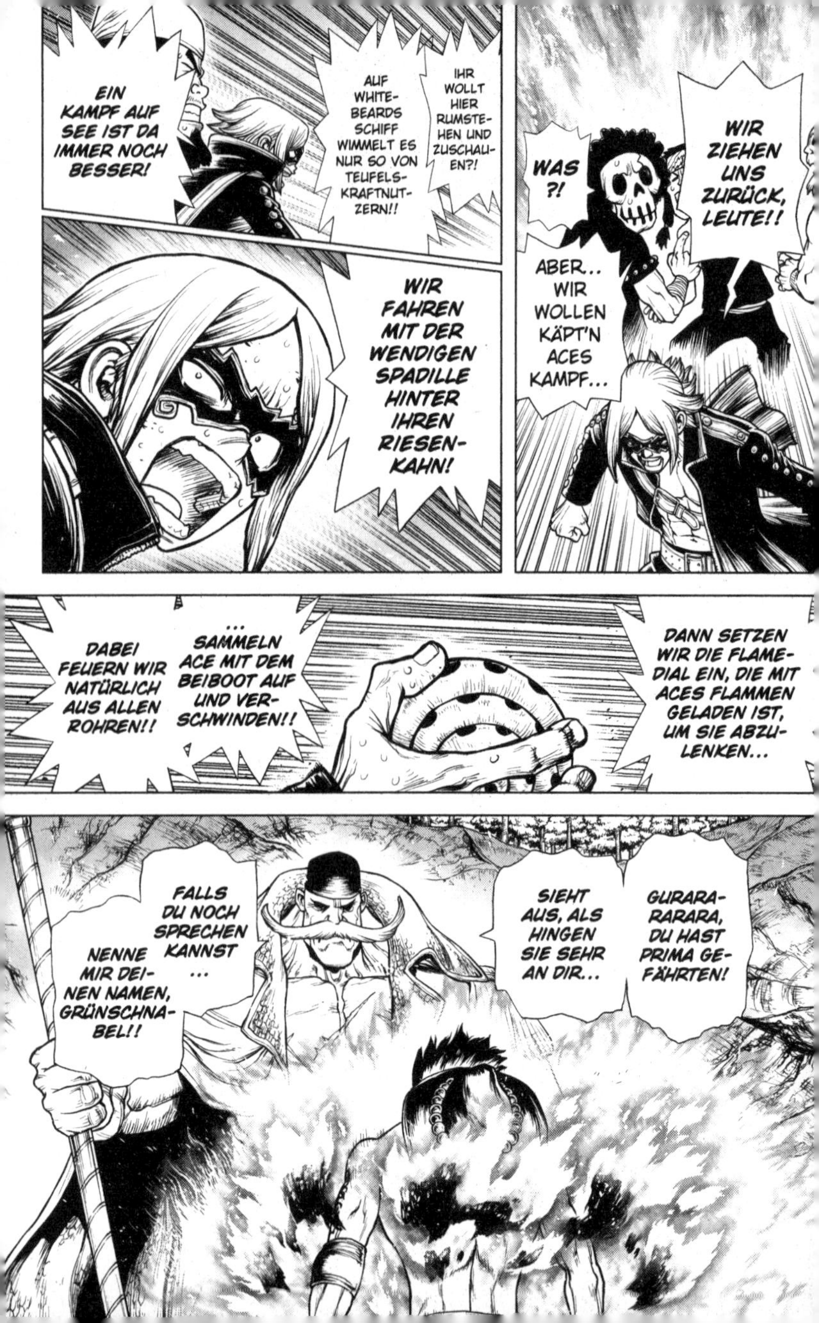
WIR ZIEHEN UNS ZURÜCK, LEUTE!!
WAS ?!
ABER... WIR WOLLEN KÄPT'N ACES KAMPF...
IHR WOLLT HIER RUMSTEHEN UND ZUSCHAUEN?!
AUF WHITEBEARDS SCHIFF WIMMELT ES NUR SO VON TEUFELSKRAFTNUTZERN!!
EIN KAMPF AUF SEE IST DA IMMER NOCH BESSER!
WIR FAHREN MIT DER WENDIGEN SPADILLE HINTER IHREN RIESENKAHN!
DANN SETZEN WIR DIE FLAME-DIAL EIN, DIE MIT ACES FLAMMEN GELADEN IST, UM SIE ABZULENKEN...
... SAMMELN ACE MIT DEM BEIBOOT AUF UND VERSCHWINDEN!!
DABEI FEUERN WIR NATÜRLICH AUS ALLEN ROHREN!!
GURARARARARA, DU HAST PRIMA GEFÄHRTEN!
SIEHT AUS, ALS HINGEN SIE SEHR AN DIR...
FALLS DU NOCH SPRECHEN KANNST ...
NENNE MIR DEINEN NAMEN, GRÜNSCHNABEL!!

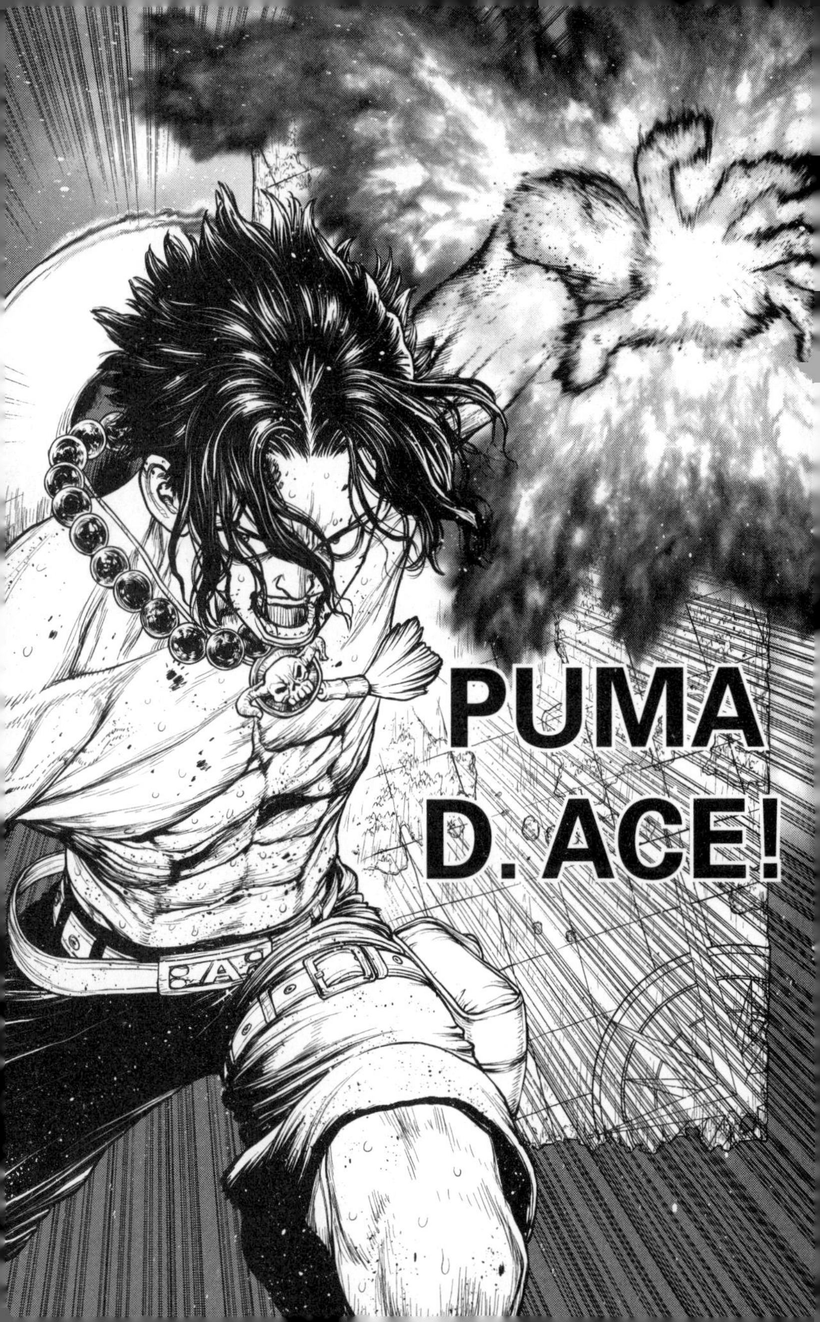
PUMA
D. ACE!

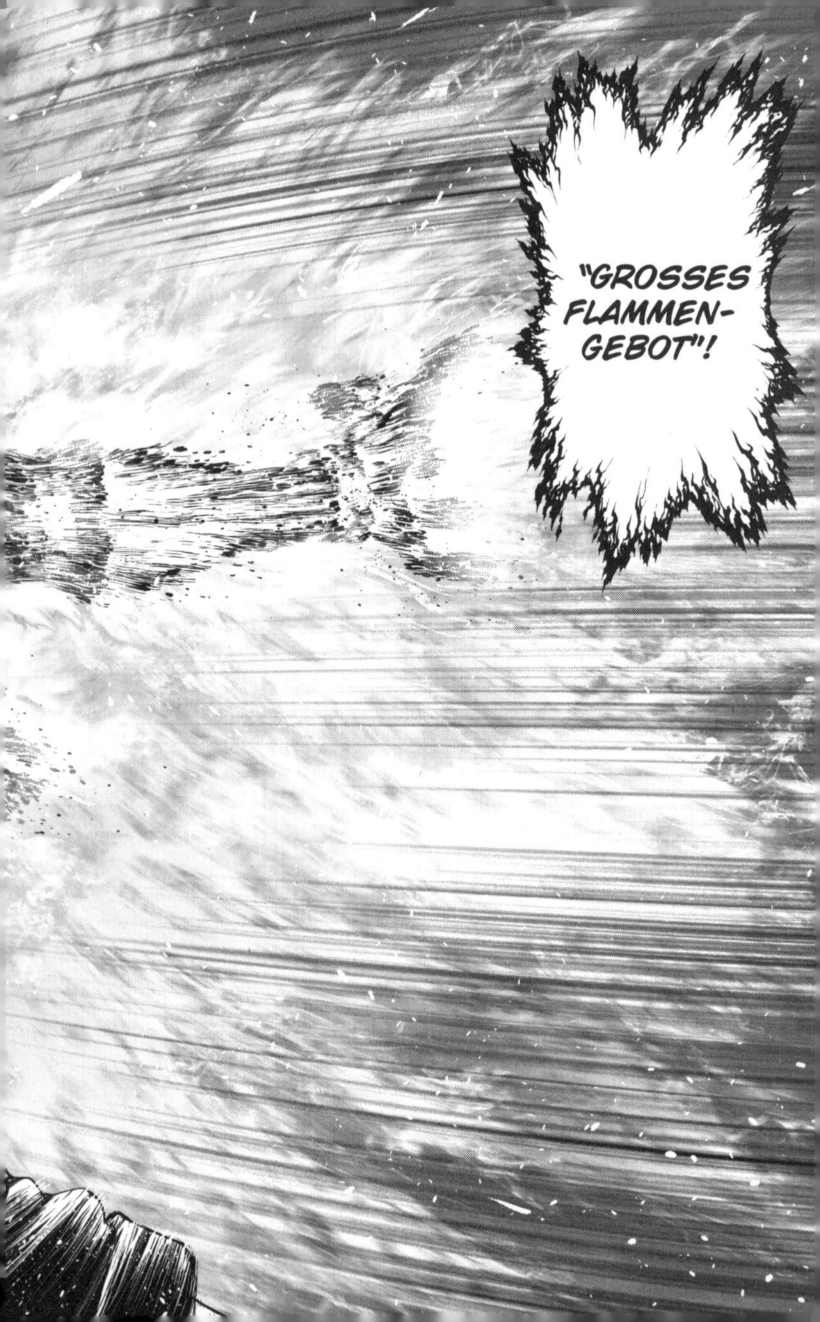
"GROSSES FLAMMEN-GEBOT"!

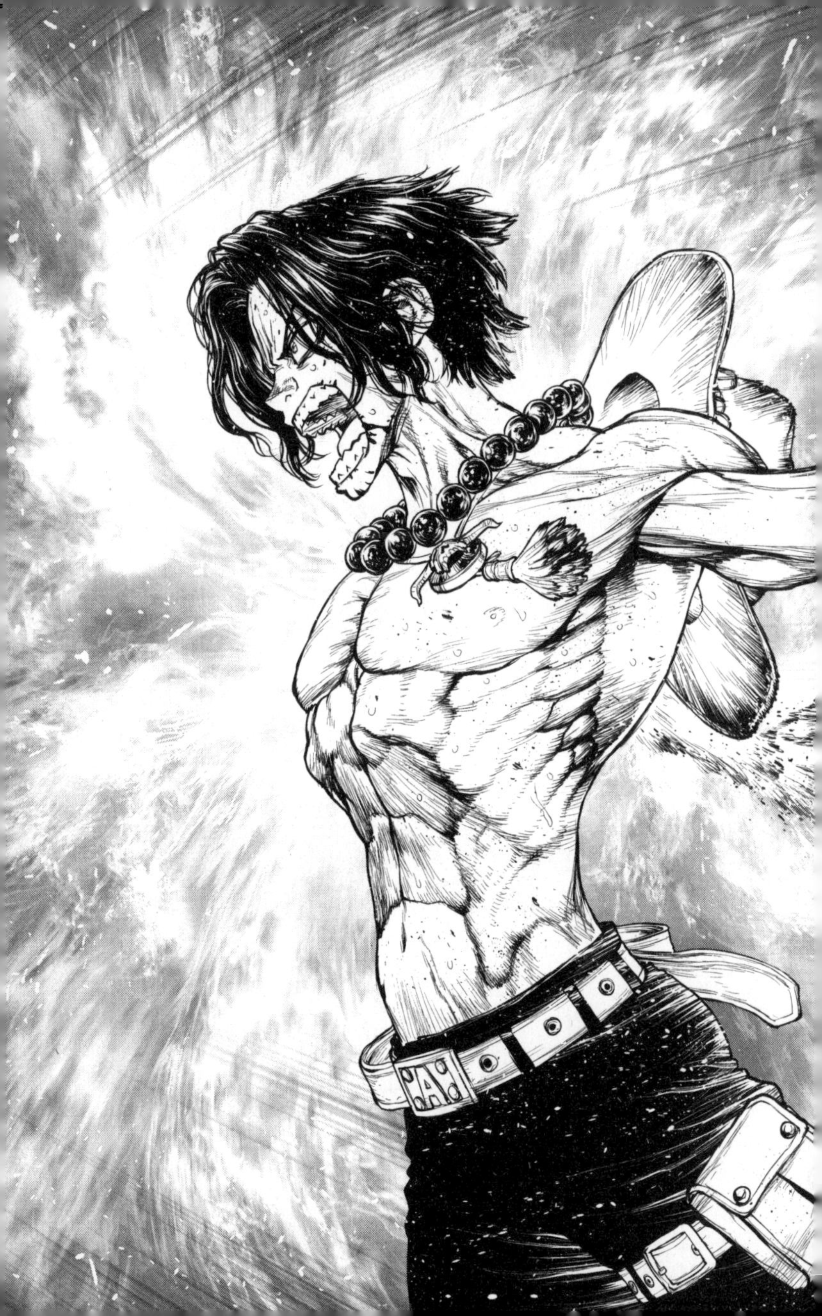

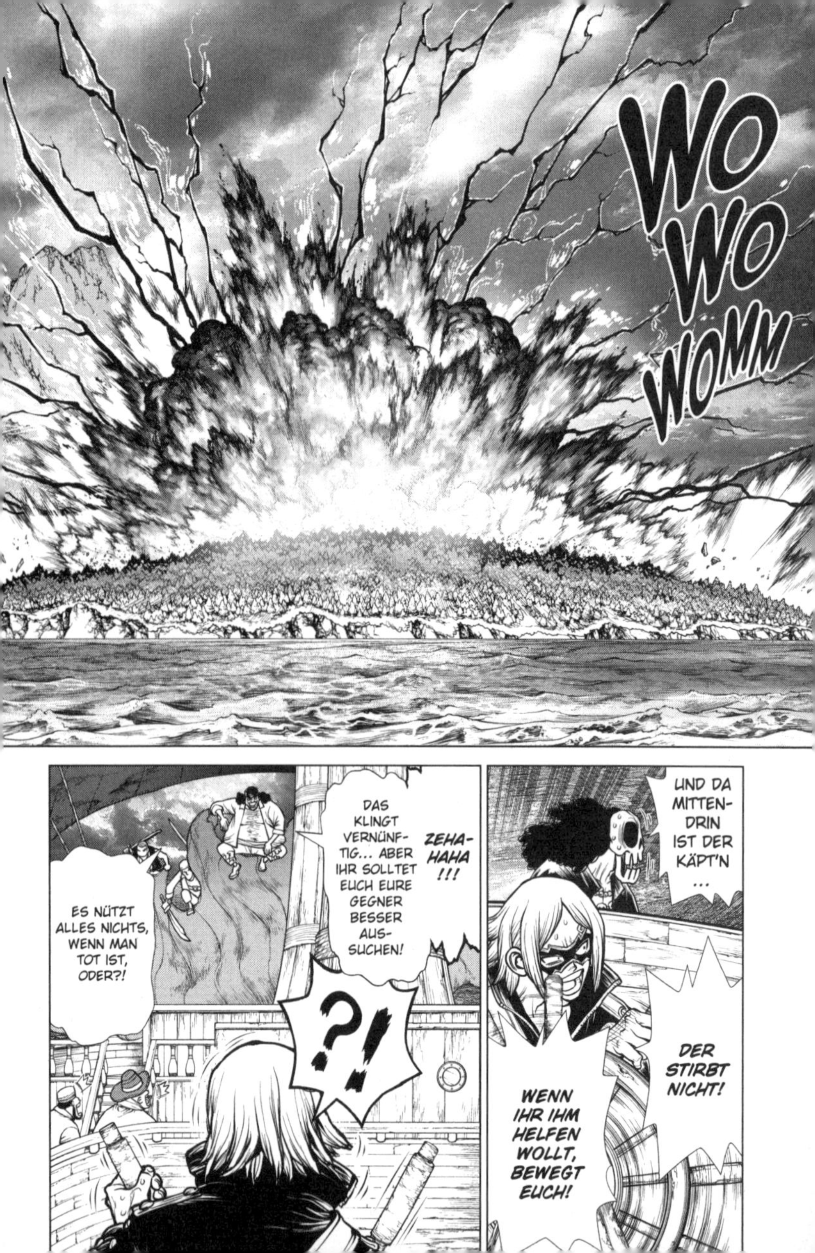
WO WO WOMM
UND DA MITTENDRIN IST DER KÄPT'N ...
DER STIRBT NICHT!
WENN IHR IHM HELFEN WOLLT, BEWEGT EUCH!
ZEHAHAHA!!!
DAS KLINGT VERNÜNFTIG... ABER IHR SOLLTET EUCH EURE GEGNER BESSER AUSSUCHEN!
ES NÜTZT ALLES NICHTS, WENN MAN TOT IST, ODER?!
?!

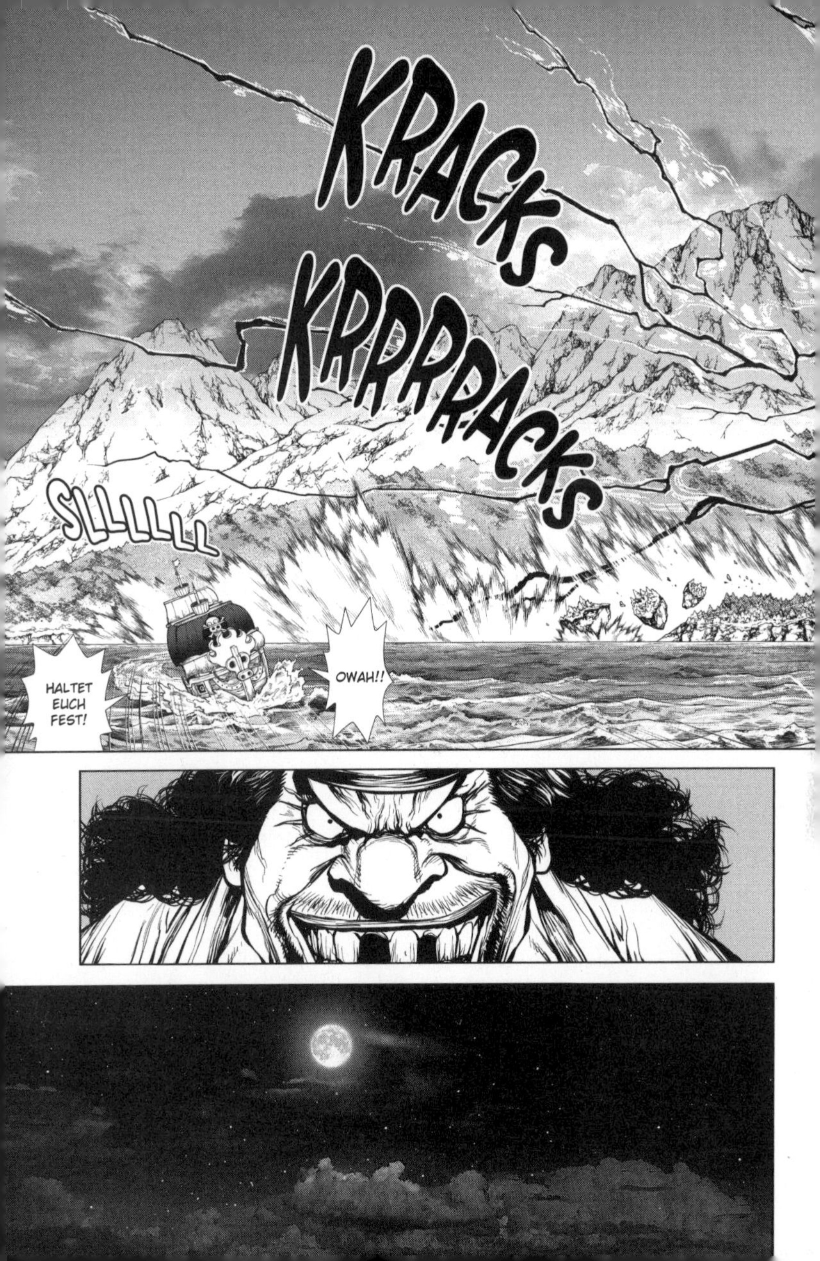
KRACKS
KRRRRRACKS
SLLLLLL
HALTET EUCH FEST!
OWAH!!

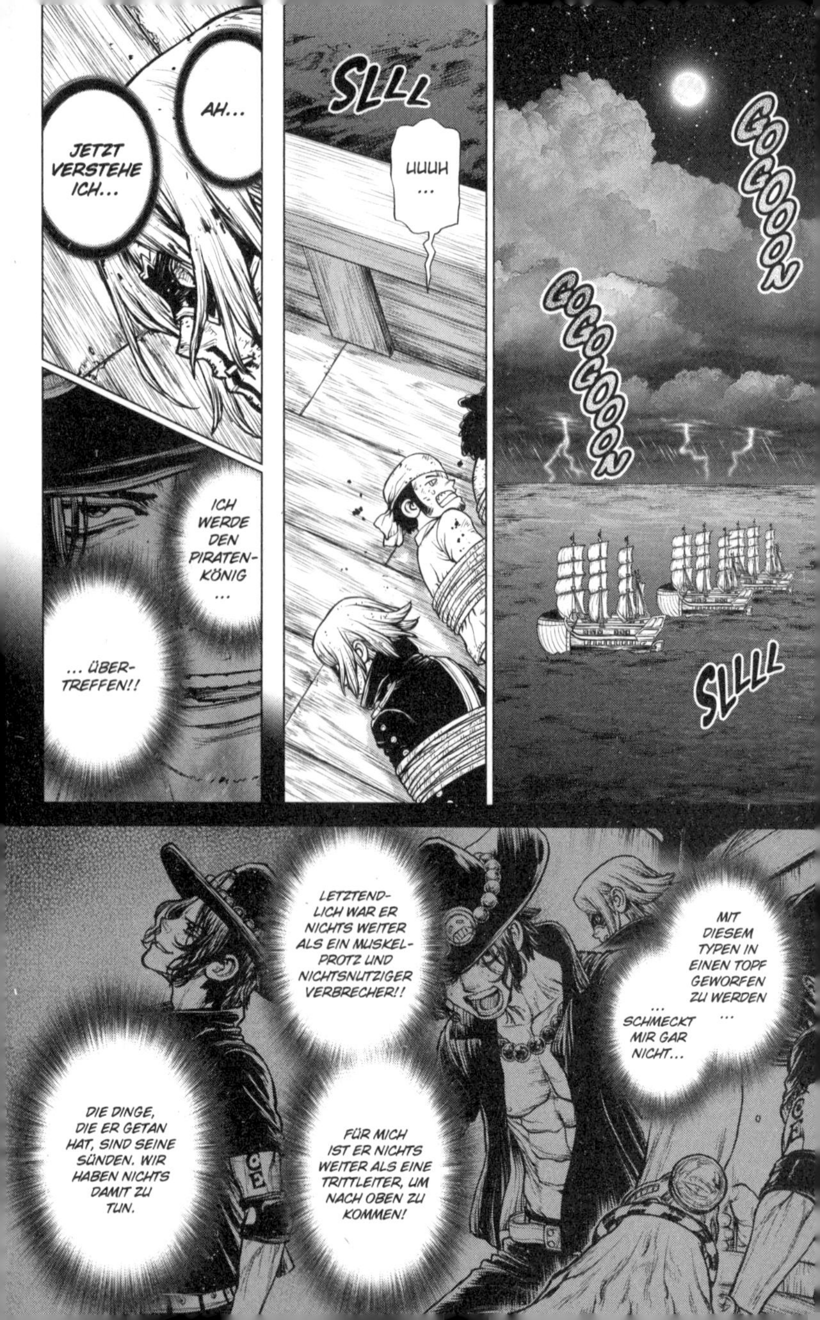
GOGOOON
GOGOOON
SLLLL
SLLL
UUUH ...
AH...
JETZT VERSTEHE ICH...
ICH WERDE DEN PIRATEN-KÖNIG ...
... ÜBER-TREFFEN!!
MIT DIESEM TYPEN IN EINEN TOPF GEWORFEN ZU WERDEN ...
... SCHMECKT MIR GAR NICHT...
LETZTEND-LICH WAR ER NICHTS WEITER ALS EIN MUSKEL-PROTZ UND NICHTSNUTZIGER VERBRECHER!!
FÜR MICH IST ER NICHTS WEITER ALS EINE TRITTLEITER, UM NACH OBEN ZU KOMMEN!
DIE DINGE, DIE ER GETAN HAT, SIND SEINE SÜNDEN. WIR HABEN NICHTS DAMIT ZU TUN.

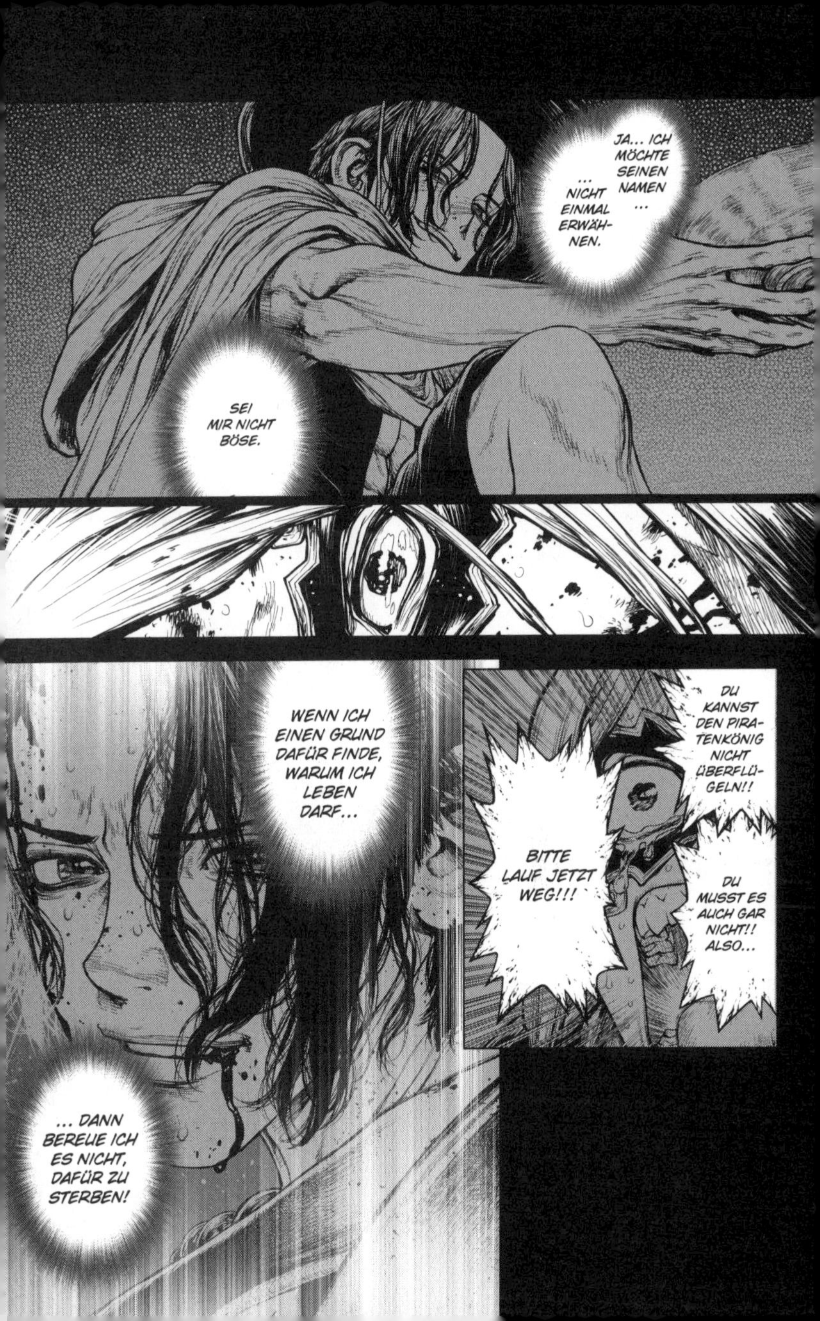
JA... ICH MÖCHTE SEINEN NAMEN ...
... NICHT EINMAL ERWÄH-NEN.
SEI MIR NICHT BÖSE.
DU KANNST DEN PIRA-TENKÖNIG NICHT ÜBERFLÜ-GELN!!
BITTE LAUF JETZT WEG!!!
DU MUSST ES AUCH GAR NICHT!! ALSO...
WENN ICH EINEN GRUND DAFÜR FINDE, WARUM ICH LEBEN DARF...
... DANN BEREUE ICH ES NICHT, DAFÜR ZU STERBEN!

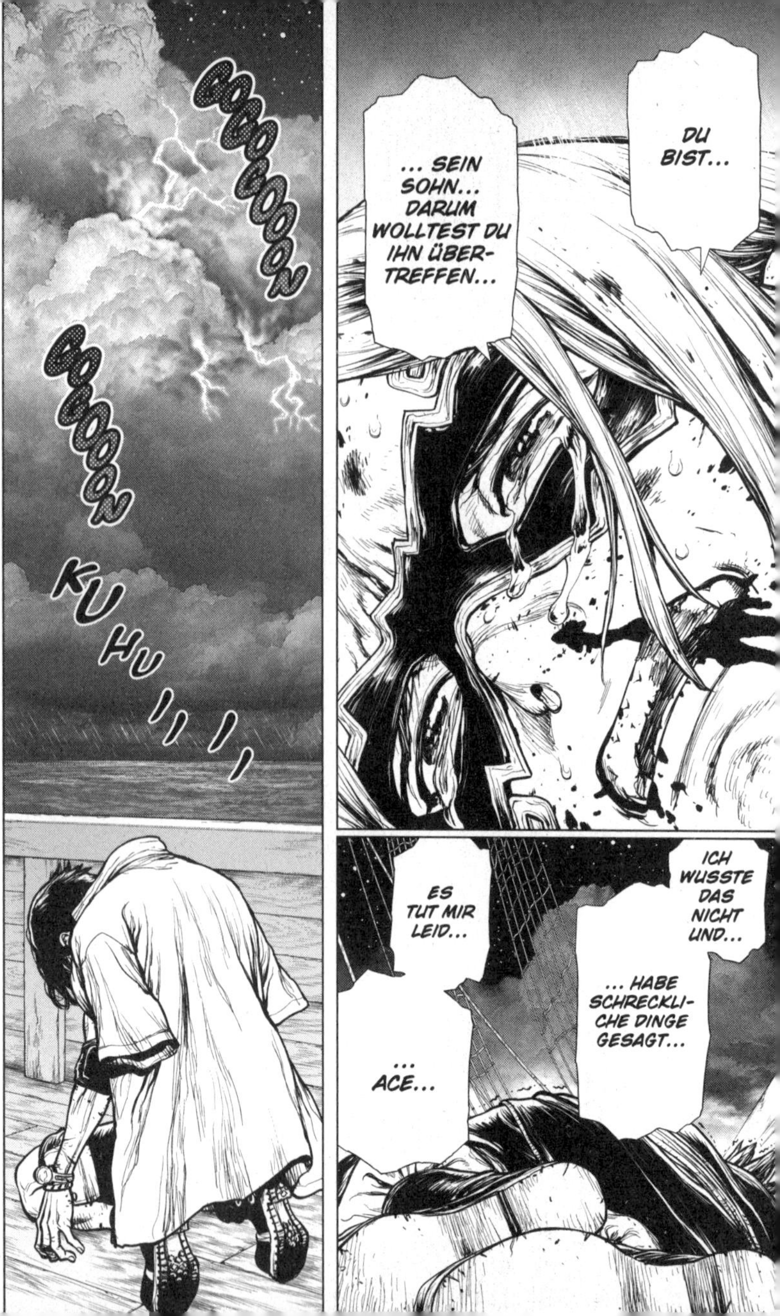
DU BIST...
... SEIN SOHN... DARUM WOLLTEST DU IHN ÜBERTREFFEN...
KUHUIIII
ICH WUSSTE DAS NICHT UND...
... HABE SCHRECKLICHE DINGE GESAGT...
ES TUT MIR LEID...
... ACE...

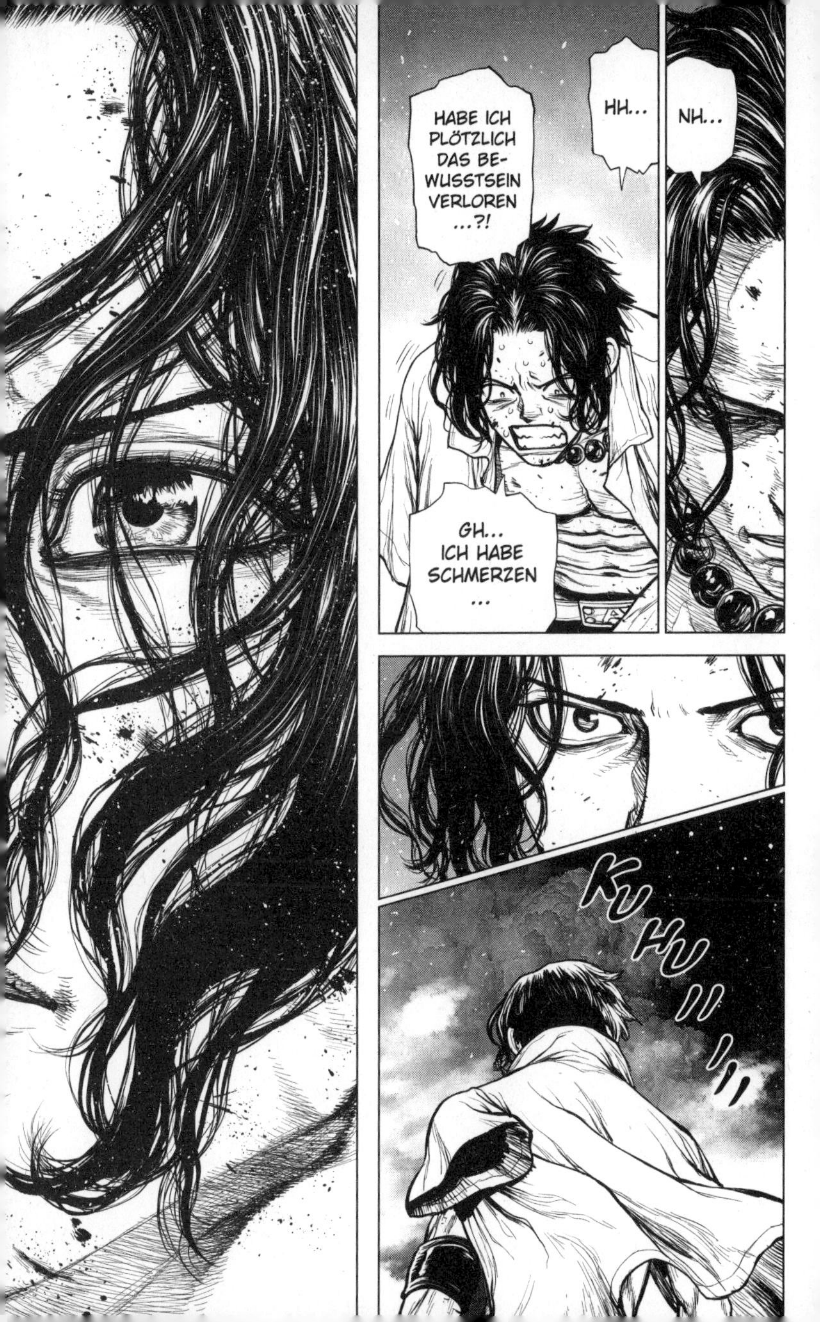
NH...
HH...
HABE ICH PLÖTZLICH DAS BE-WUSSTSEIN VERLOREN ...?!
GH... ICH HABE SCHMERZEN ...
KUHUIII

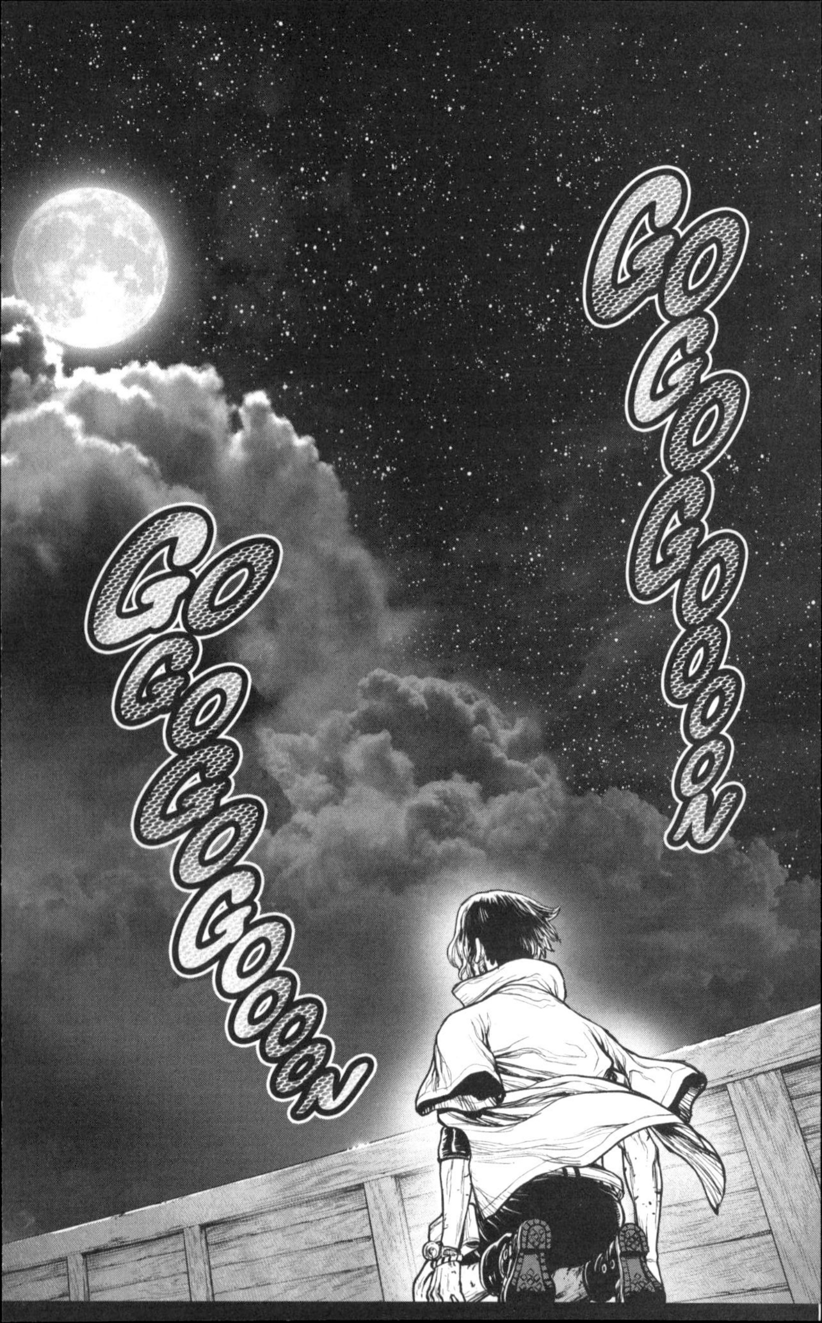
GOGOGOOOON
GOGOGOGOOOON

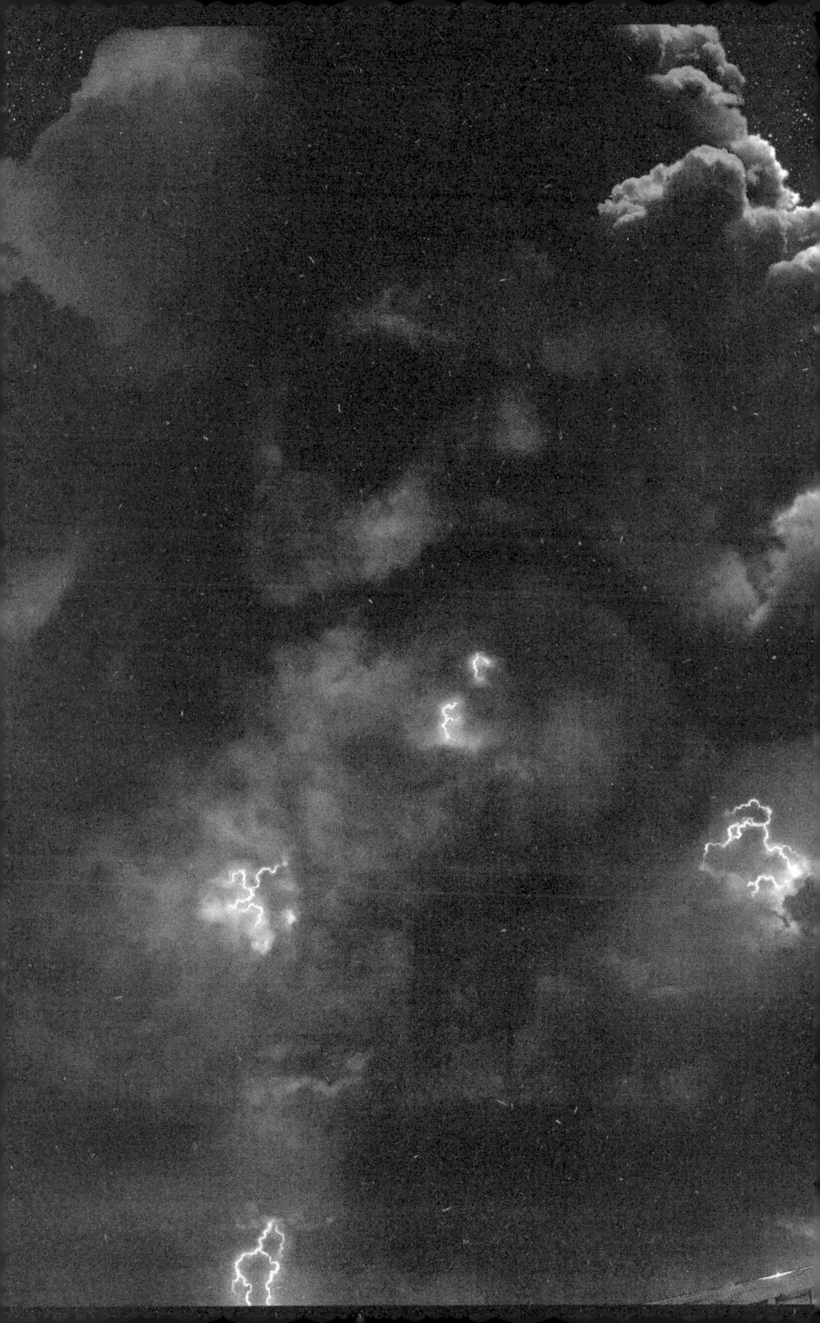

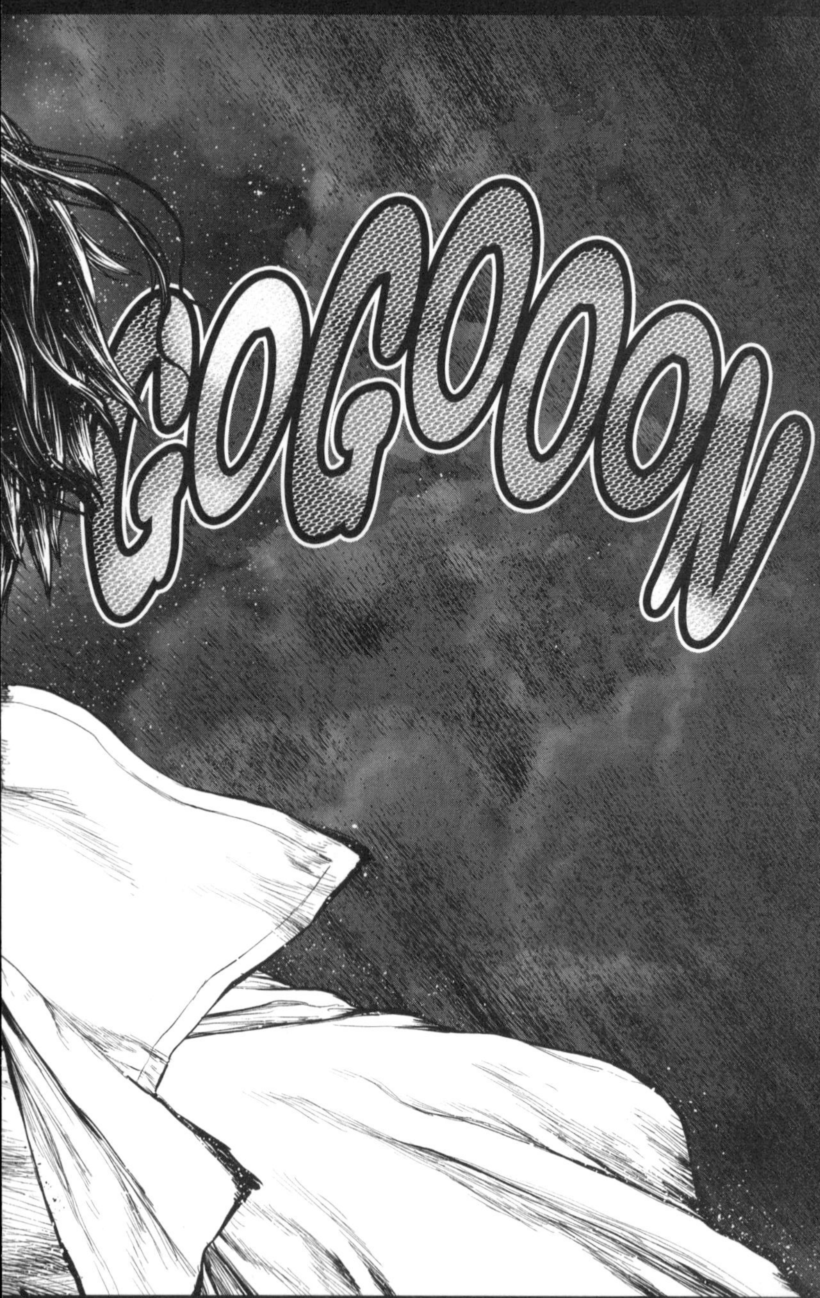

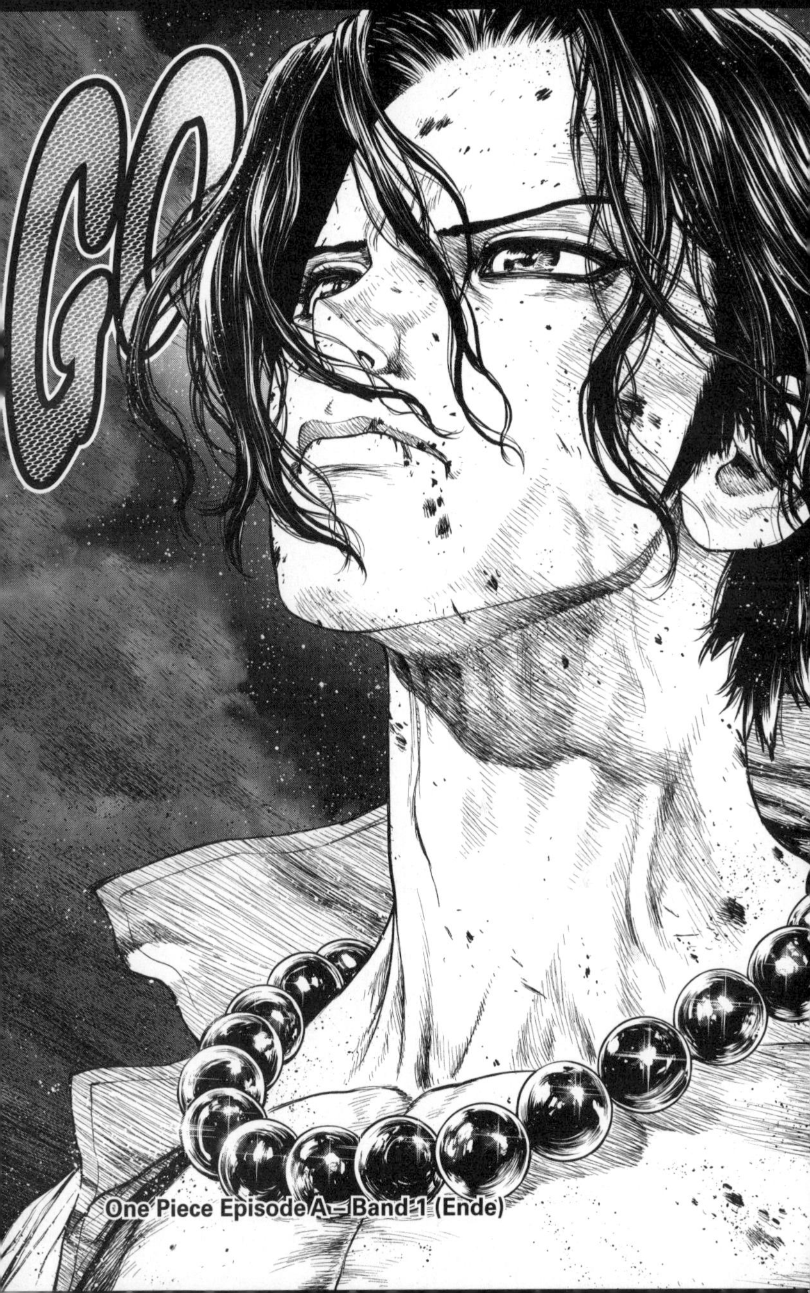

One Piece Episode A – Band 1 (Ende)

ONE PIECE episode A

ONE PIECE

『ONE PIECE』COVER COMIC

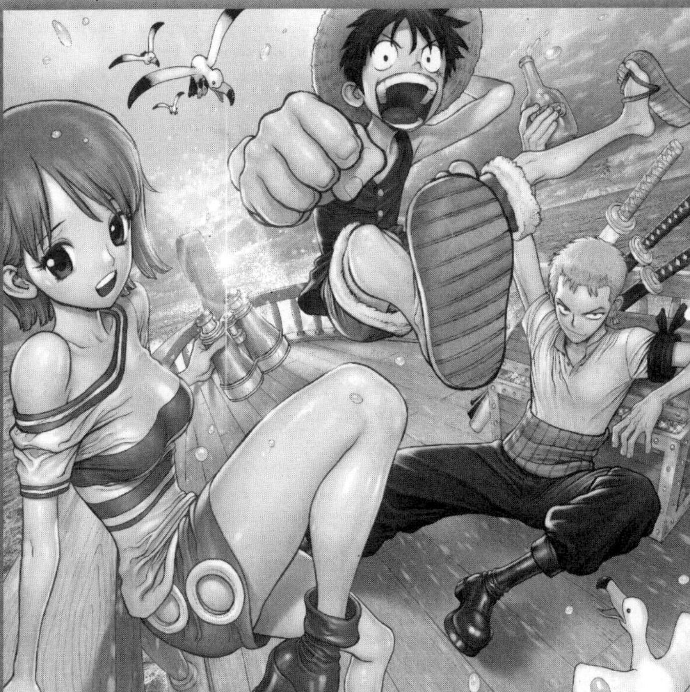

ONE PIECE
episode A

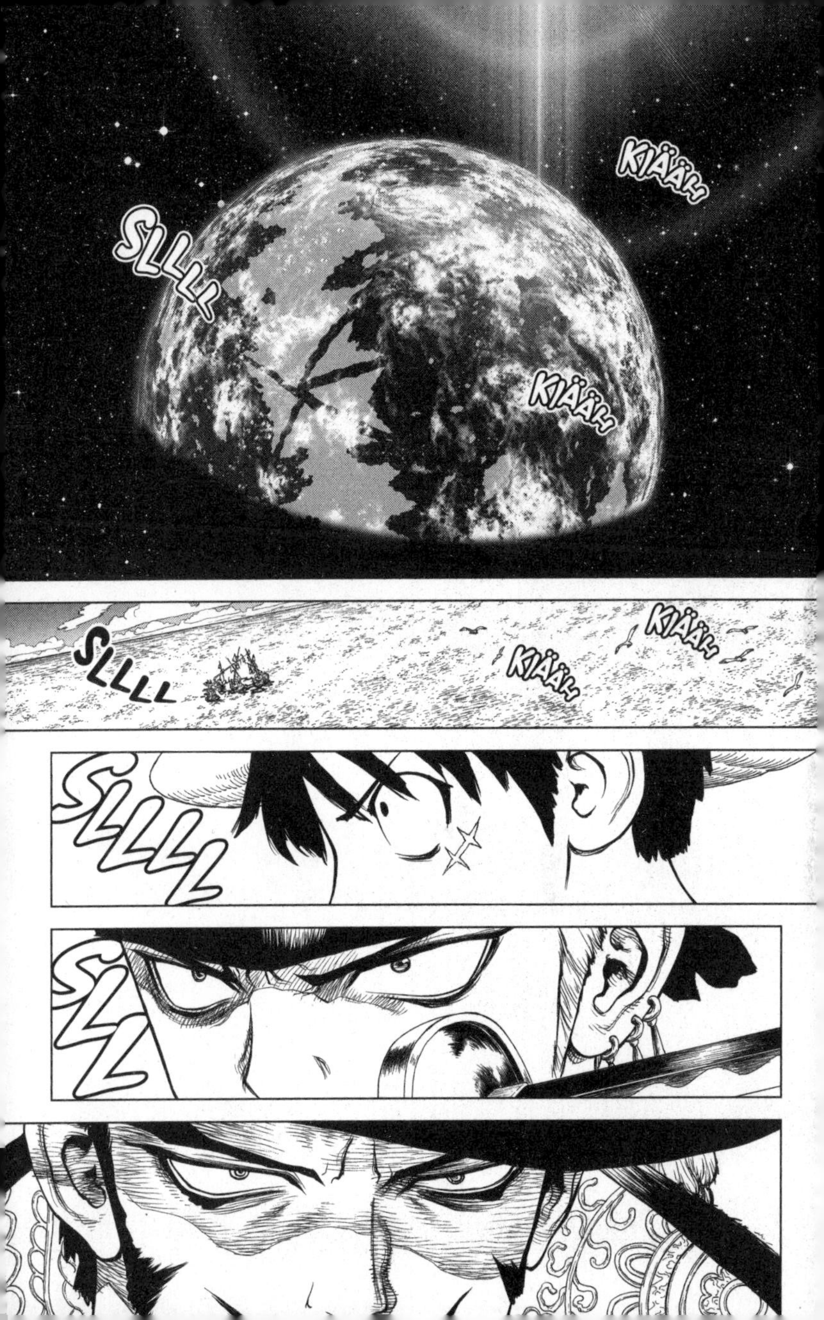
KIÄÄH
SLLLL
KIÄÄH
SLLLL
KIÄÄH
KIÄÄH
SLLLL
SLL

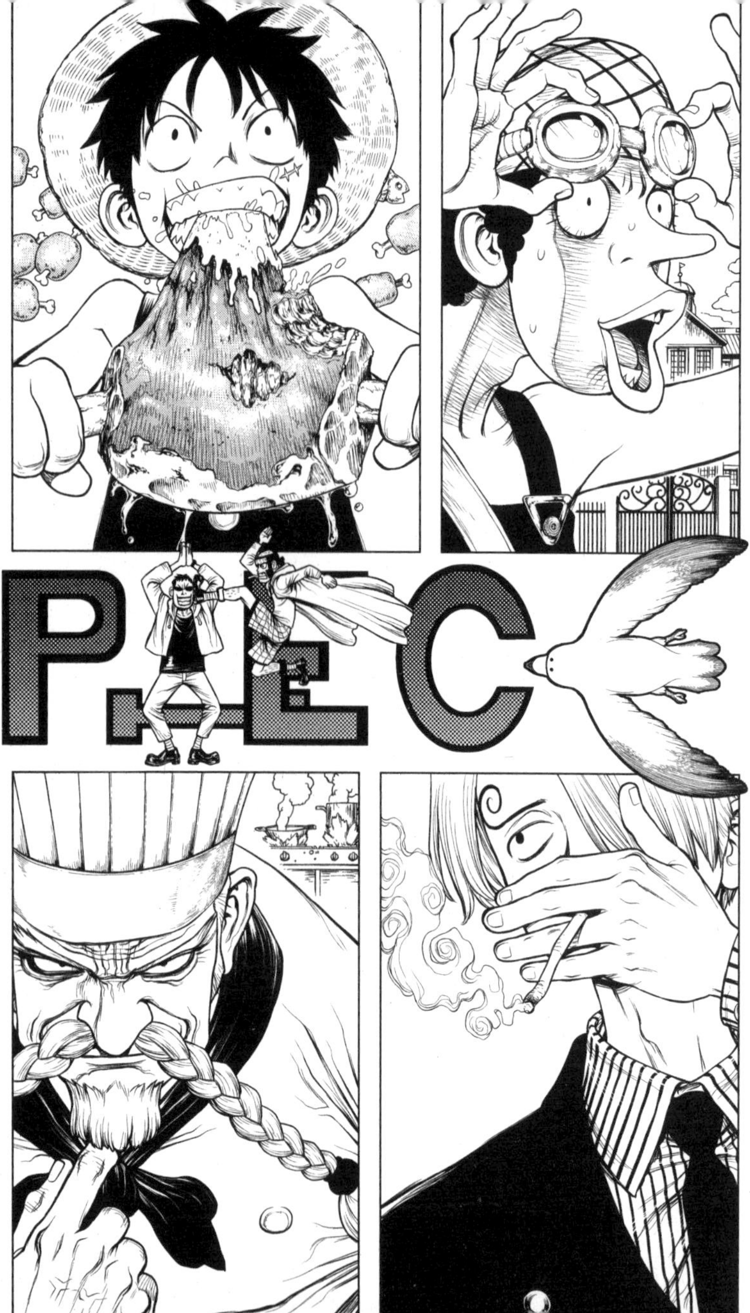

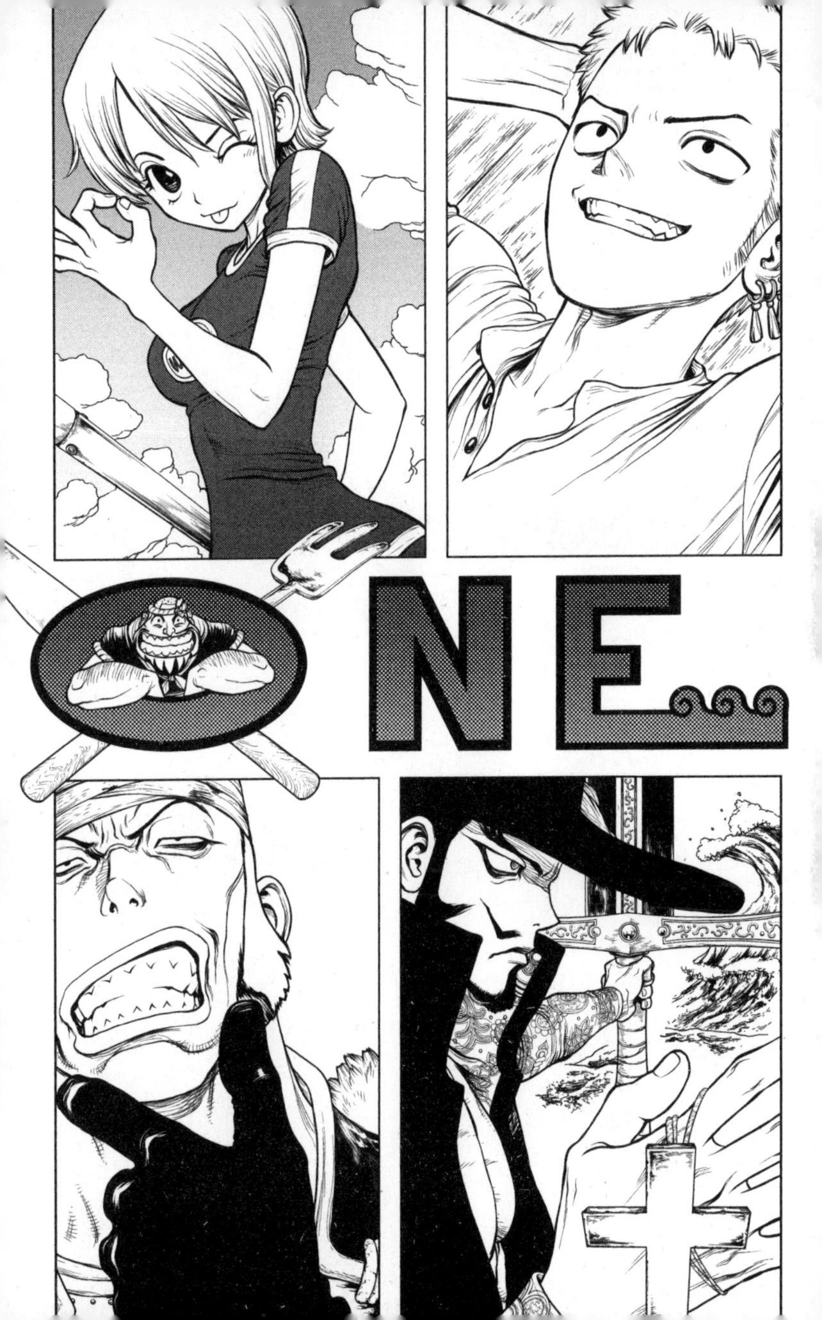
NE

Lorenor Zorro fällt ins Meer

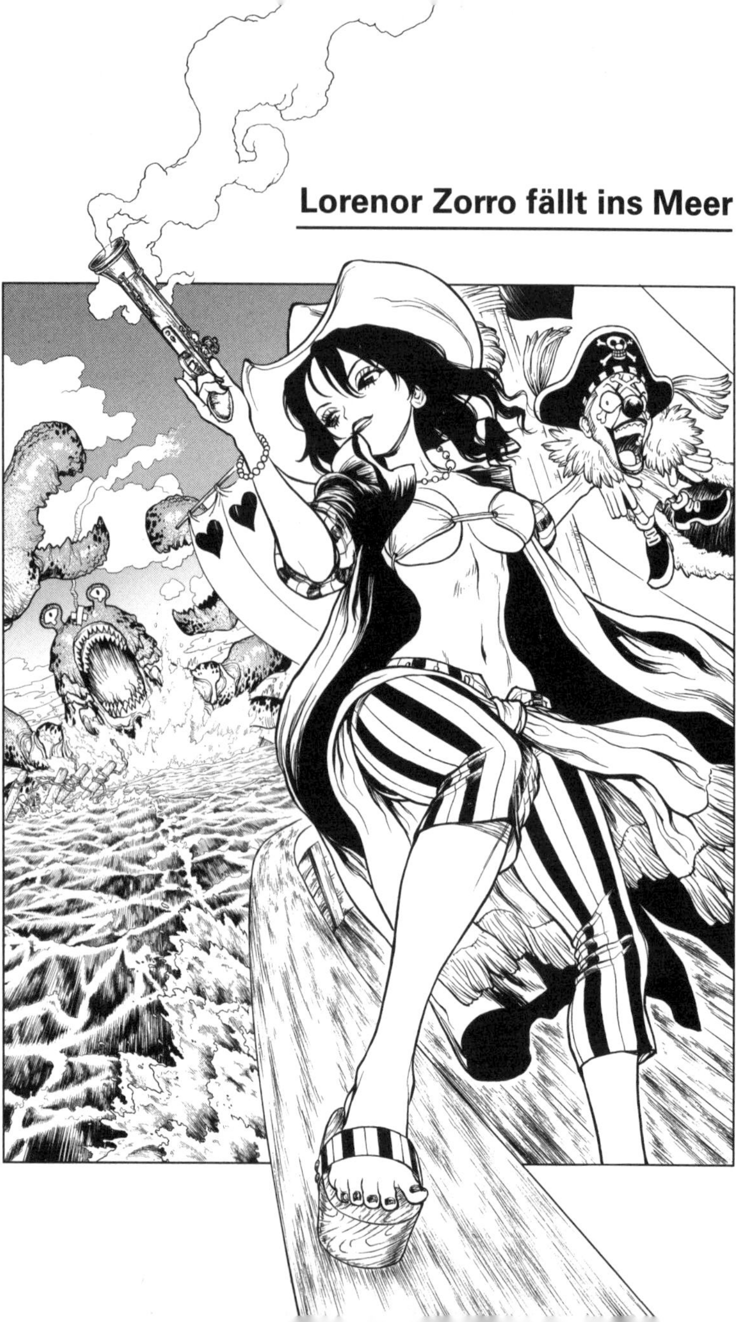

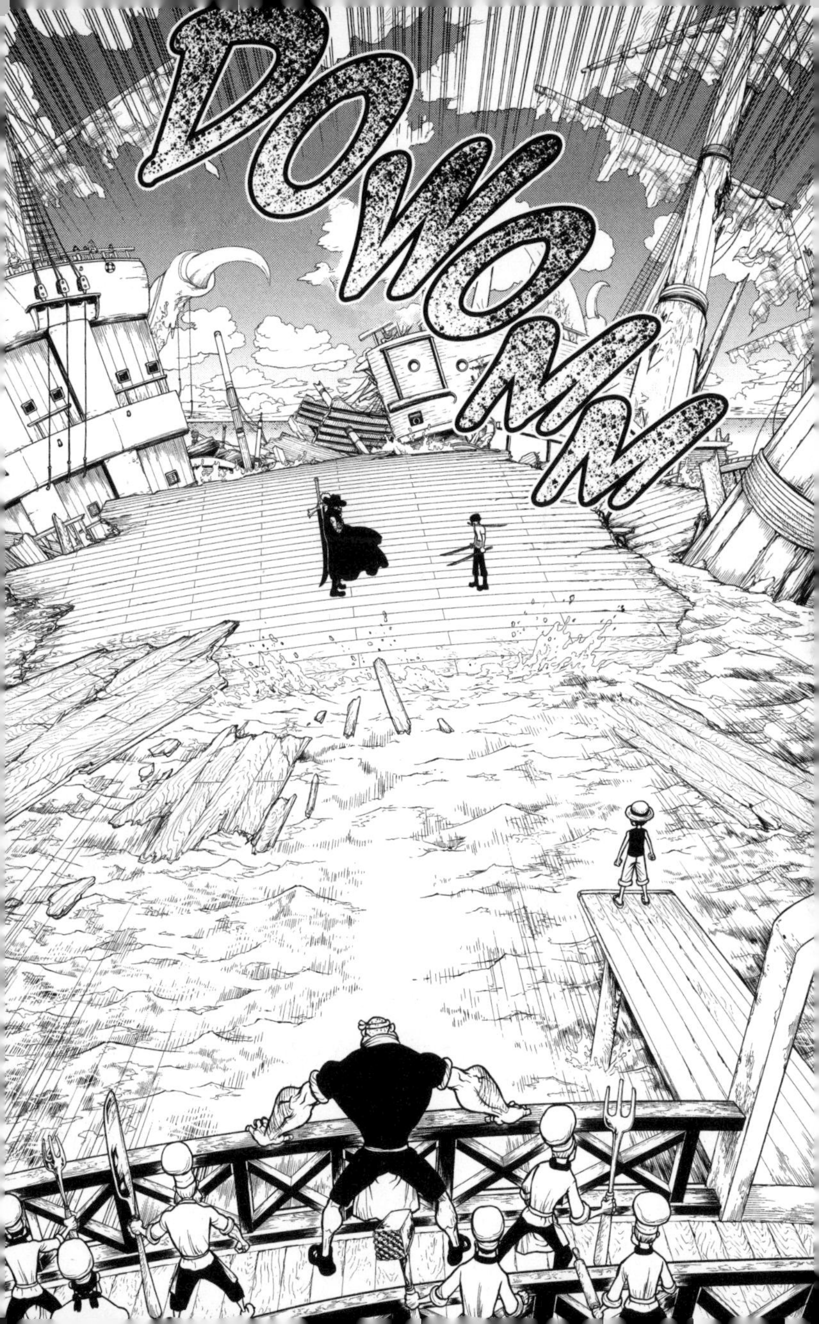
DOWOMM

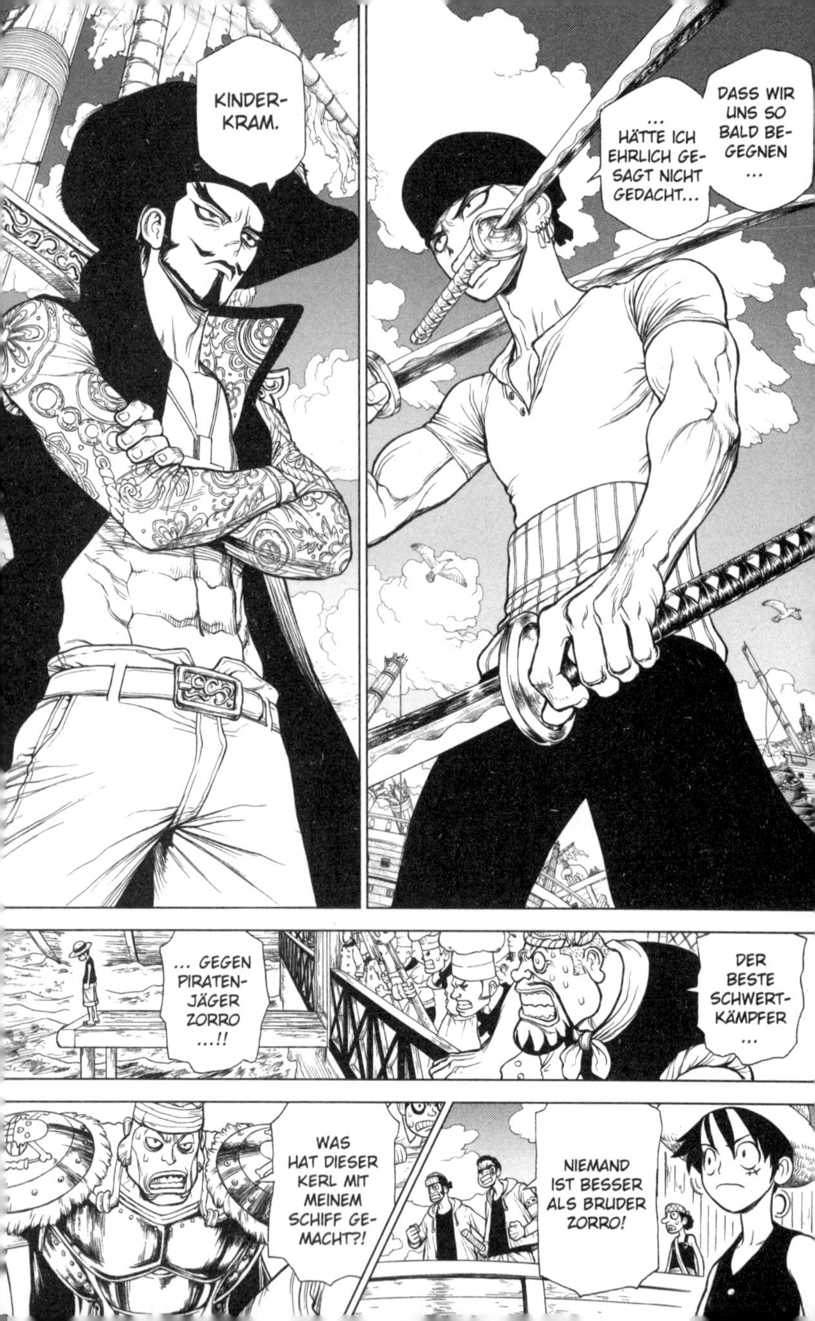
DASS WIR UNS SO BALD BEGEGNEN …
… HÄTTE ICH EHRLICH GESAGT NICHT GEDACHT…
KINDERKRAM.
DER BESTE SCHWERTKÄMPFER …
… GEGEN PIRATENJÄGER ZORRO …!!
NIEMAND IST BESSER ALS BRUDER ZORRO!
WAS HAT DIESER KERL MIT MEINEM SCHIFF GEMACHT?!

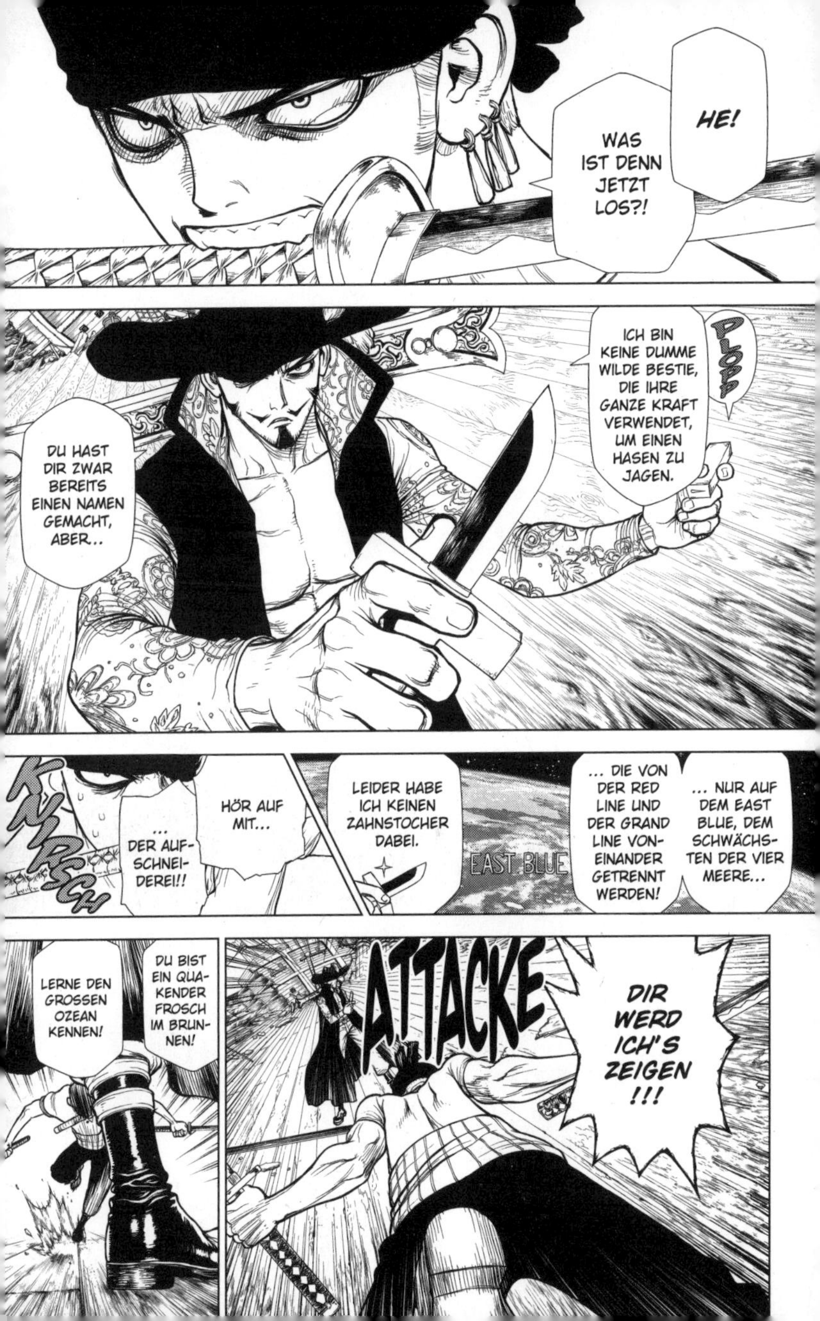

HE!
WAS IST DENN JETZT LOS?!
PLOPP
ICH BIN KEINE DUMME WILDE BESTIE, DIE IHRE GANZE KRAFT VERWENDET, UM EINEN HASEN ZU JAGEN.
DU HAST DIR ZWAR BEREITS EINEN NAMEN GEMACHT, ABER…
… NUR AUF DEM EAST BLUE, DEM SCHWÄCHSTEN DER VIER MEERE…
… DIE VON DER RED LINE UND DER GRAND LINE VONEINANDER GETRENNT WERDEN!
EAST BLUE
LEIDER HABE ICH KEINEN ZAHNSTOCHER DABEI.
HÖR AUF MIT…
… DER AUFSCHNEIDEREI!!
KNIRSCH
DIR WERD ICH'S ZEIGEN !!!
ATTACKE
DU BIST EIN QUAKENDER FROSCH IM BRUNNEN!
LERNE DEN GROSSEN OZEAN KENNEN!

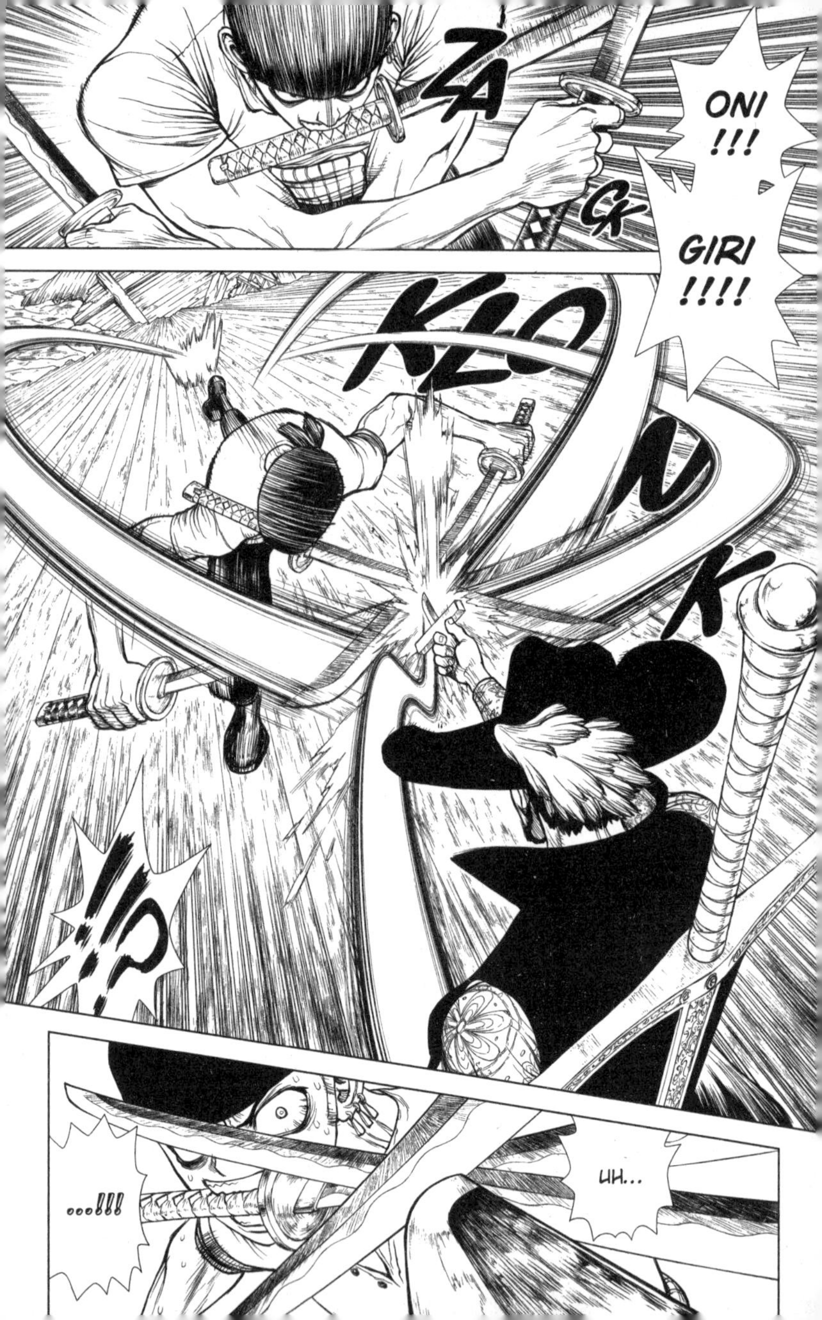
ZA
CK
ONI !!!
GIRI !!!!
KLONK
!?
UH...
...!!!

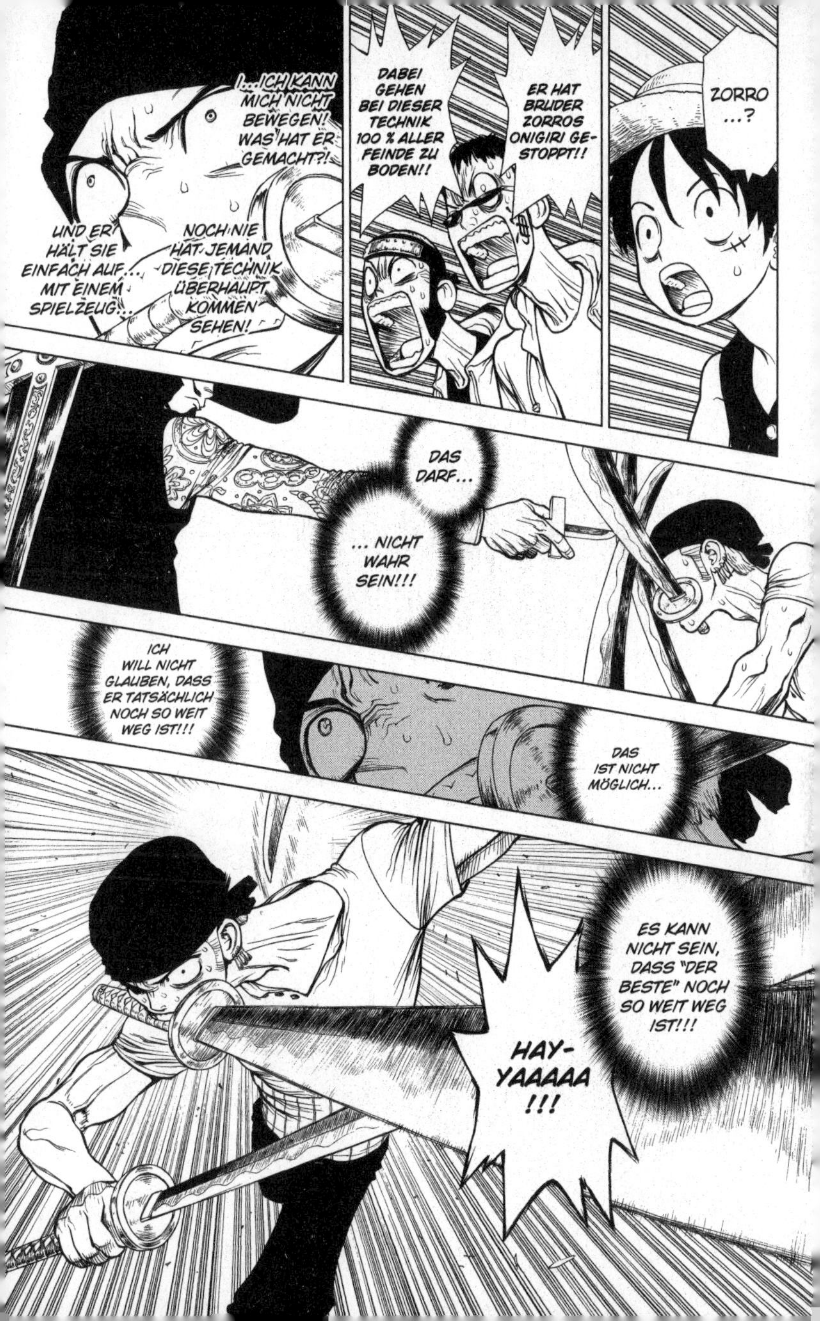
ZORRO ...?
ER HAT BRUDER ZORROS ONIGIRI GESTOPPT!!
DABEI GEHEN BEI DIESER TECHNIK 100 % ALLER FEINDE ZU BODEN!!
I... ICH KANN MICH NICHT BEWEGEN! WAS HAT ER GEMACHT?!
NOCH NIE HAT JEMAND DIESE TECHNIK ÜBERHAUPT KOMMEN SEHEN!
UND ER HÄLT SIE EINFACH AUF... MIT EINEM SPIELZEUG...
DAS DARF...
... NICHT WAHR SEIN!!!
ICH WILL NICHT GLAUBEN, DASS ER TATSÄCHLICH NOCH SO WEIT WEG IST!!!
DAS IST NICHT MÖGLICH...
ES KANN NICHT SEIN, DASS "DER BESTE" NOCH SO WEIT WEG IST!!!
HAY-YAAAAA!!!

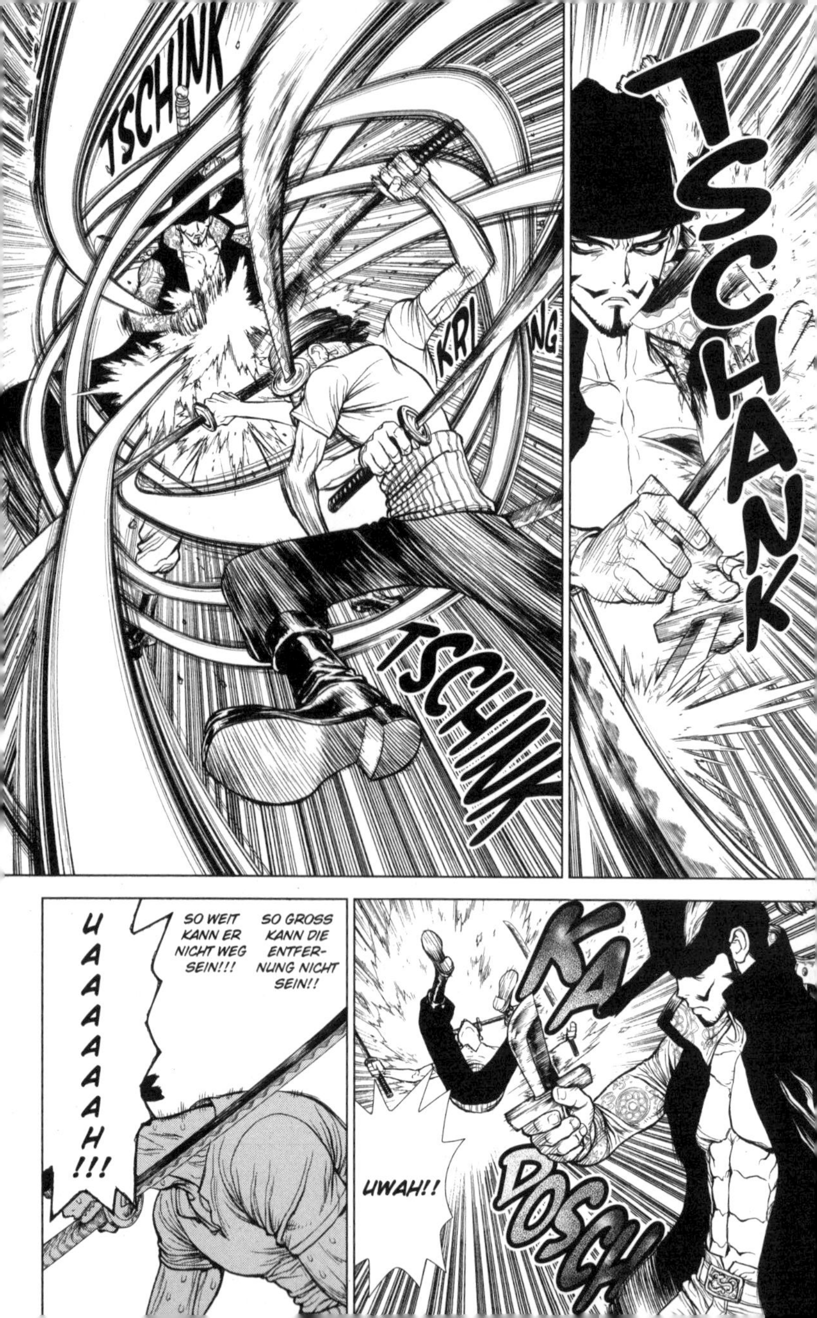
TSCHINK
KRI NG
TSCHINK
TSCHANK
SO GROSS KANN DIE ENTFER-NUNG NICHT SEIN!!
SO WEIT KANN ER NICHT WEG SEIN!!!
UAAAAAAAAAH!!!
KA
DOSCH
UWAH!!

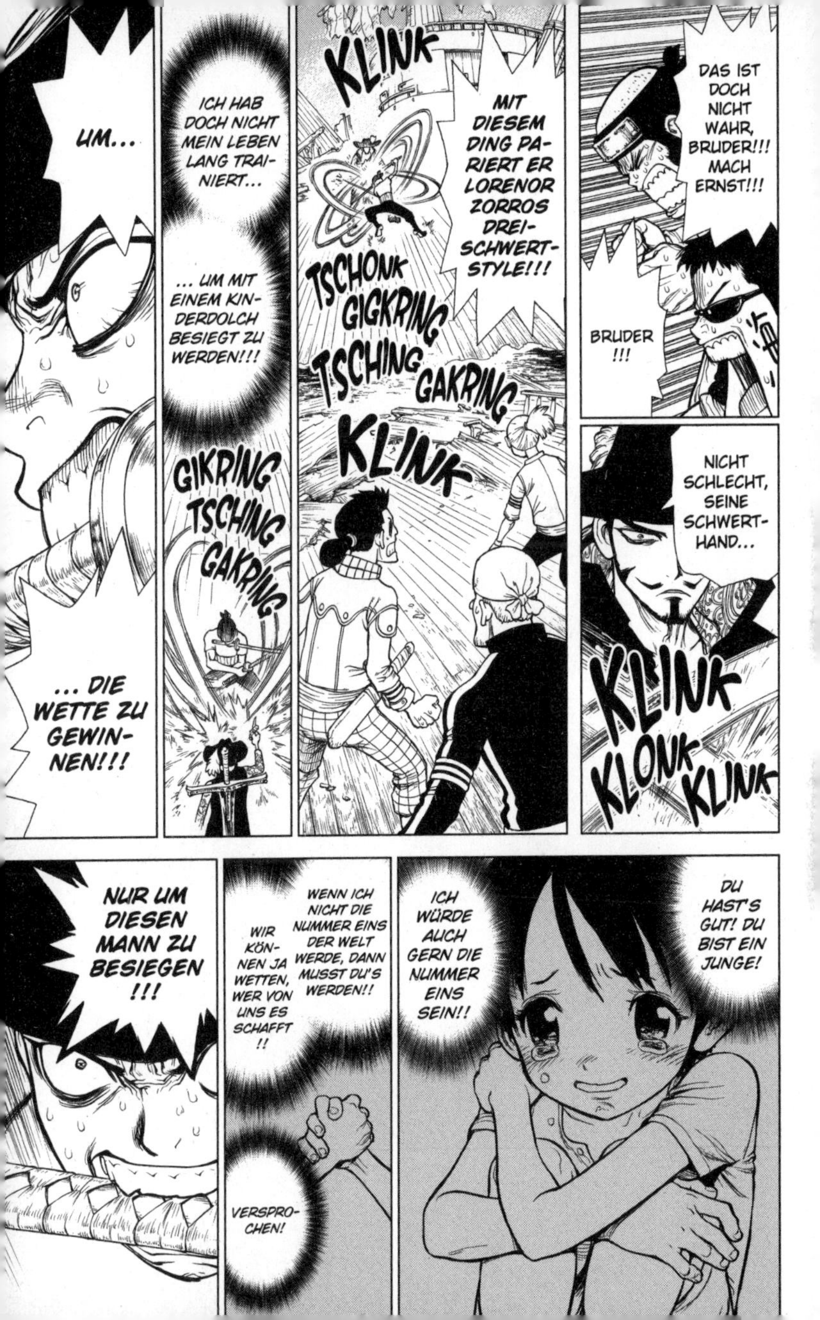
DAS IST DOCH NICHT WAHR, BRUDER!!! MACH ERNST!!!
BRUDER!!!
NICHT SCHLECHT, SEINE SCHWERTHAND...
KLINK KLONK KLINK
KLINK
MIT DIESEM DING PARIERT ER LORENOR ZORROS DREI-SCHWERT-STYLE!!!
TSCHONK GIGKRING TSCHING GAKRING
KLINK
ICH HAB DOCH NICHT MEIN LEBEN LANG TRAINIERT...
... UM MIT EINEM KINDERDOLCH BESIEGT ZU WERDEN!!!
GIKRING TSCHING GAKRING
UM...
... DIE WETTE ZU GEWINNEN!!!
DU HAST'S GUT! DU BIST EIN JUNGE!
ICH WÜRDE AUCH GERN DIE NUMMER EINS SEIN!!
WENN ICH NICHT DIE NUMMER EINS DER WELT WERDE, DANN MUSST DU'S WERDEN!!
WIR KÖNNEN JA WETTEN, WER VON UNS ES SCHAFFT!!
VERSPROCHEN!
NUR UM DIESEN MANN ZU BESIEGEN!!!

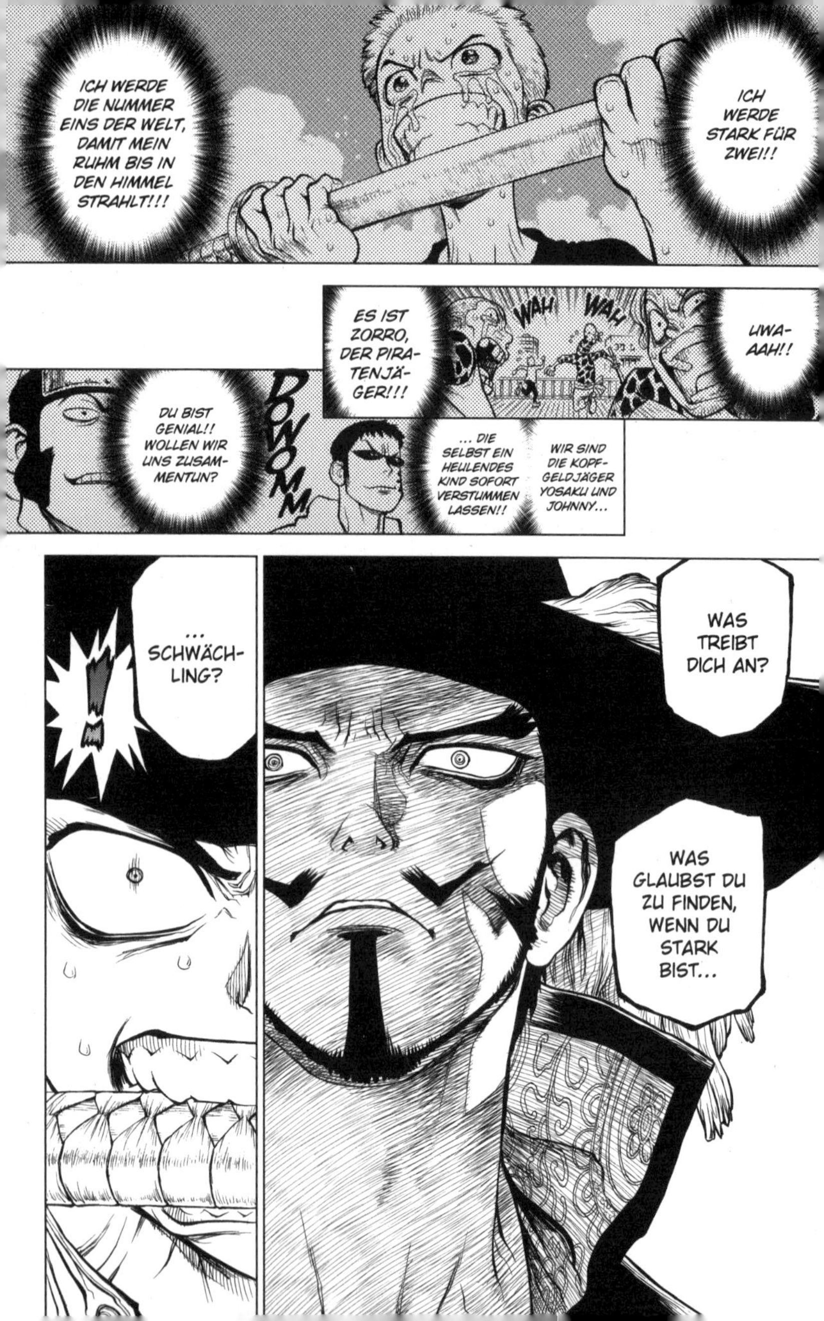
ICH WERDE STARK FÜR ZWEI!!
ICH WERDE DIE NUMMER EINS DER WELT, DAMIT MEIN RUHM BIS IN DEN HIMMEL STRAHLT!!!
UWA-AAH!!
WAH
WAH
ES IST ZORRO, DER PIRA-TENJÄ-GER!!!
WIR SIND DIE KOPF-GELDJÄGER YOSAKU UND JOHNNY...
... DIE SELBST EIN HEULENDES KIND SOFORT VERSTUMMEN LASSEN!!
DOWOMM
DU BIST GENIAL!! WOLLEN WIR UNS ZUSAM-MENTUN?
WAS TREIBT DICH AN?
WAS GLAUBST DU ZU FINDEN, WENN DU STARK BIST...
... SCHWÄCH-LING?

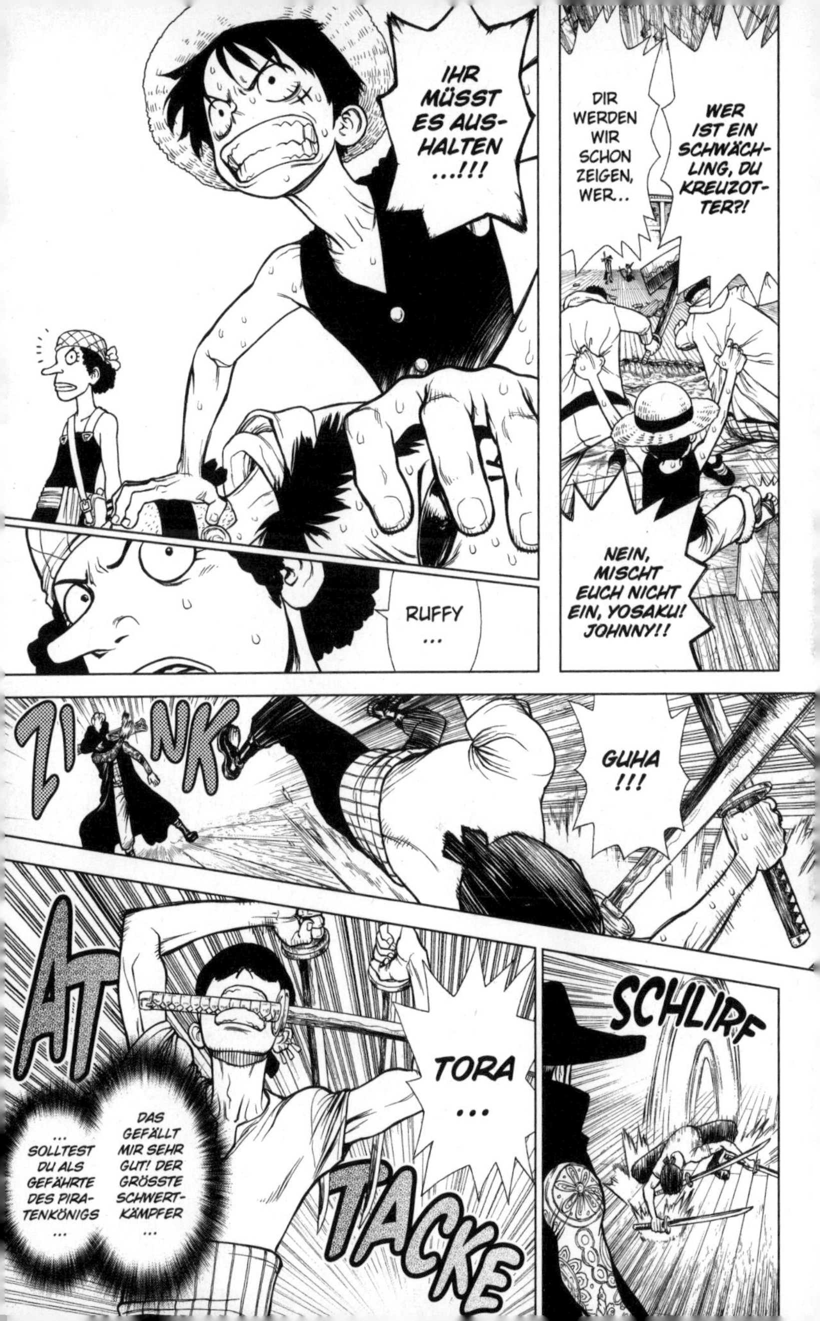
WER IST EIN SCHWÄCH-LING, DU KREUZOT-TER?!
DIR WERDEN WIR SCHON ZEIGEN, WER...
NEIN, MISCHT EUCH NICHT EIN, YOSAKU! JOHNNY!!
IHR MÜSST ES AUS-HALTEN ...!!!
RUFFY ...
GUHA !!!
SCHLIRF
TORA ...
DAS GEFÄLLT MIR SEHR GUT! DER GRÖSSTE SCHWERT-KÄMPFER ...
... SOLLTEST DU ALS GEFÄHRTE DES PIRA-TENKÖNIGS ...
TACKE

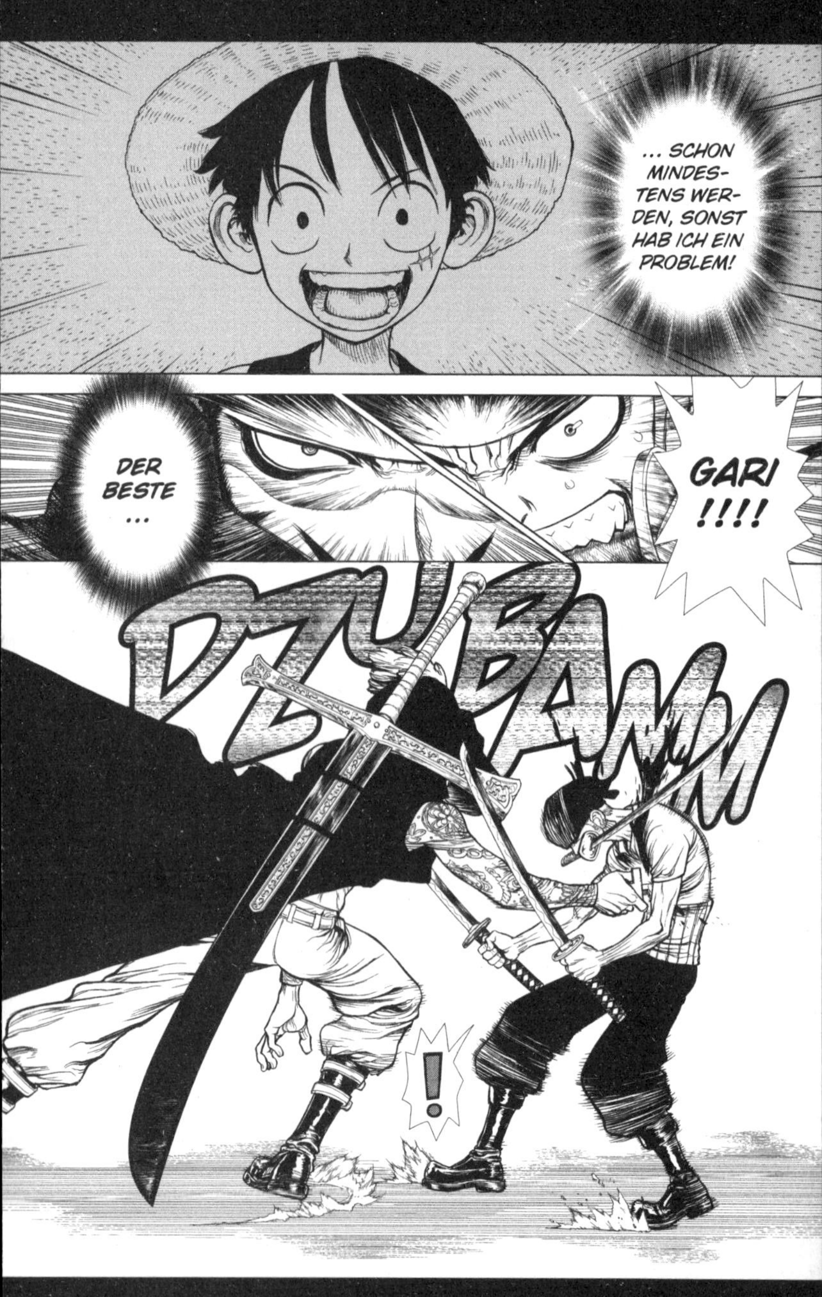
... SCHON MINDES-TENS WER-DEN, SONST HAB ICH EIN PROBLEM!
GARI !!!!
DER BESTE ...
DZUBAMM
!

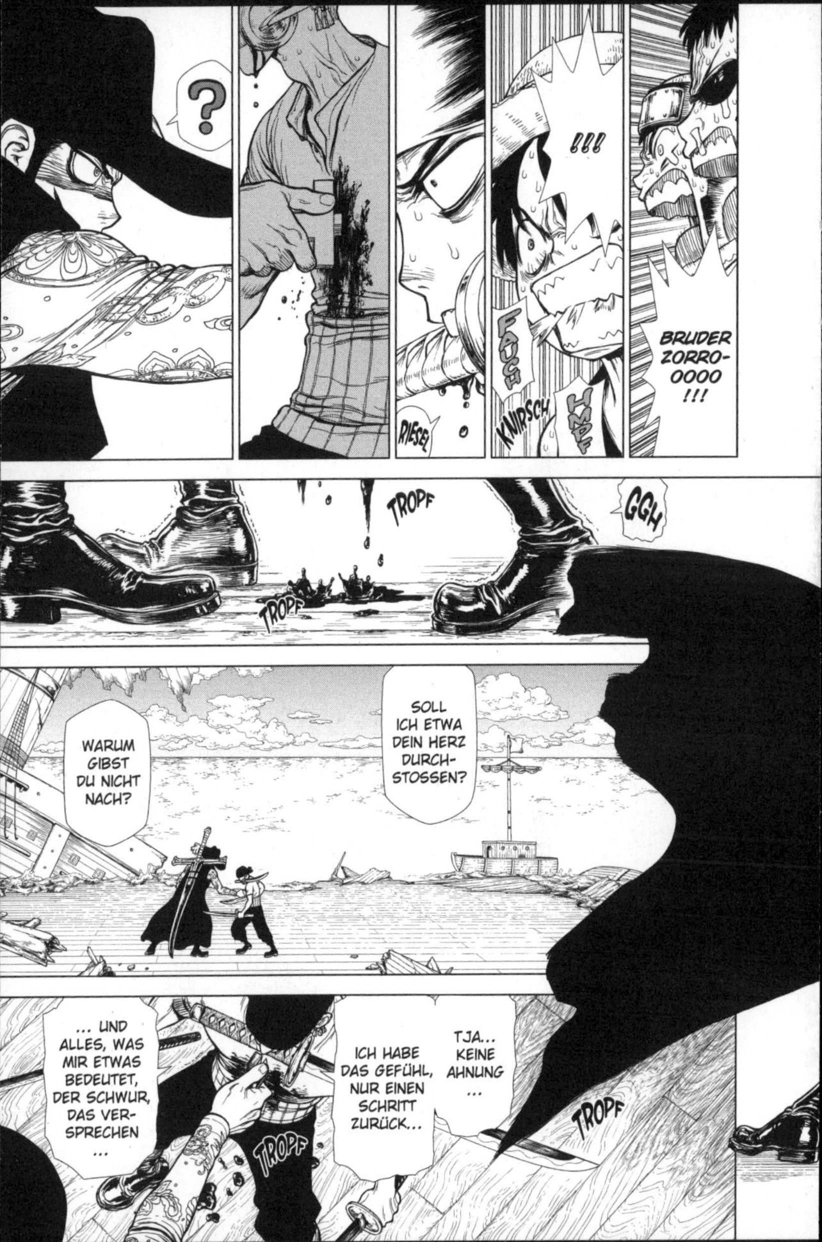
BRUDER ZORRO-OOOO !!!
HMPF
KNIRSCH
FAUCH
!!!
RIESEL
?
GGH
TROPF
TROPF
SOLL ICH ETWA DEIN HERZ DURCH-STOSSEN?
WARUM GIBST DU NICHT NACH?
TROPF
TJA... KEINE AHNUNG ...
ICH HABE DAS GEFÜHL, NUR EINEN SCHRITT ZURÜCK...
TROPF
... UND ALLES, WAS MIR ETWAS BEDEUTET, DER SCHWUR, DAS VER-SPRECHEN ...

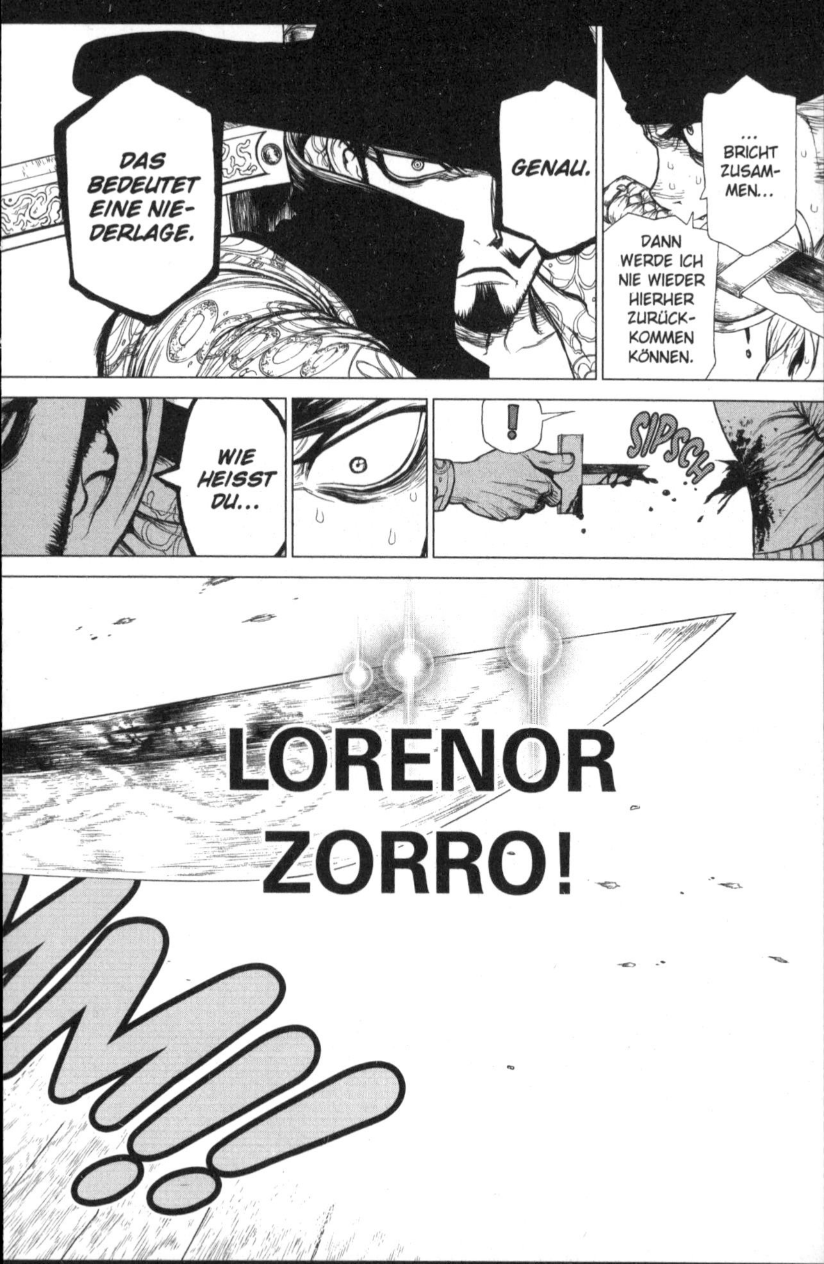
... BRICHT ZUSAMMEN...
DANN WERDE ICH NIE WIEDER HIERHER ZURÜCKKOMMEN KÖNNEN.
GENAU.
DAS BEDEUTET EINE NIEDERLAGE.
WIE HEISST DU...
!
SIPSCH
LORENOR ZORRO!

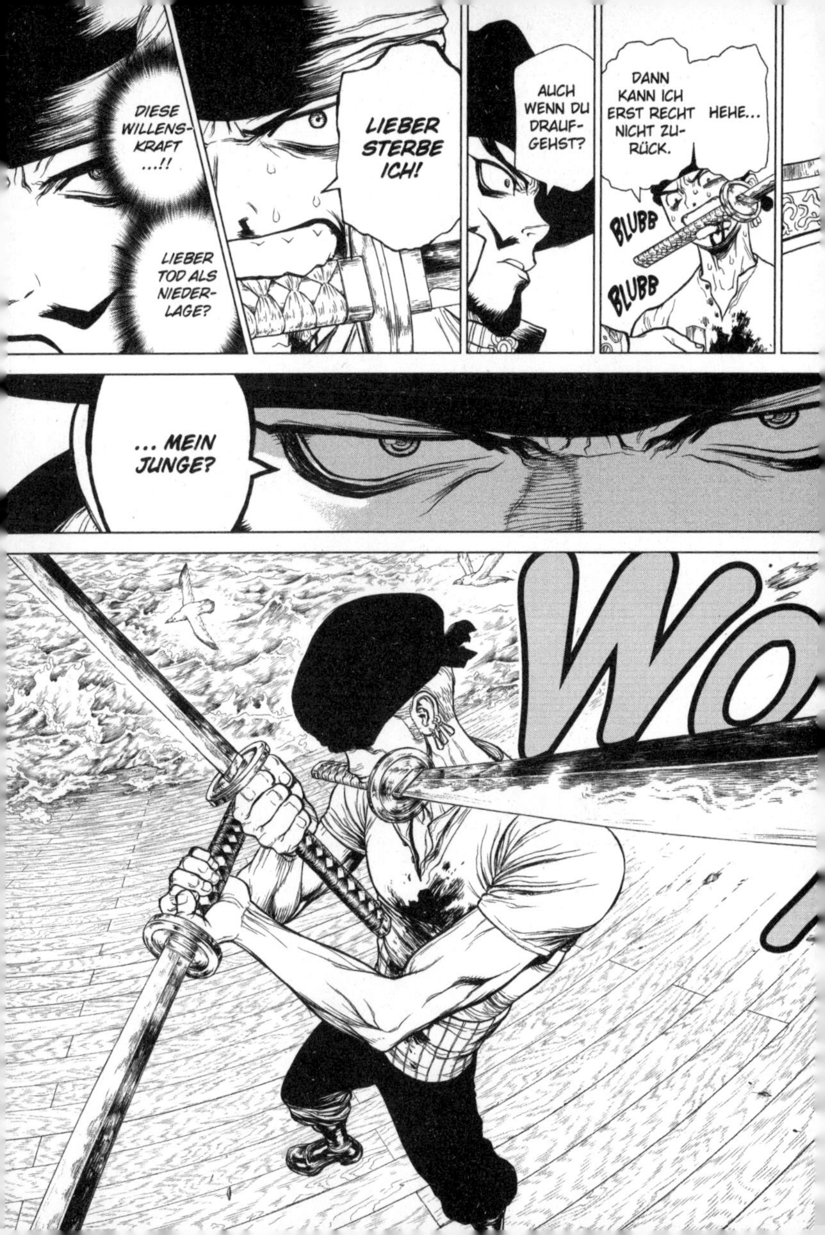
HEHE...
DANN KANN ICH ERST RECHT NICHT ZU-RÜCK.
BLUBB
BLUBB
AUCH WENN DU DRAUF-GEHST?
LIEBER STERBE ICH!
DIESE WILLENS-KRAFT ...!!
LIEBER TOD ALS NIEDER-LAGE?
... MEIN JUNGE?
WO

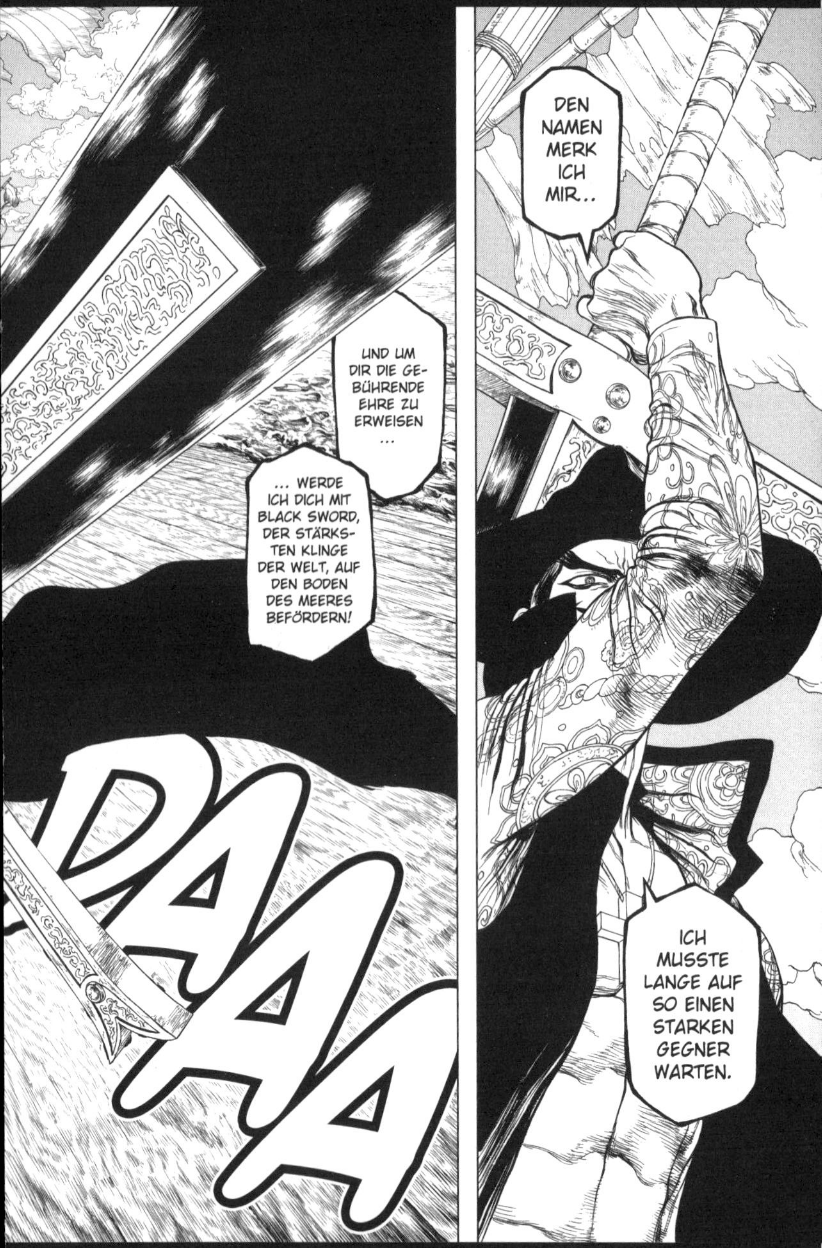
DEN NAMEN MERK ICH MIR...
ICH MUSSTE LANGE AUF SO EINEN STARKEN GEGNER WARTEN.
UND UM DIR DIE GEBÜHRENDE EHRE ZU ERWEISEN ...
... WERDE ICH DICH MIT BLACK SWORD, DER STÄRKSTEN KLINGE DER WELT, AUF DEN BODEN DES MEERES BEFÖRDERN!
DAAA

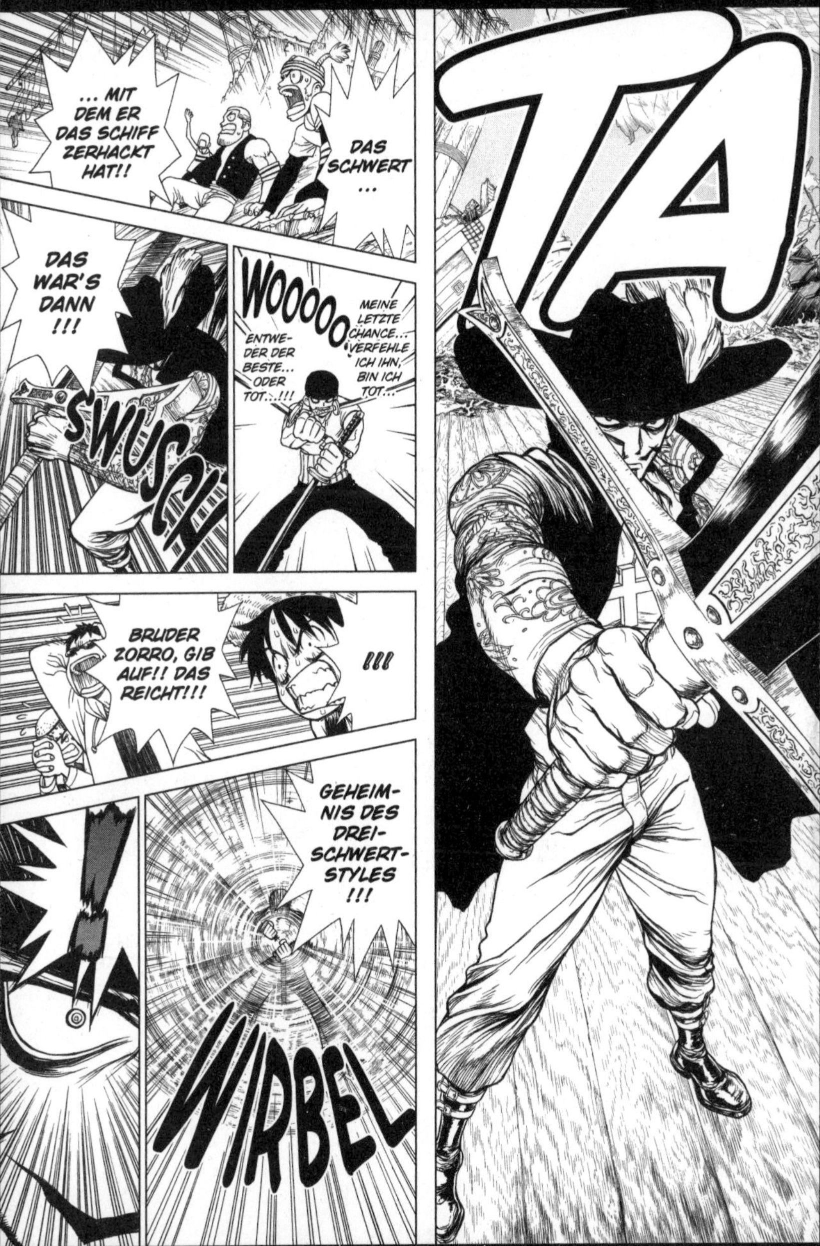
TA
DAS SCHWERT ...
... MIT DEM ER DAS SCHIFF ZERHACKT HAT!!
MEINE LETZTE CHANCE... VERFEHLE ICH IHN, BIN ICH TOT...
ENTWEDER DER BESTE... ODER TOT...!!!
WOOOOO
DAS WAR'S DANN !!!
SWUSCH
!!!
BRUDER ZORRO, GIB AUF!! DAS REICHT!!!
GEHEIMNIS DES DREISCHWERTSTYLES !!!
WIRBEL

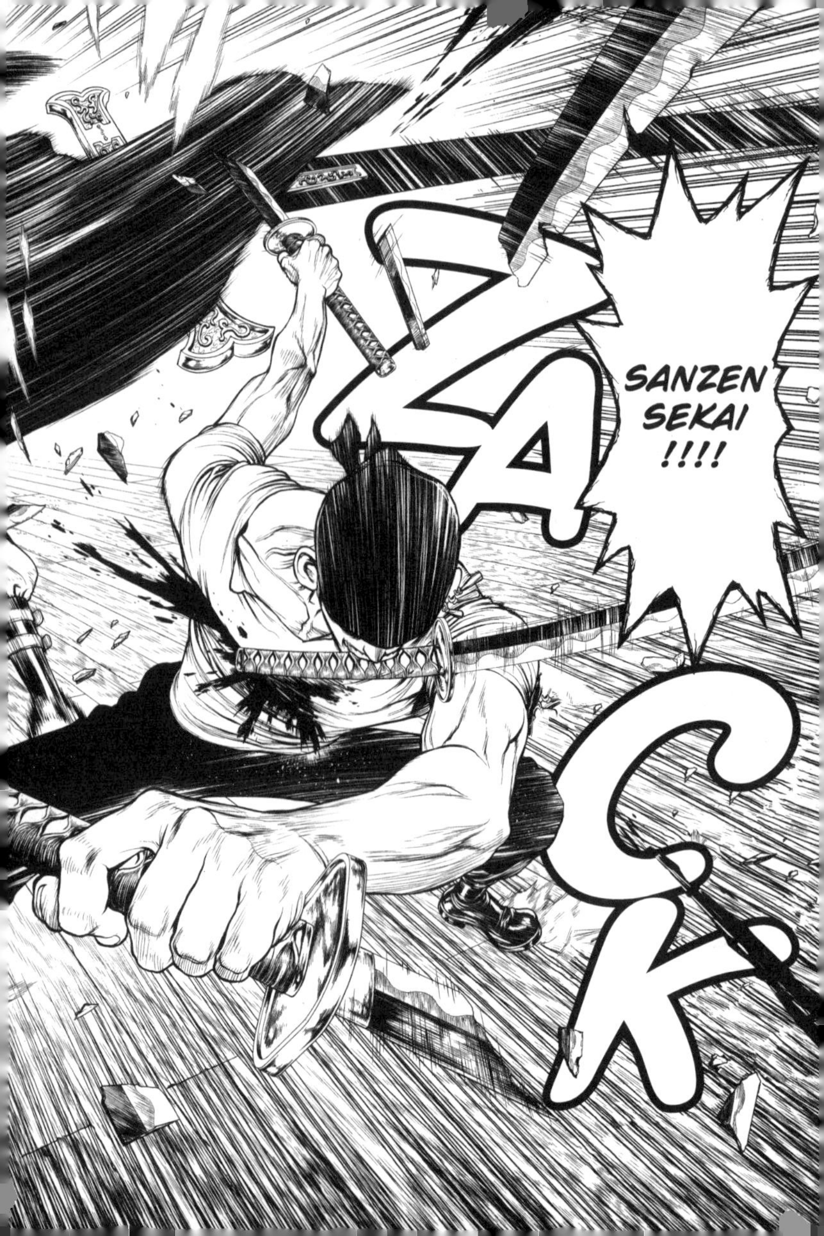
SANZEN SEKAI !!!!
ZACK

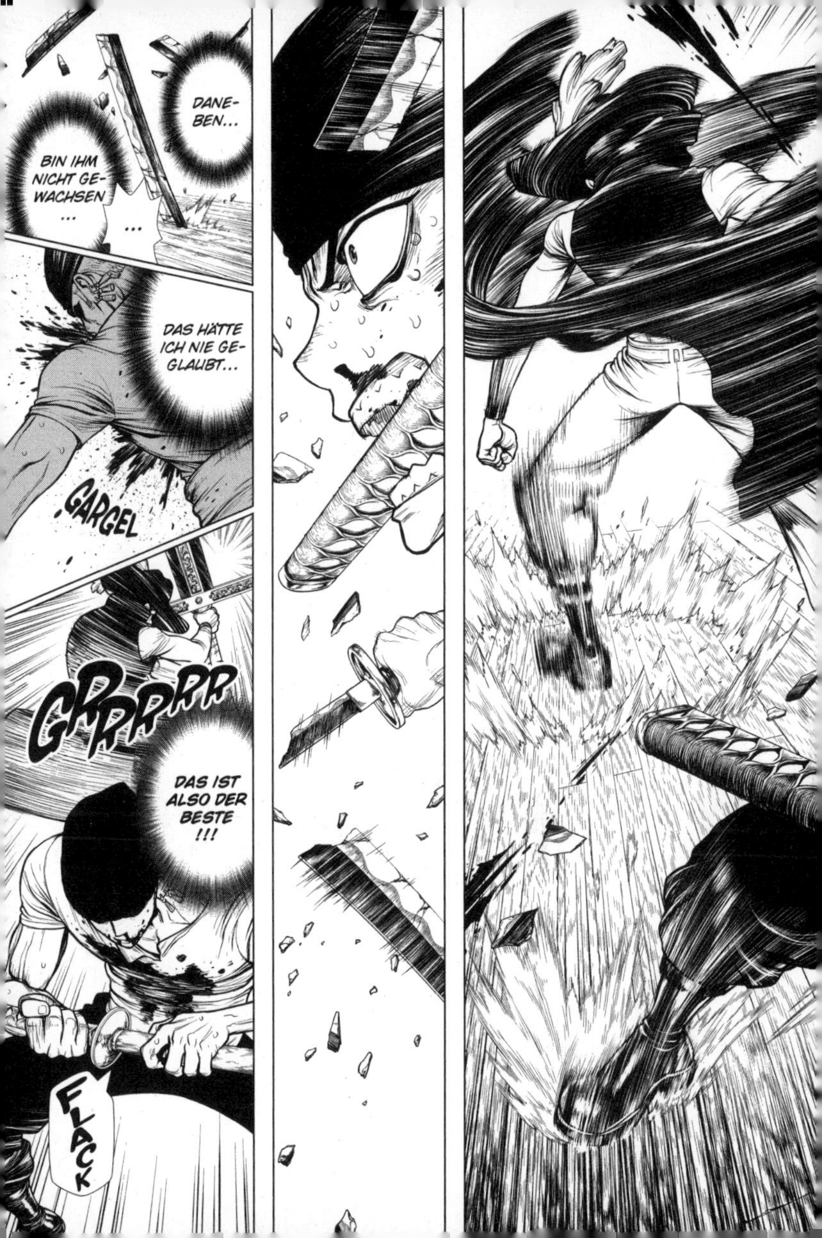
DANE-BEN…
BIN IHM NICHT GE-WACHSEN …
…
DAS HÄTTE ICH NIE GE-GLAUBT…
GARGEL
GRRRRR
DAS IST ALSO DER BESTE !!!
FLACK

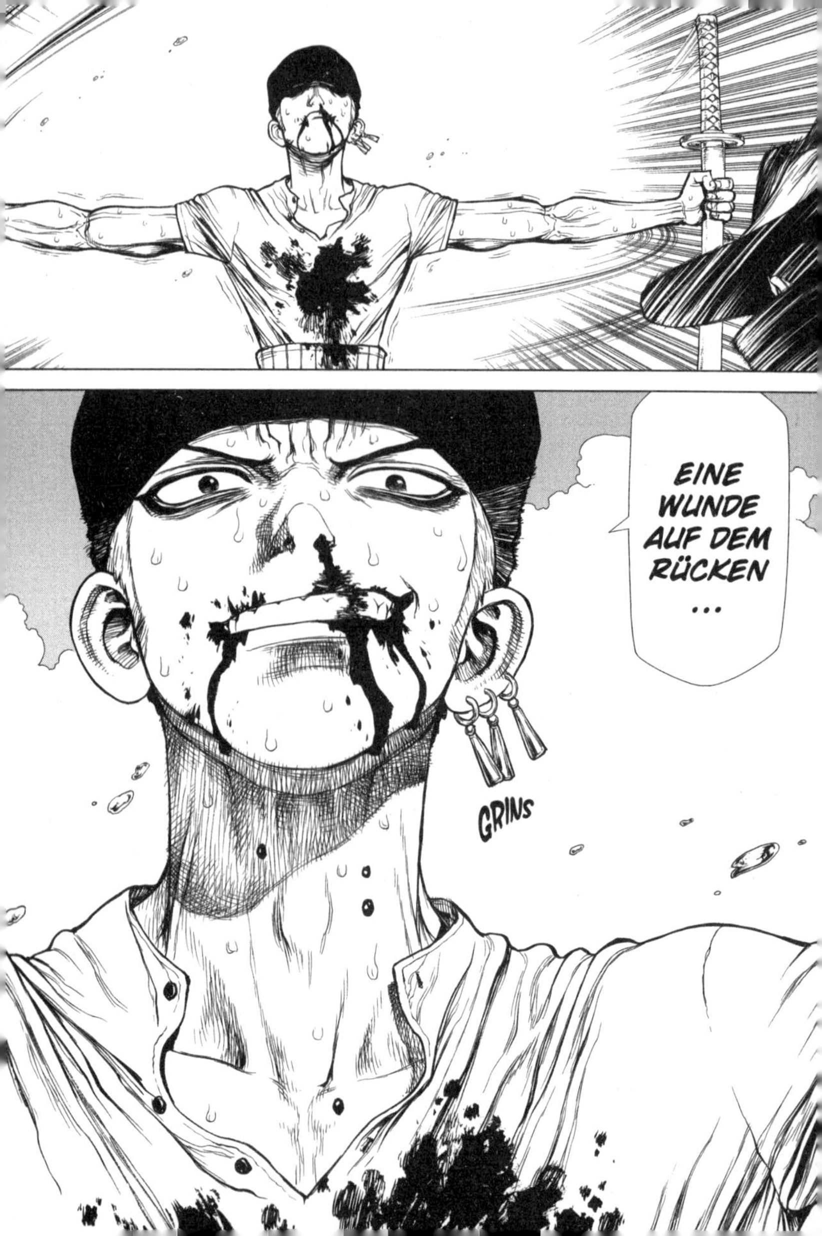
EINE WUNDE AUF DEM RÜCKEN ...
GRINS

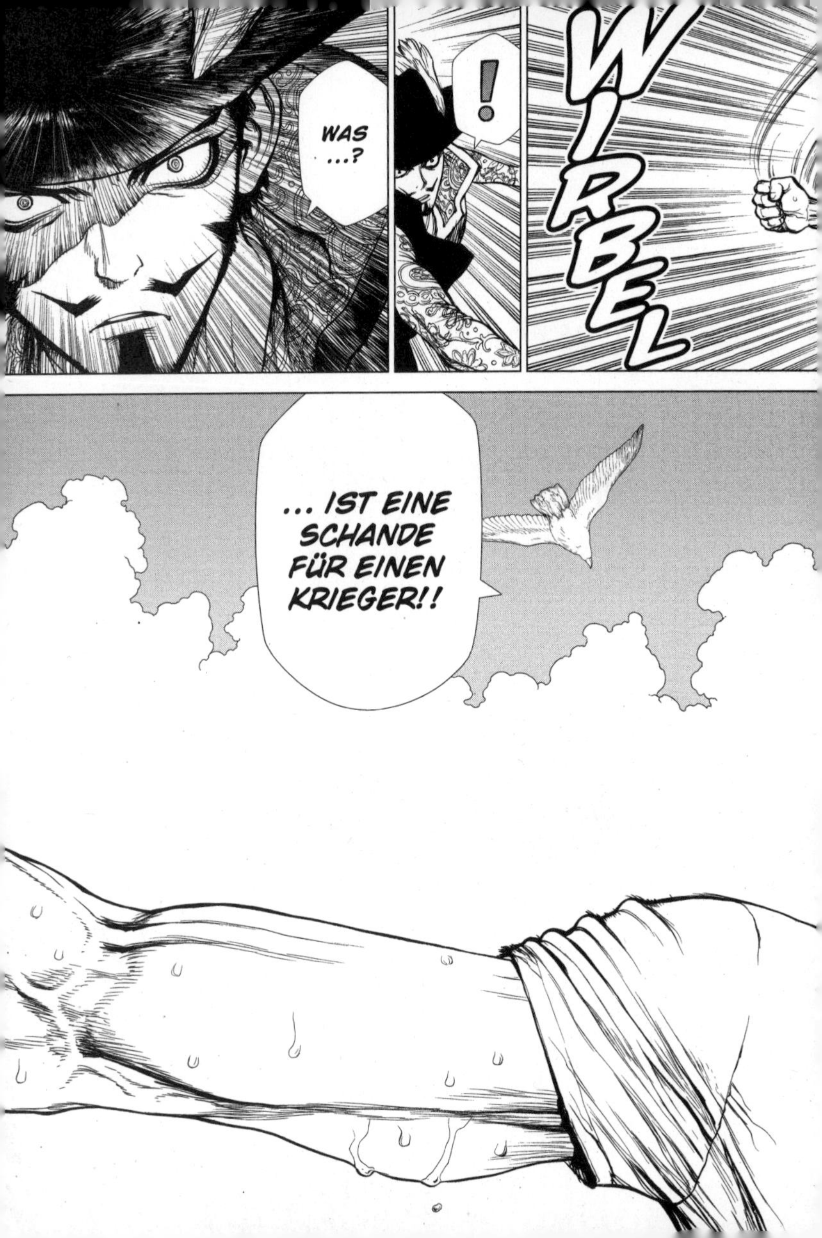
WIRBEL
!
WAS ...?
... IST EINE SCHANDE FÜR EINEN KRIEGER!!

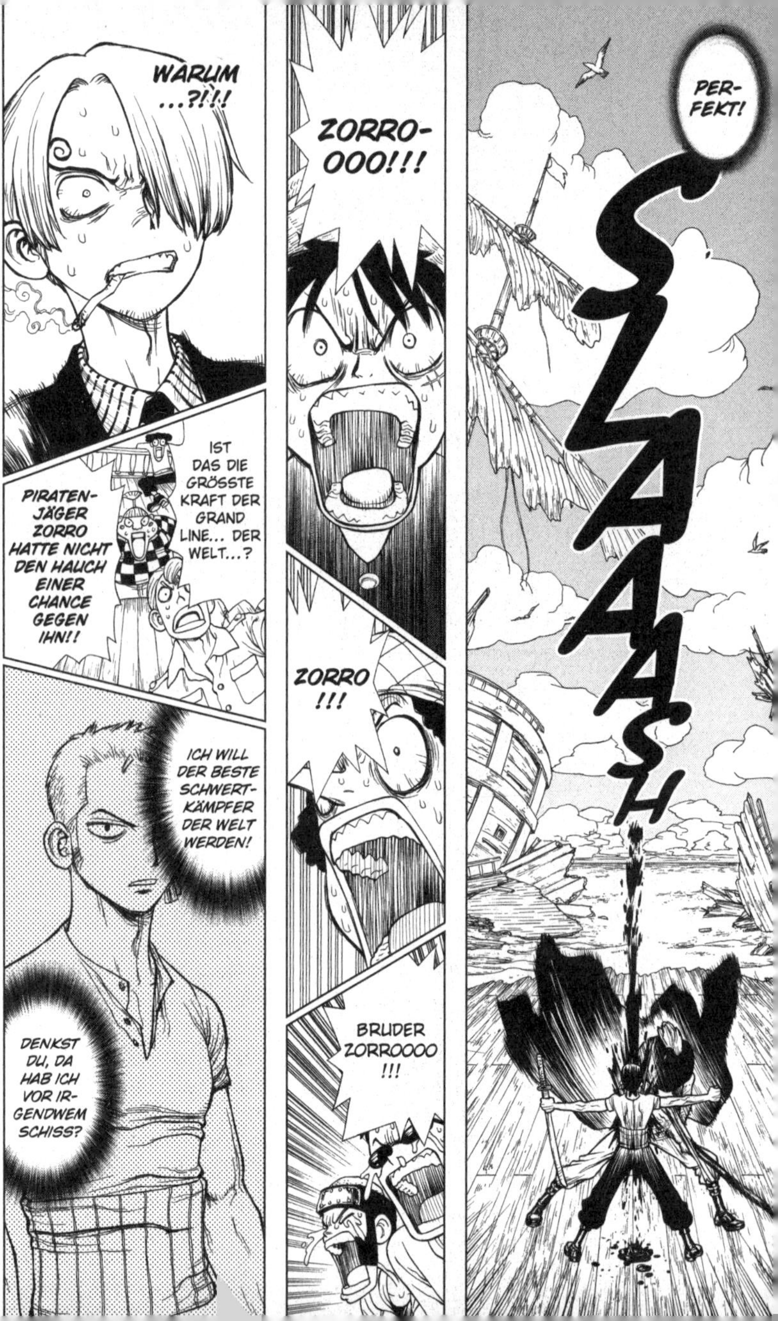
PER-
FEKT!
SLAAASH
ZORRO-
OOO!!!
ZORRO
!!!
BRUDER
ZORROOOO
!!!
WARUM
...?!!!
IST
DAS DIE
GRÖSSTE
KRAFT DER
GRAND
LINE... DER
WELT...?
PIRATEN-
JÄGER
ZORRO
HATTE NICHT
DEN HAUCH
EINER
CHANCE
GEGEN
IHN!!
ICH WILL
DER BESTE
SCHWERT-
KÄMPFER
DER WELT
WERDEN!
DENKST
DU, DA
HAB ICH
VOR IR-
GENDWEM
SCHISS?

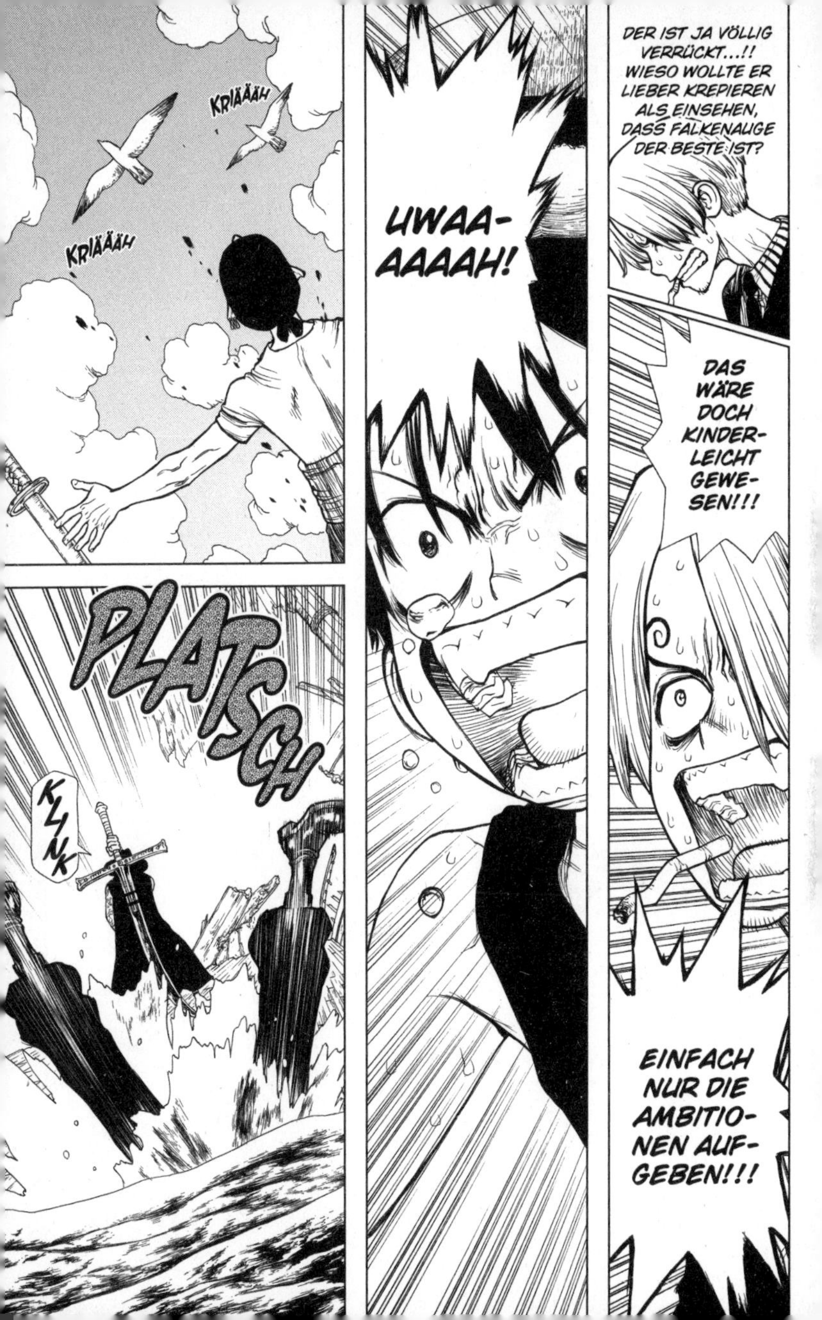
DER IST JA VÖLLIG VERRÜCKT...!! WIESO WOLLTE ER LIEBER KREPIEREN ALS EINSEHEN, DASS FALKENAUGE DER BESTE IST?
DAS WÄRE DOCH KINDER-LEICHT GEWE-SEN!!!
EINFACH NUR DIE AMBITIO-NEN AUF-GEBEN!!!
UWAA-AAAAH!
KRIÄÄÄH
KRIÄÄÄH
PLATSCH
KLINK

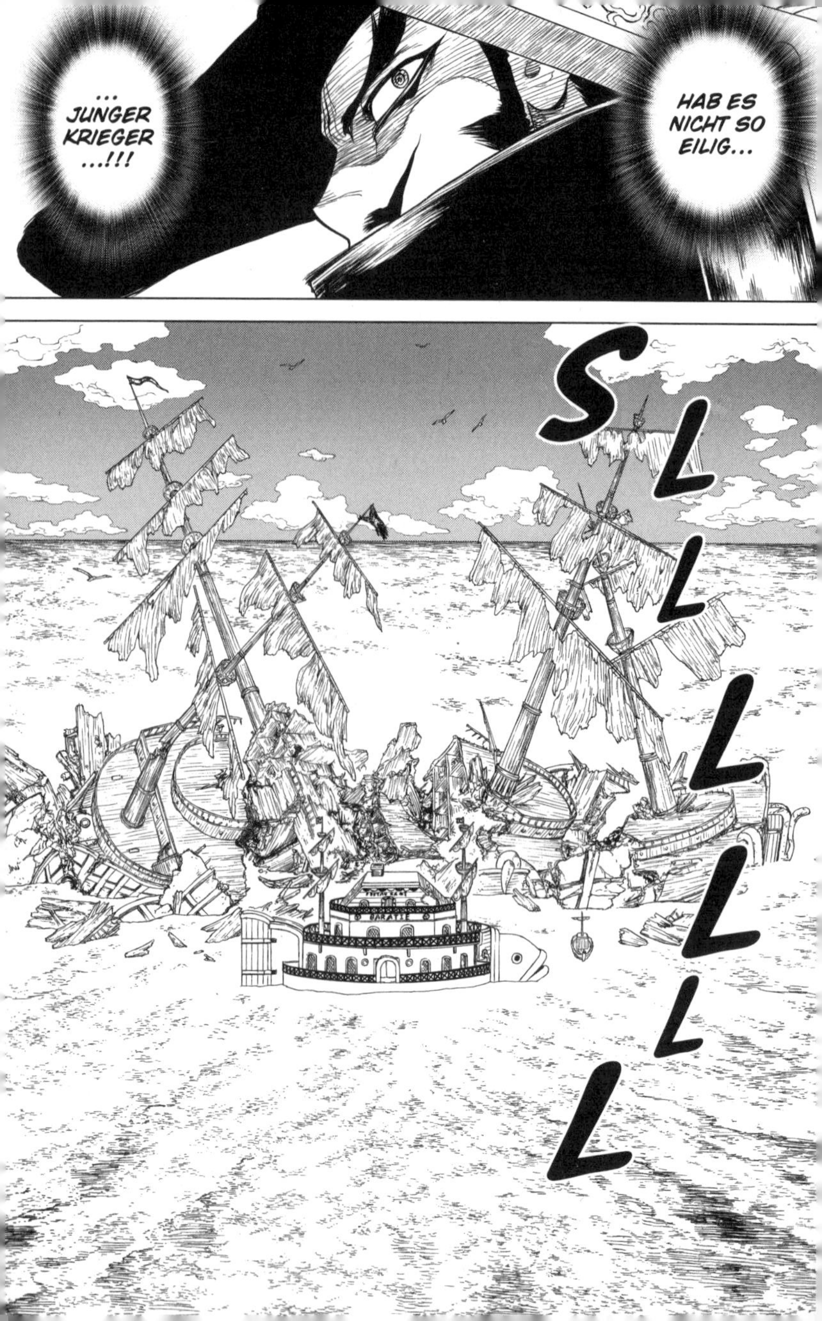
HAB ES NICHT SO EILIG…
…JUNGER KRIEGER …!!!
SLLLLLL

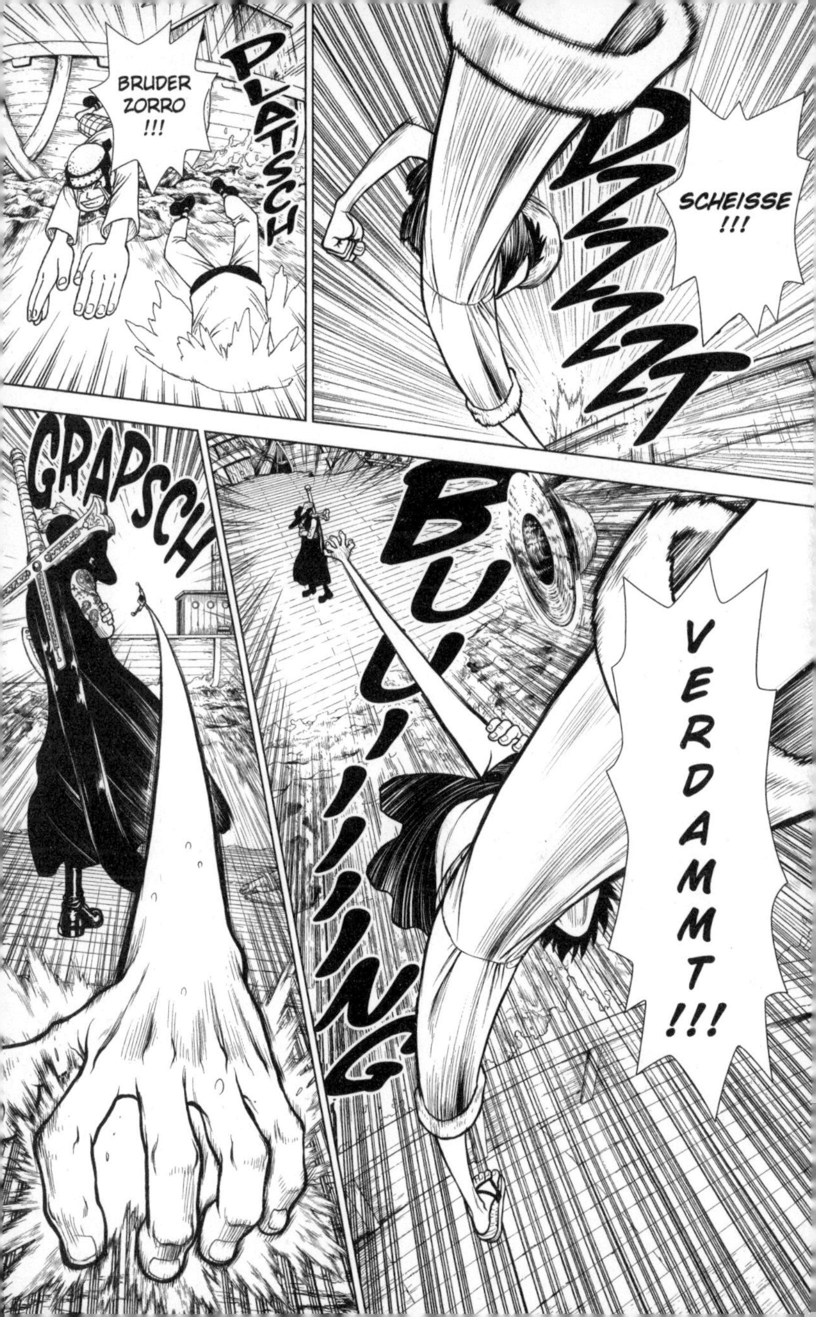
DSZZZT
SCHEISSE !!!
BRUDER ZORRO !!!
PLATSCH
VERDAMMT!!!
BUUIIIIING
GRAPSCH

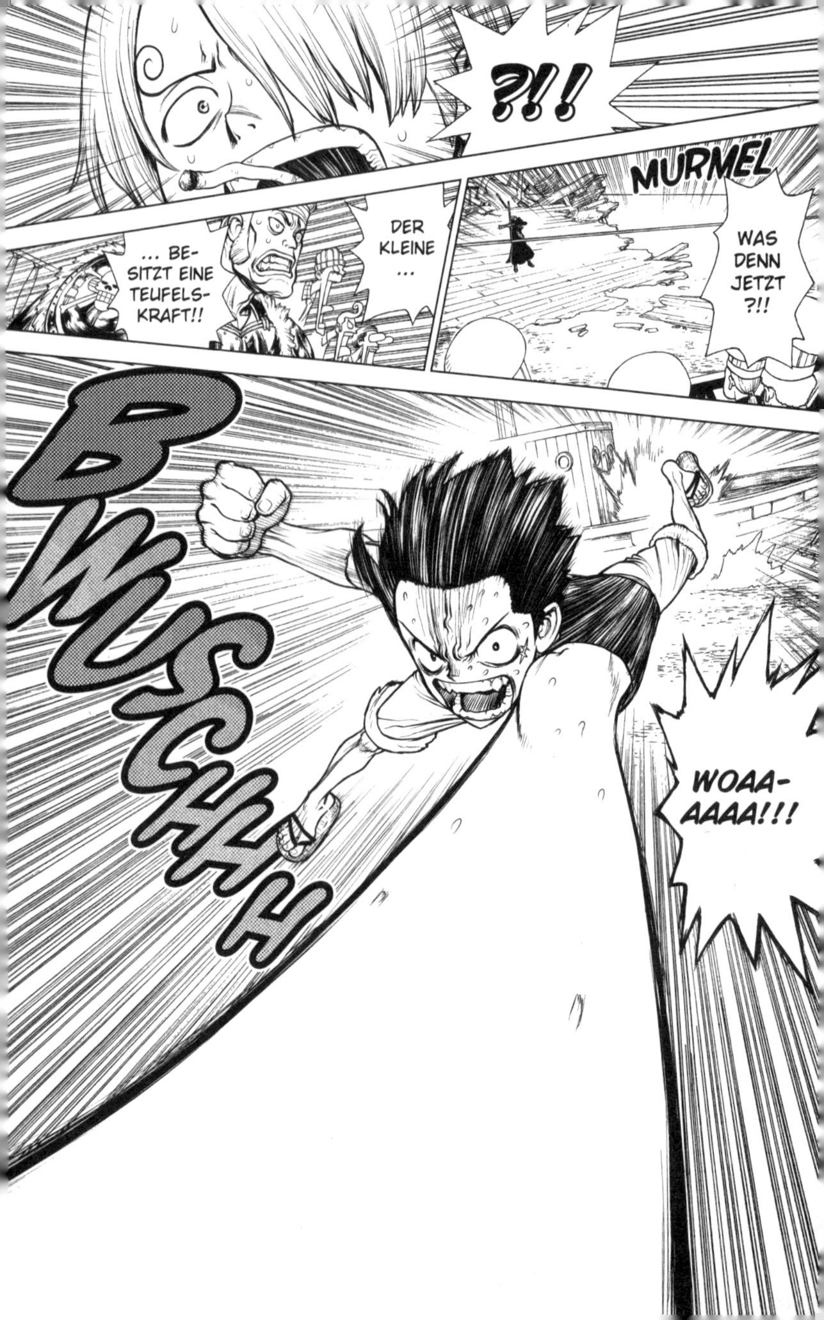
?!!
MURMEL
WAS DENN JETZT ?!!
DER KLEINE ...
... BESITZT EINE TEUFELSKRAFT!!
BWUSCHHH
WOAA-AAAA!!!

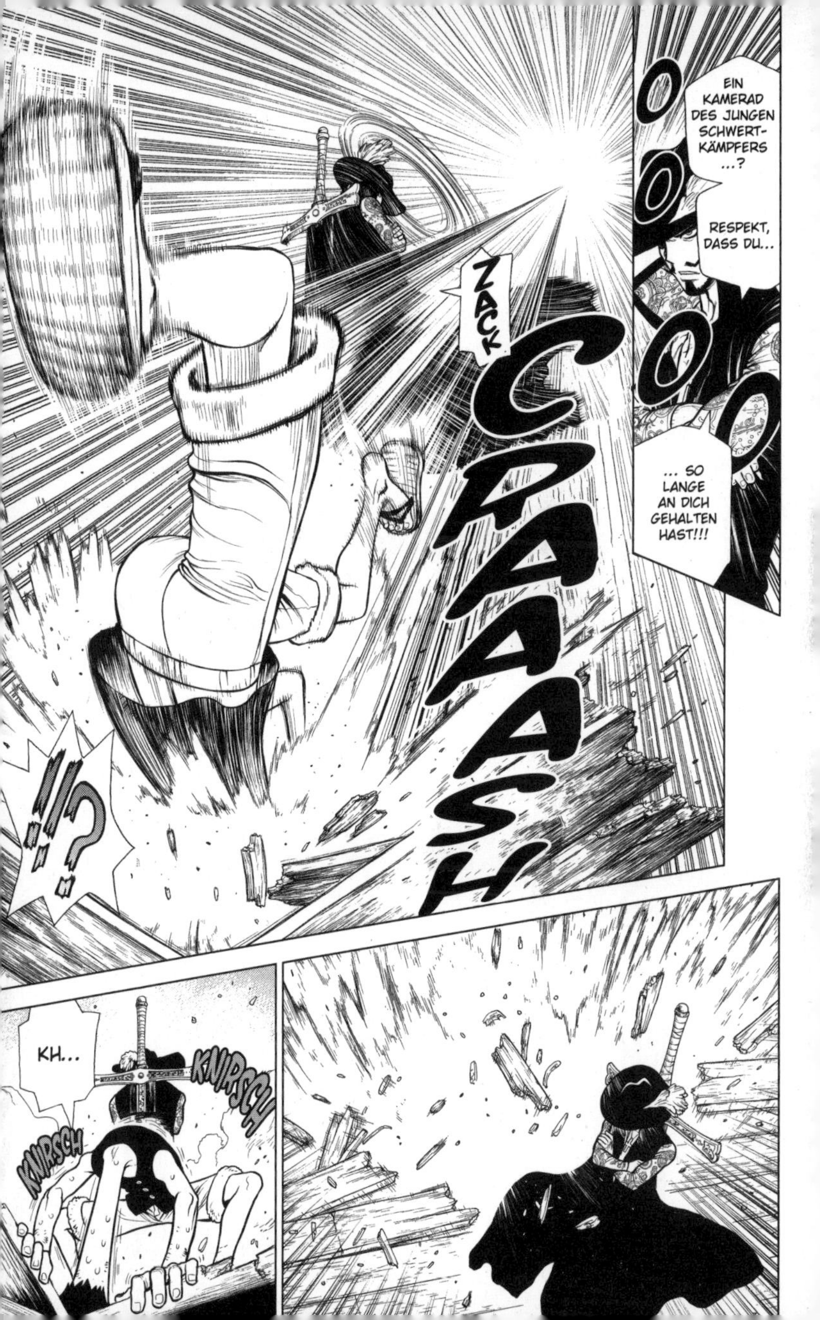

EIN KAMERAD DES JUNGEN SCHWERT-KÄMPFERS …?
RESPEKT, DASS DU…
… SO LANGE AN DICH GEHALTEN HAST!!!
ZACK
CRAAAASH
!!?
KNIRSCH
KNIRSCH
KH…

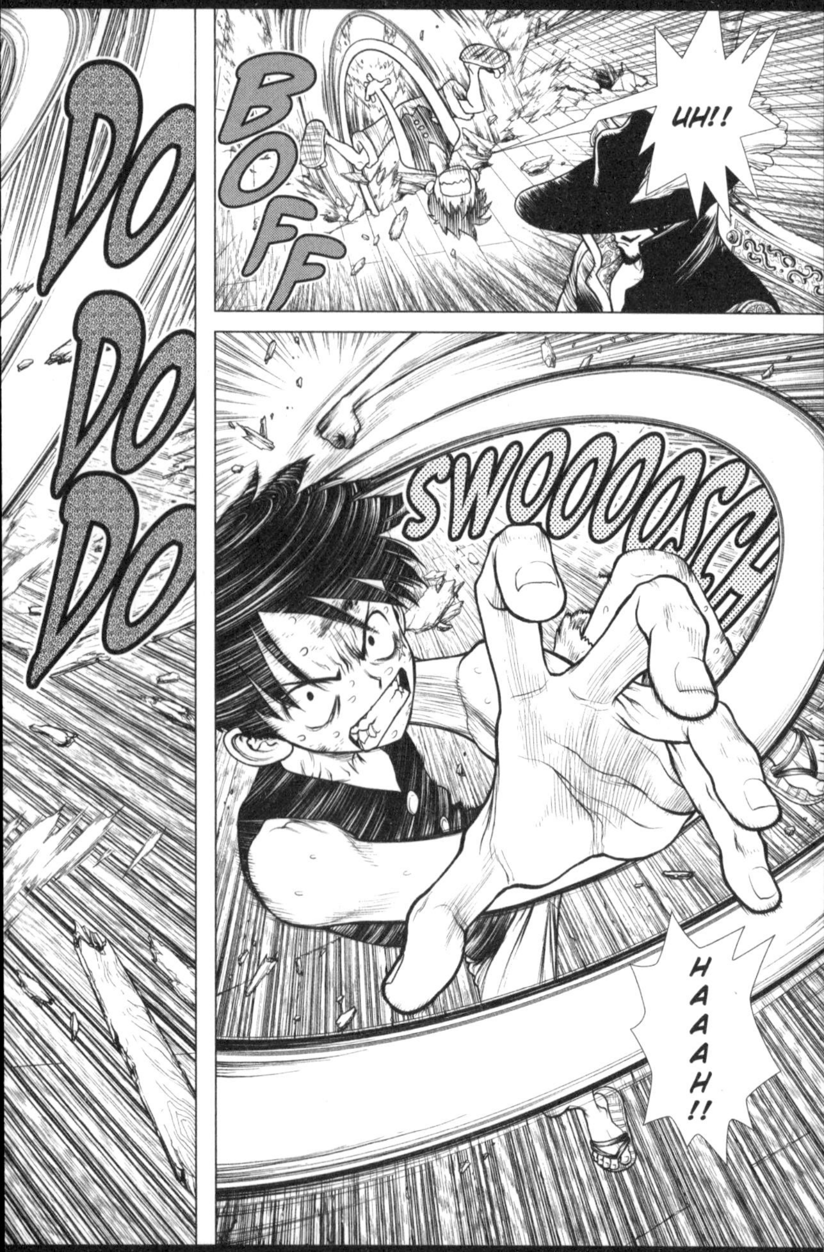

BOFF
UH!!
DO DO DO
SWOOOOSCH
HAAAAH!!

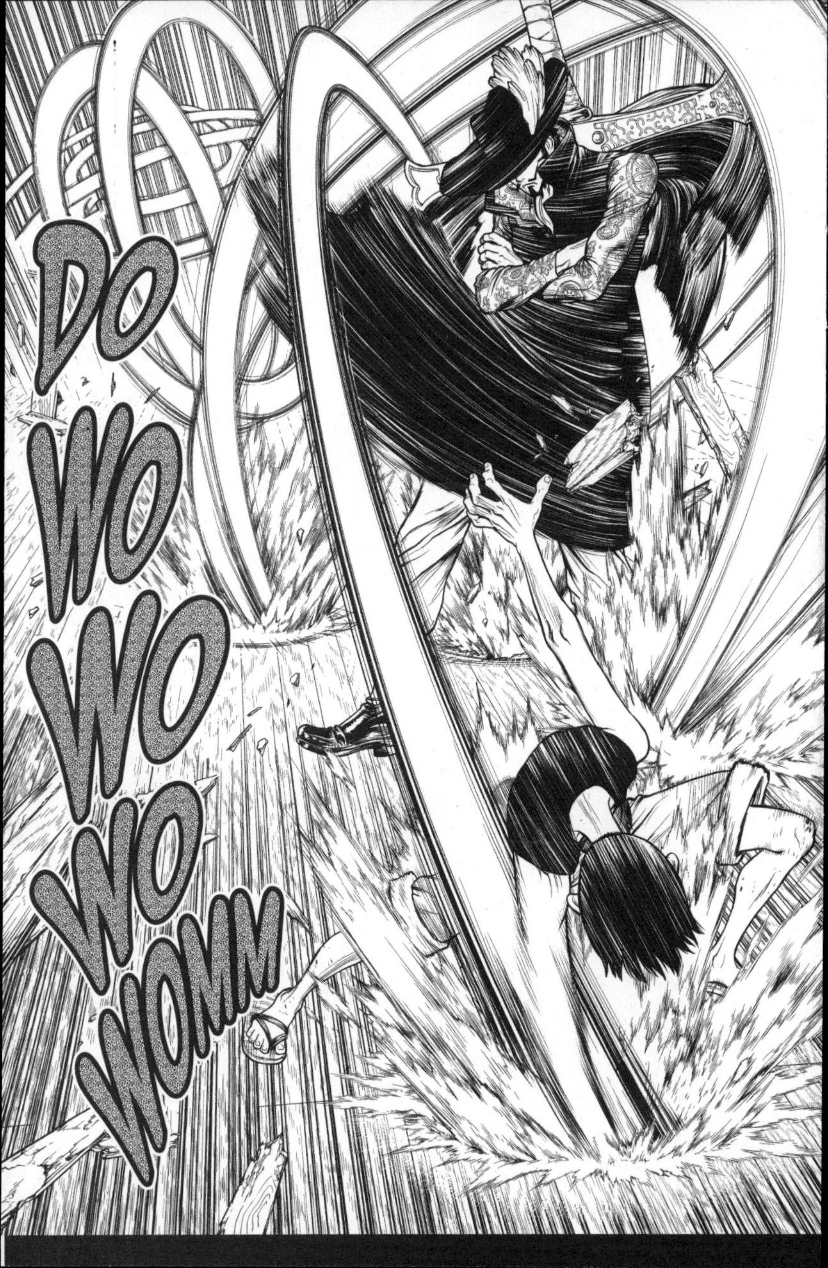
DO WO WO WO WOMM

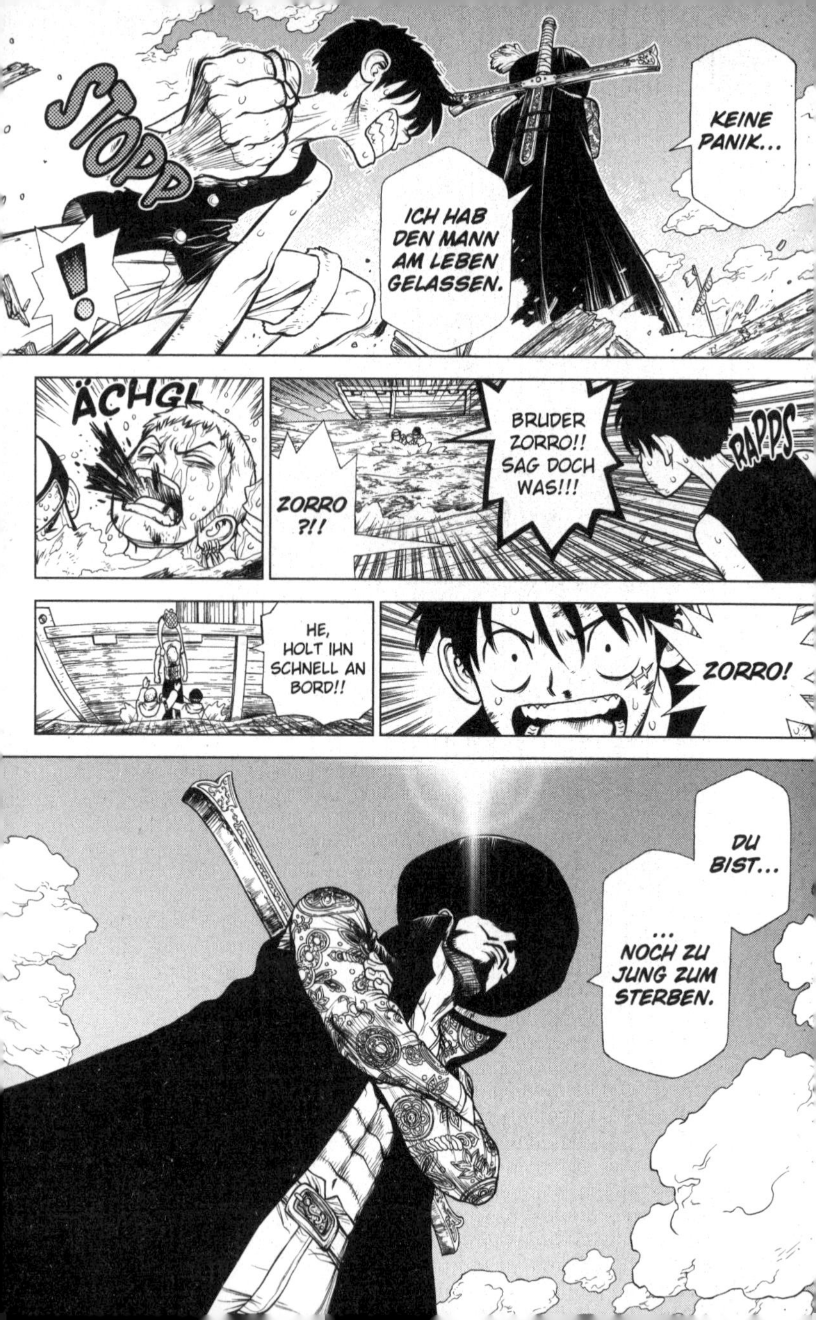
KEINE PANIK...
ICH HAB DEN MANN AM LEBEN GELASSEN.
STOPP
!
RAPPS
BRUDER ZORRO!! SAG DOCH WAS!!!
ZORRO ?!!
ÄCHGL
ZORRO!
HE, HOLT IHN SCHNELL AN BORD!!
DU BIST...
... NOCH ZU JUNG ZUM STERBEN.

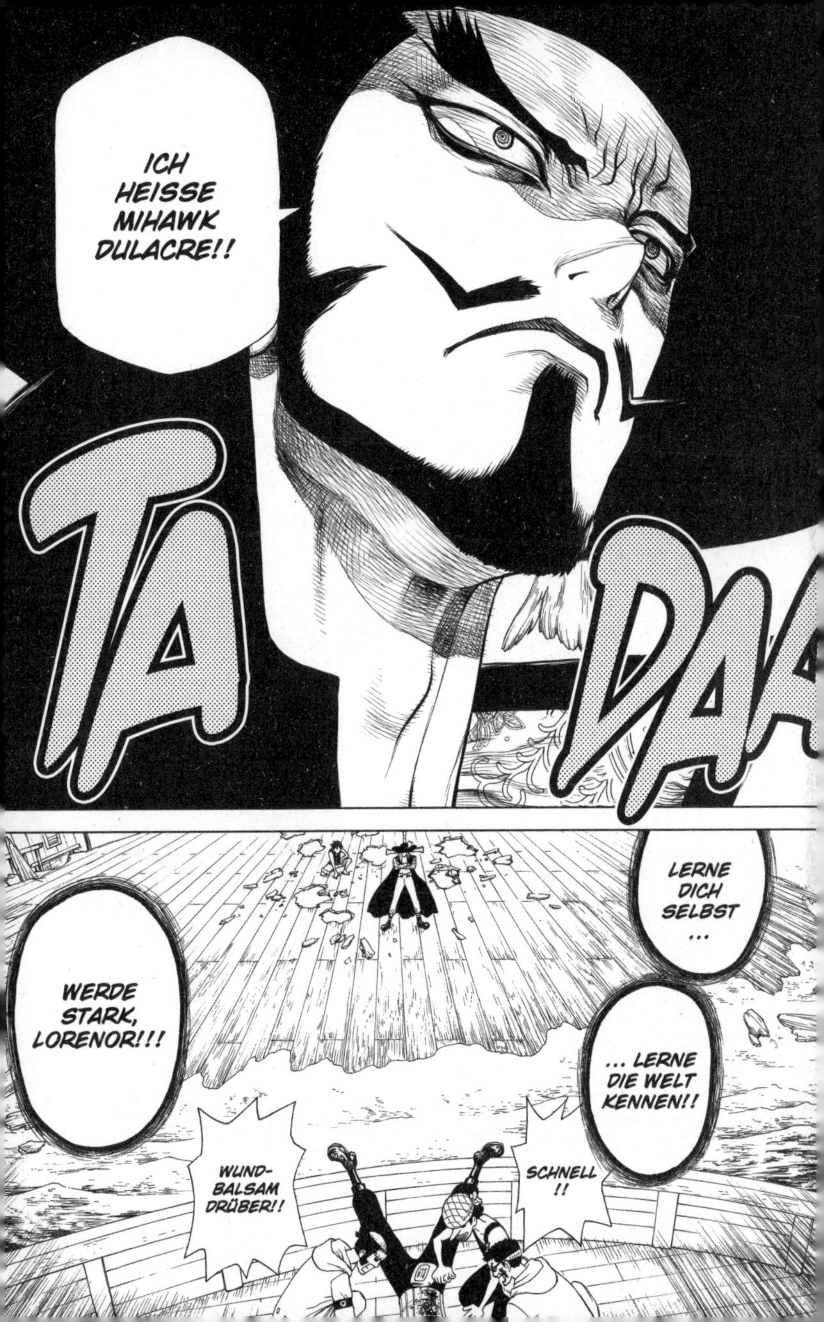
ICH HEISSE MIHAWK DULACRE!!
TA
DAA
LERNE DICH SELBST ...
... LERNE DIE WELT KENNEN!!
WERDE STARK, LORENOR!!!
SCHNELL !!
WUND-BALSAM DRÜBER!!

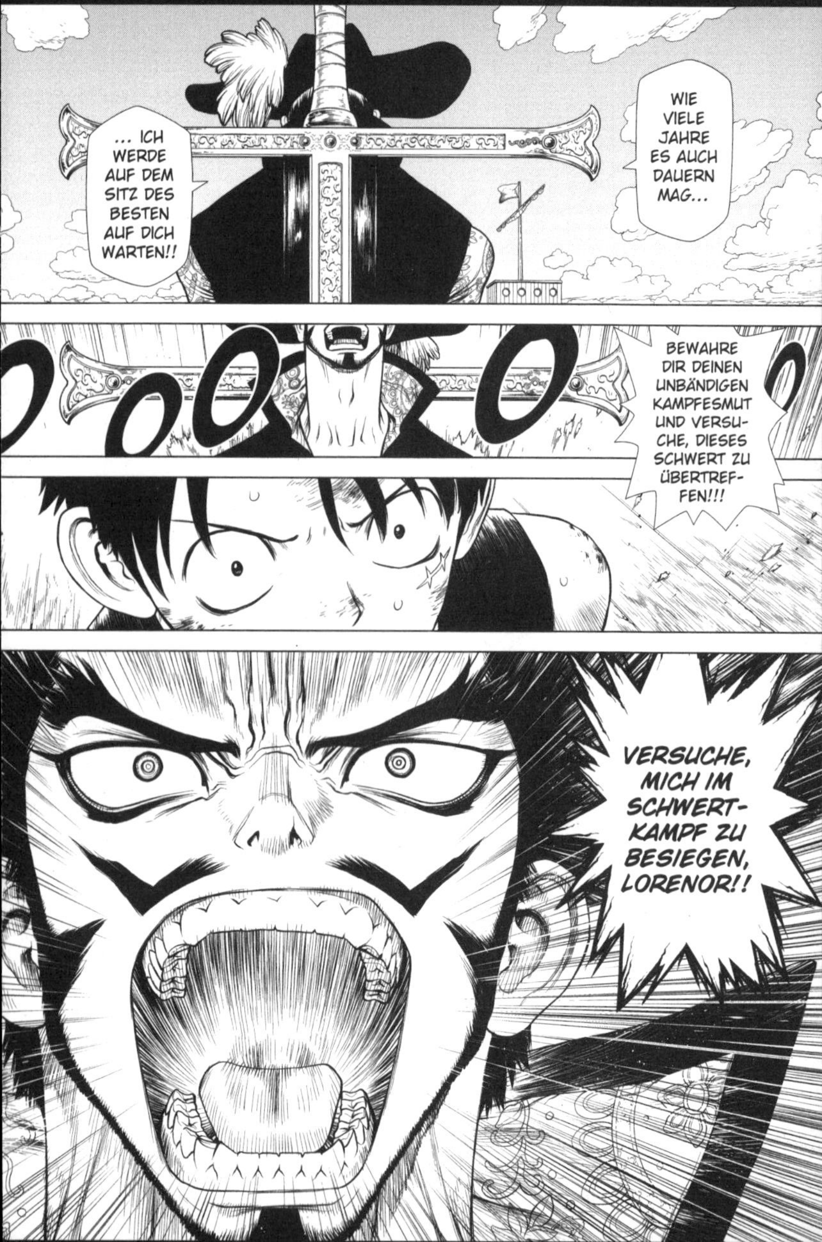
WIE VIELE JAHRE ES AUCH DAUERN MAG...
... ICH WERDE AUF DEM SITZ DES BESTEN AUF DICH WARTEN!!
BEWAHRE DIR DEINEN UNBÄNDIGEN KAMPFESMUT UND VERSU-CHE, DIESES SCHWERT ZU ÜBERTREF-FEN!!!
VERSUCHE, MICH IM SCHWERT-KAMPF ZU BESIEGEN, LORENOR!!

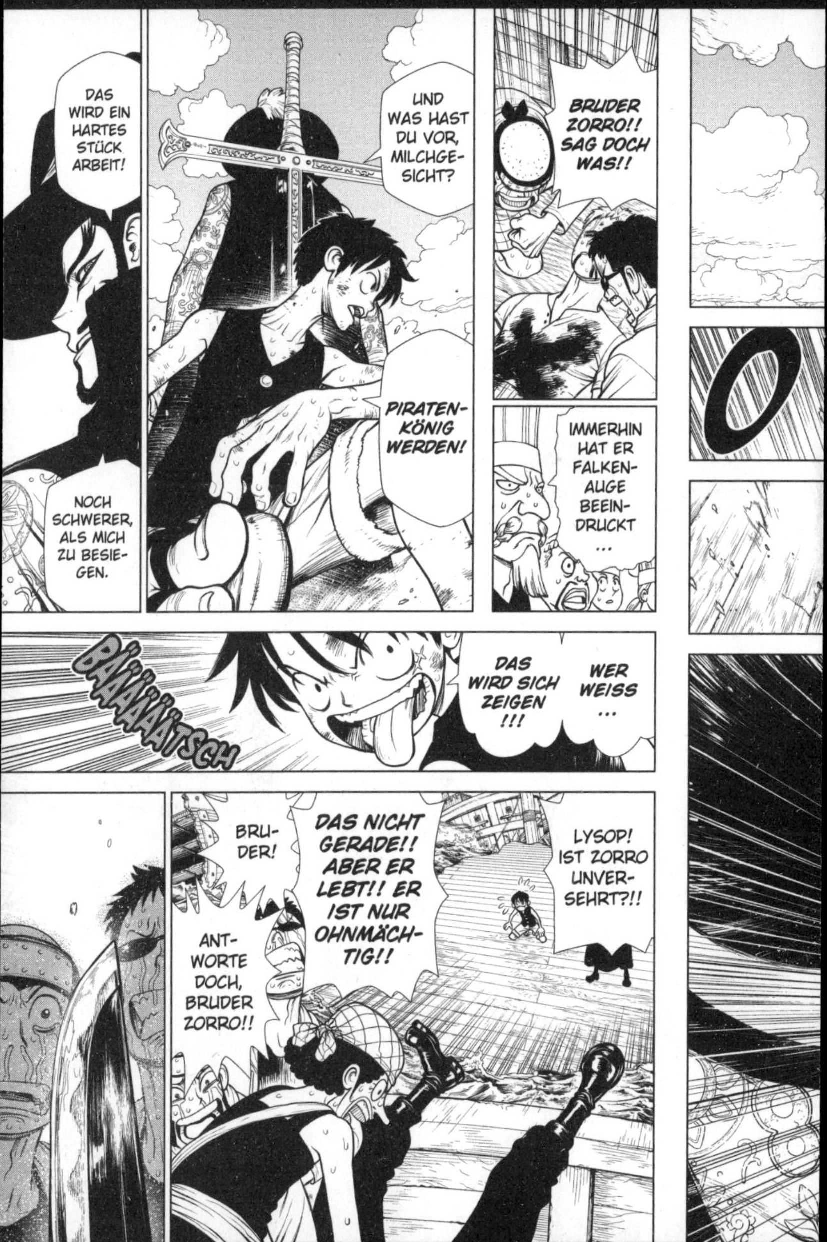
BRUDER ZORRO!! SAG DOCH WAS!!
IMMERHIN HAT ER FALKENAUGE BEEINDRUCKT ...
UND WAS HAST DU VOR, MILCHGESICHT?
PIRATENKÖNIG WERDEN!
DAS WIRD EIN HARTES STÜCK ARBEIT!
NOCH SCHWERER, ALS MICH ZU BESIEGEN.
WER WEISS ...
DAS WIRD SICH ZEIGEN !!!
BÄÄÄÄÄTSCH
LYSOP! IST ZORRO UNVERSEHRT?!!
DAS NICHT GERADE!! ABER ER LEBT!! ER IST NUR OHNMÄCHTIG!!
BRUDER!
ANTWORTE DOCH, BRUDER ZORRO!!

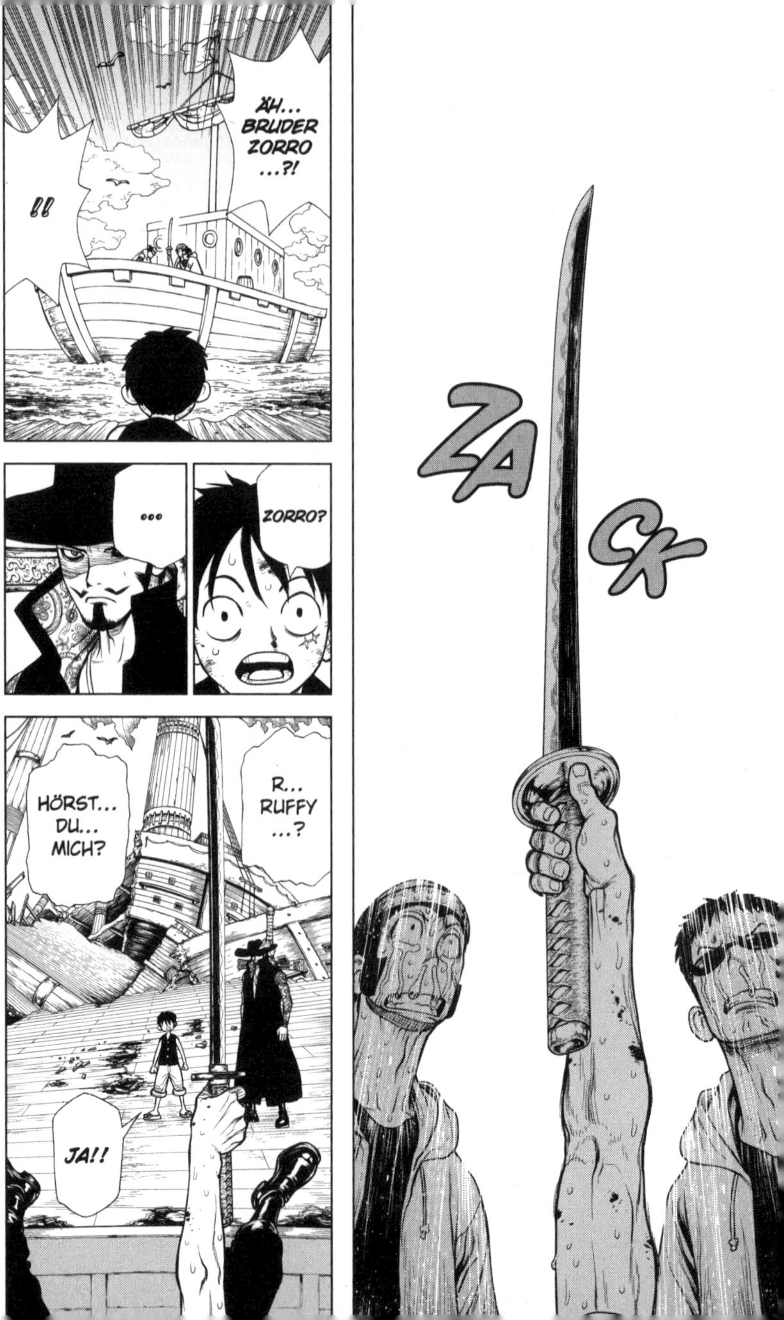
!!
ÄH... BRUDER ZORRO ...?!
ZORRO?
...
R... RUFFY ...?
HÖRST... DU... MICH?
JA!!
ZACK

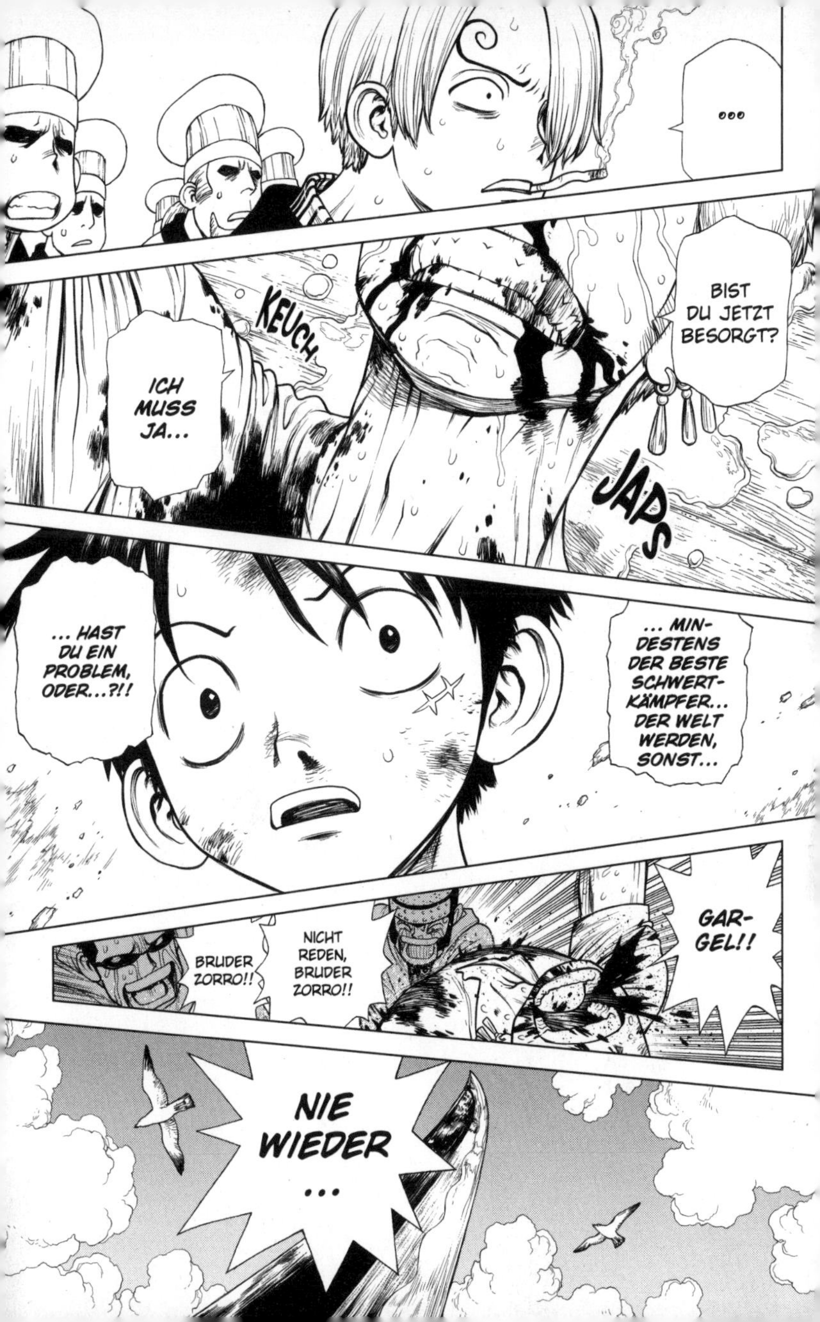
...
BIST DU JETZT BESORGT?
KEUCH
ICH MUSS JA...
JAPS
... MINDESTENS DER BESTE SCHWERTKÄMPFER... DER WELT WERDEN, SONST...
... HAST DU EIN PROBLEM, ODER...?!!
GARGEL!!
NICHT REDEN, BRUDER ZORRO!!
BRUDER ZORRO!!
NIE WIEDER ...

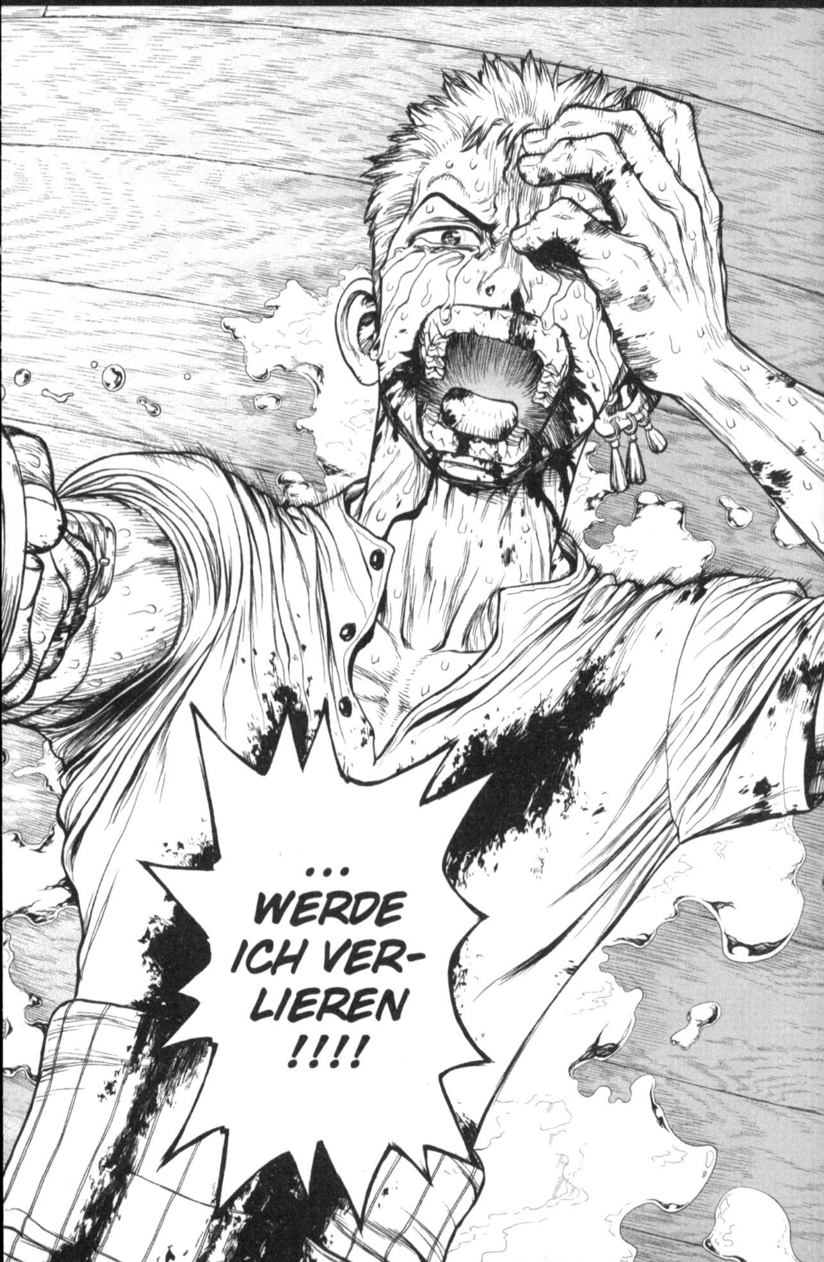
... WERDE ICH VERLIEREN !!!!

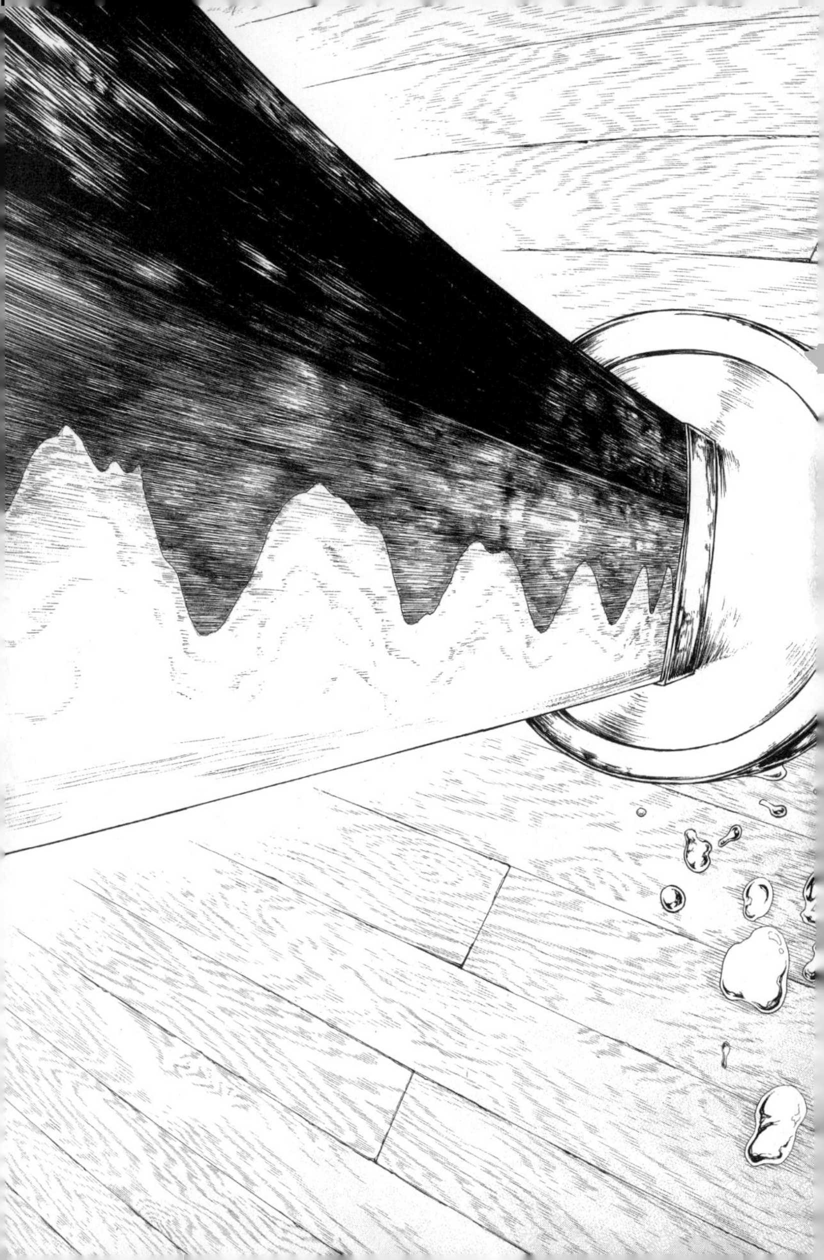

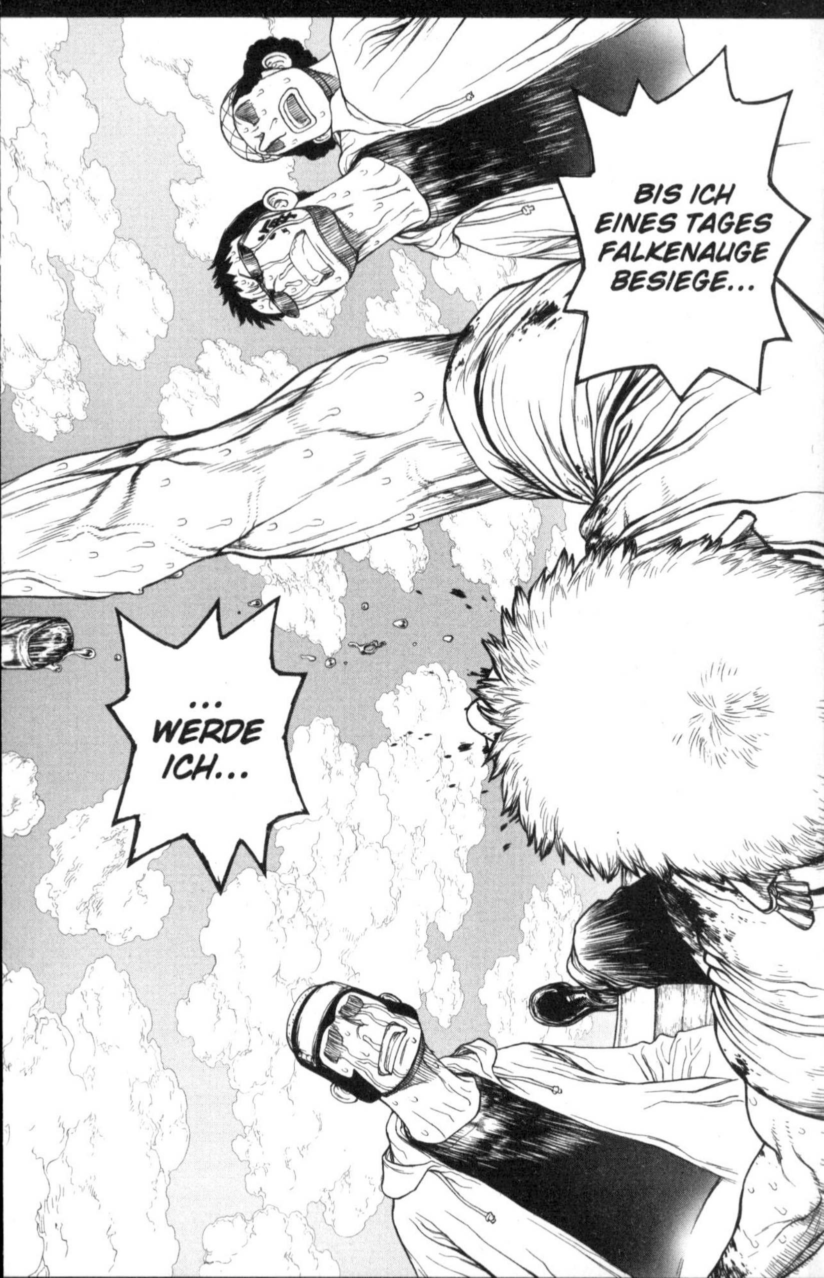
BIS ICH EINES TAGES FALKENAUGE BESIEGE...
... WERDE ICH...

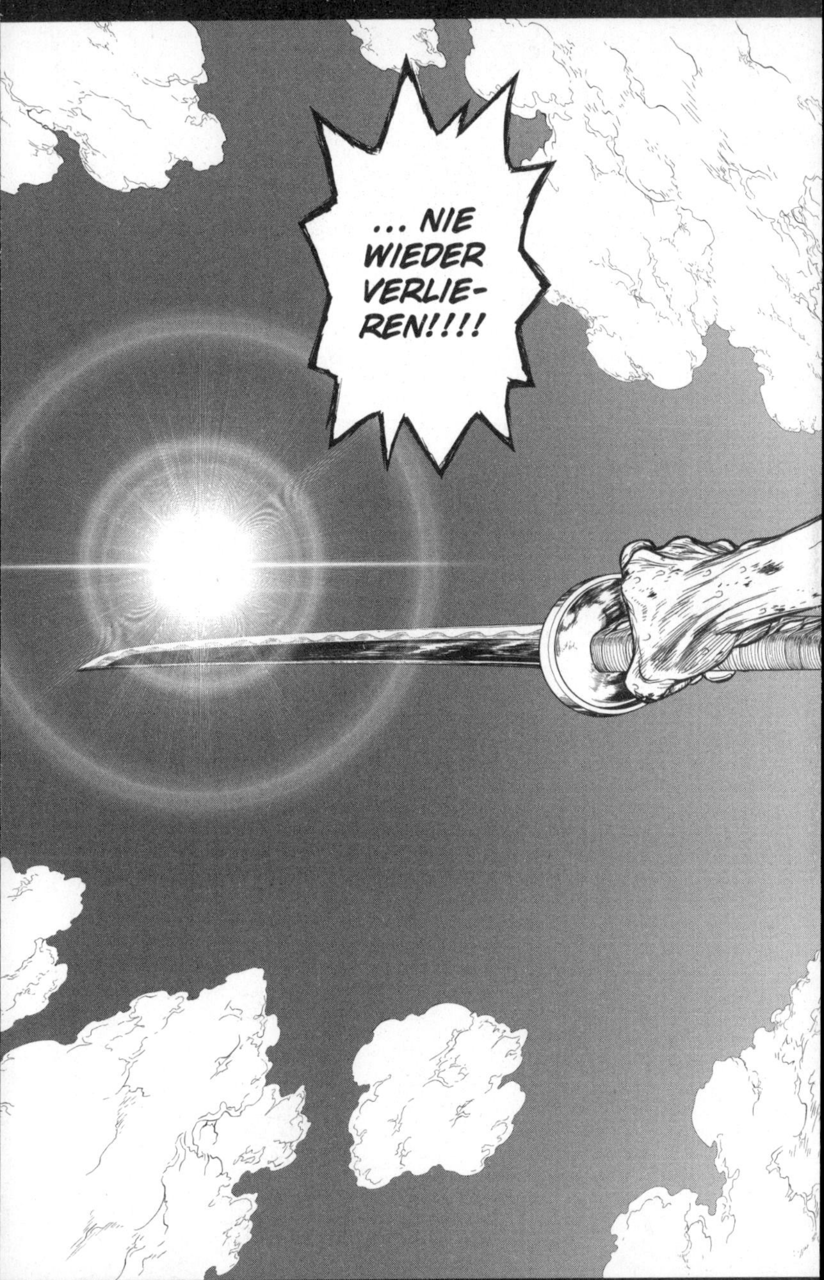
... NIE WIEDER VERLIE-REN!!!!

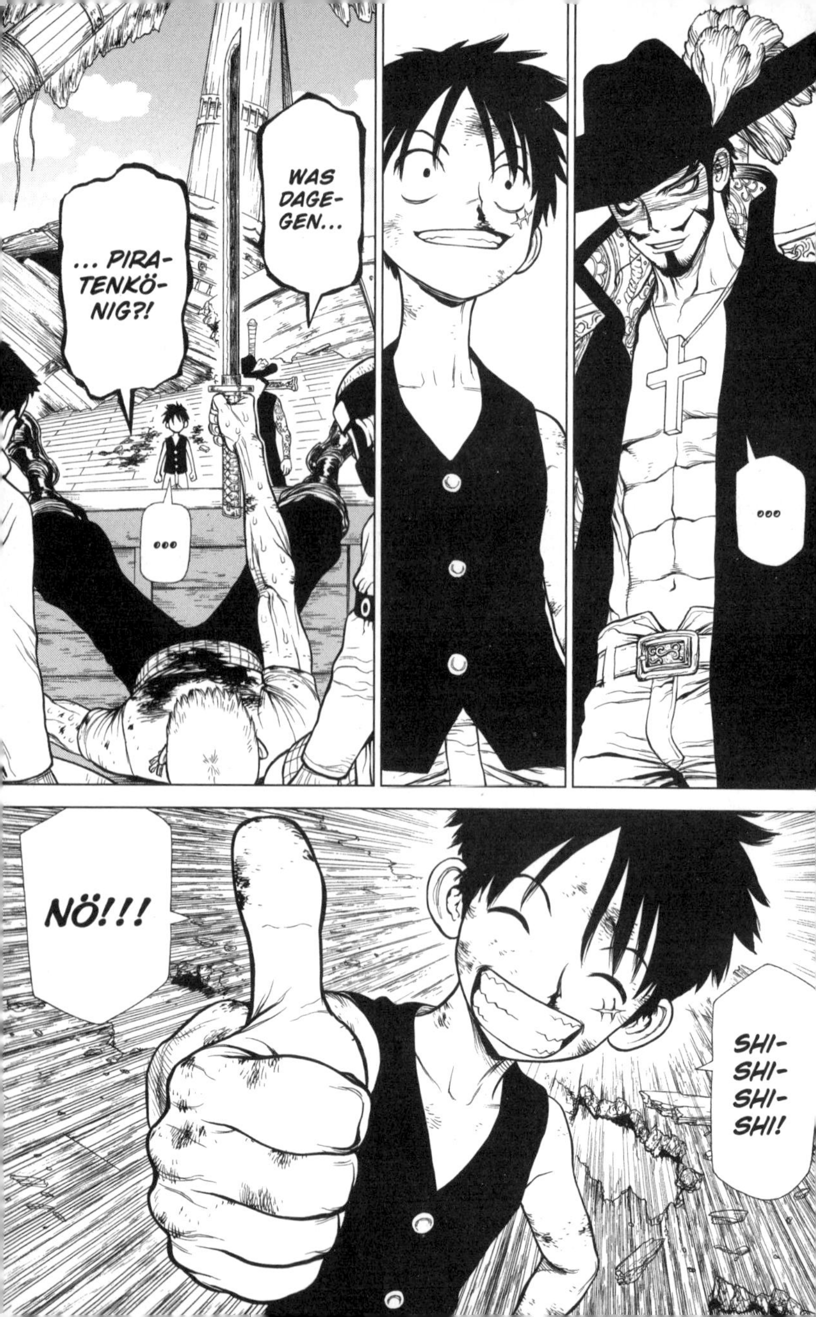
...
WAS DAGEGEN...
... PIRATENKÖNIG?!
...
NÖ!!!
SHI-SHI-SHI-SHI!

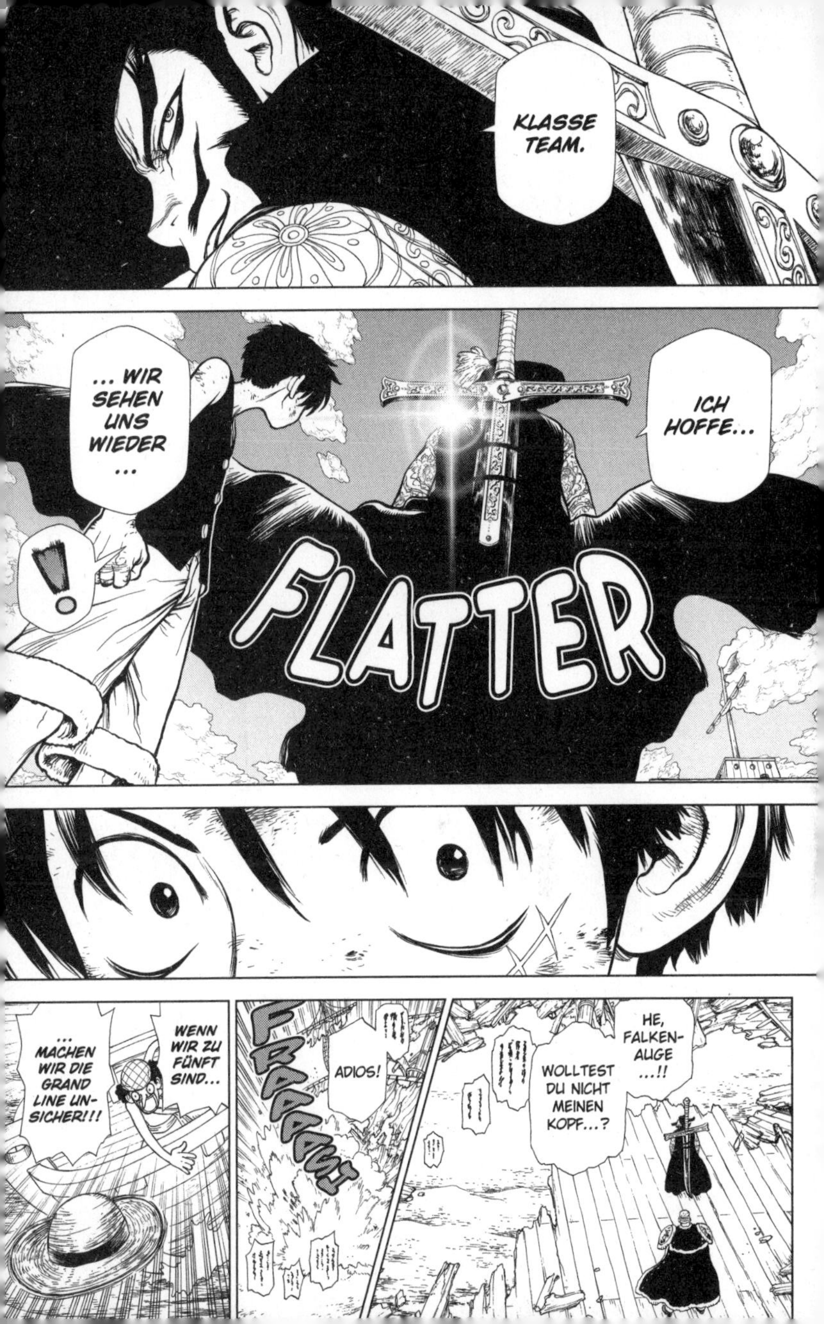
KLASSE TEAM.
ICH HOFFE...
... WIR SEHEN UNS WIEDER ...
!
FLATTER
HE, FALKEN-AUGE ...!!
WOLLTEST DU NICHT MEINEN KOPF...?
ADIOS!
WENN WIR ZU FÜNFT SIND...
... MACHEN WIR DIE GRAND LINE UN-SICHER!!!

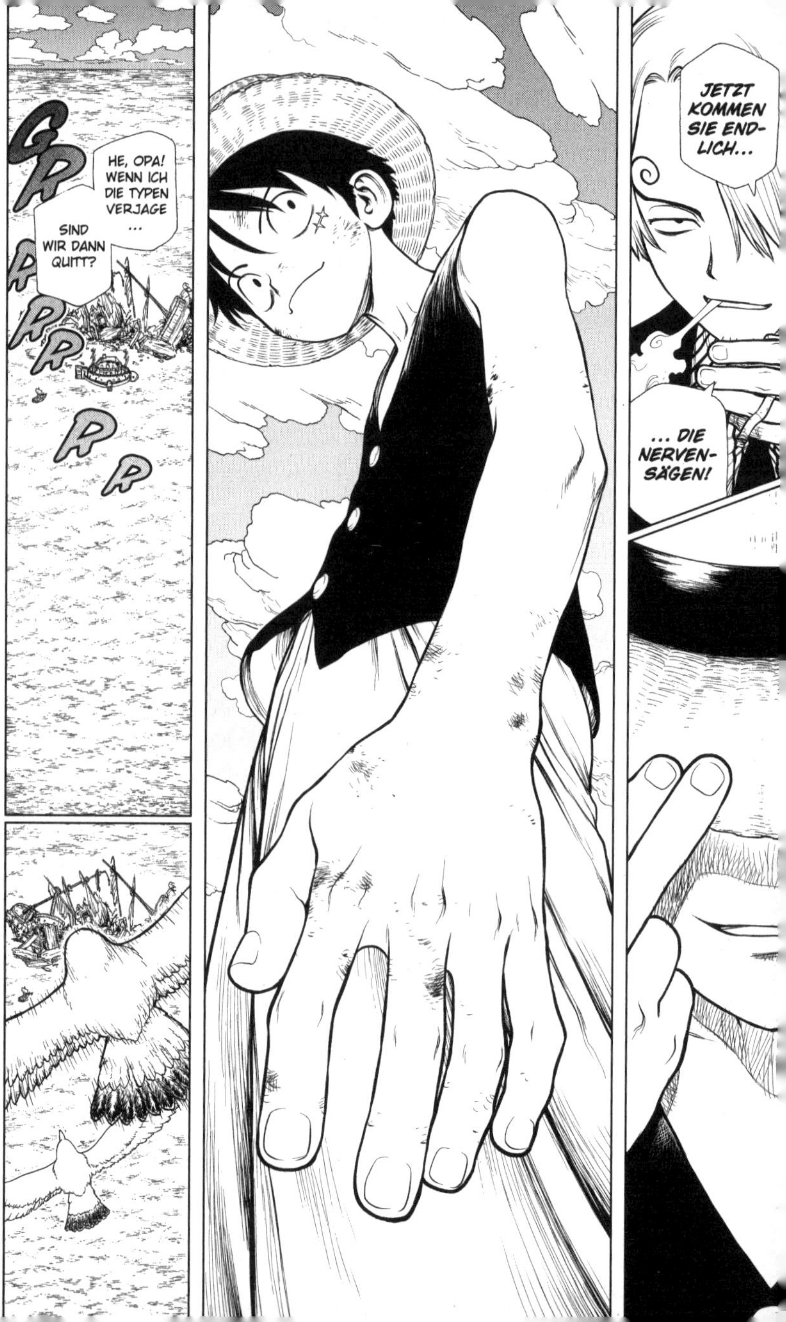
JETZT KOMMEN SIE ENDLICH...
... DIE NERVENSÄGEN!
GRRRRRR
HE, OPA! WENN ICH DIE TYPEN VERJAGE ...
SIND WIR DANN QUITT?

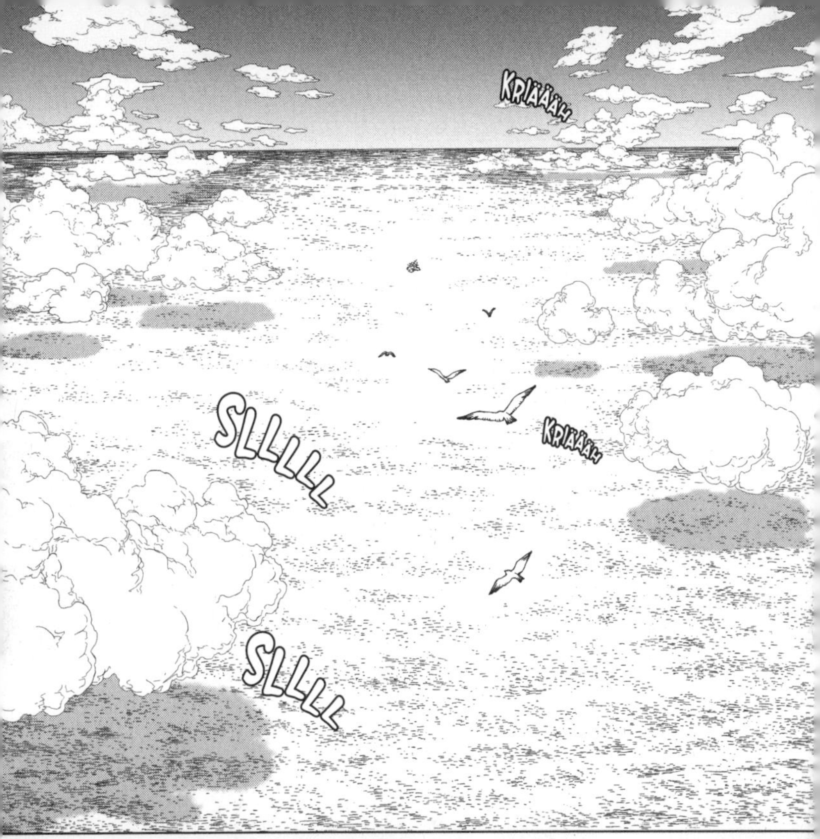
KRIÄÄÄH
KRIÄÄÄH
SLLLLL
SLLLL

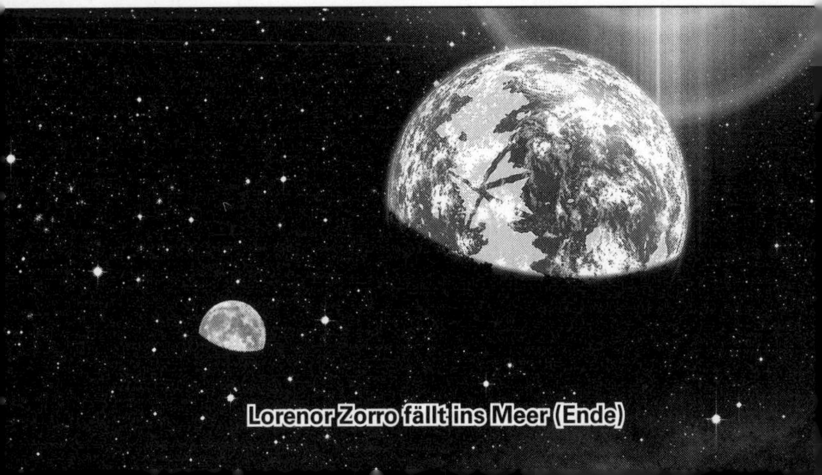
Lorenor Zorro fällt ins Meer (Ende)

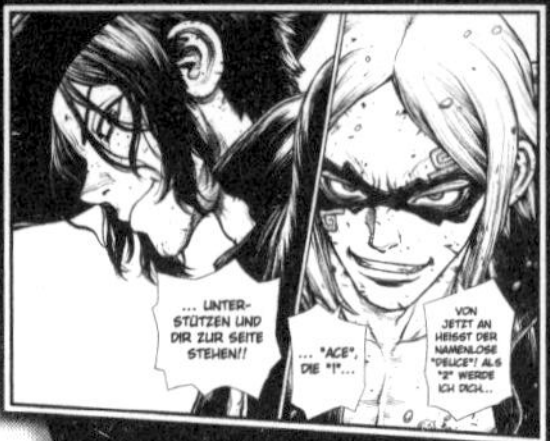

Spade-Piratenbande

Settingskizzen

Diese Skizzen sind ein Ausschnitt der Zeichnungen, die in der „One Piece Novel A“ enthalten waren.

Masked Deuce

Maske
„Brag Men“
Aufgewachsen in einer wohlhabenden Familie
Vater Arzt
Ex-Medizinstudent
„Herr Deuce“
Langer Mantel
Abenteuerchronik

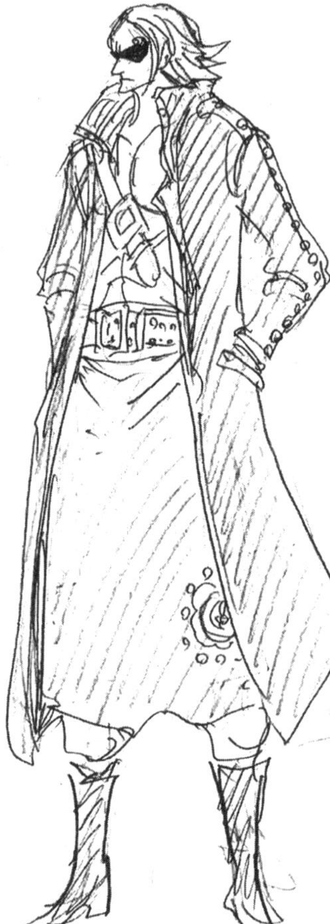

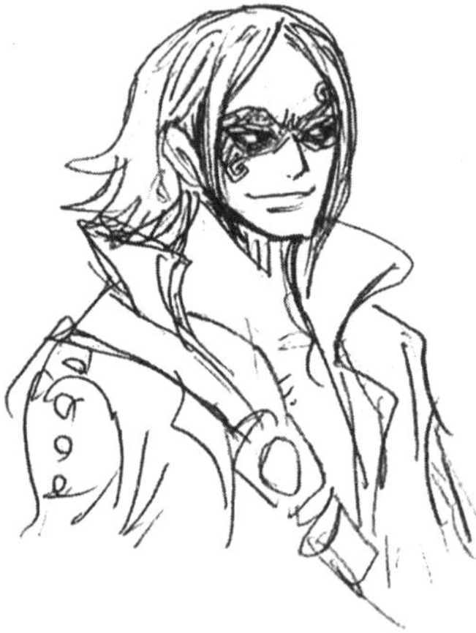

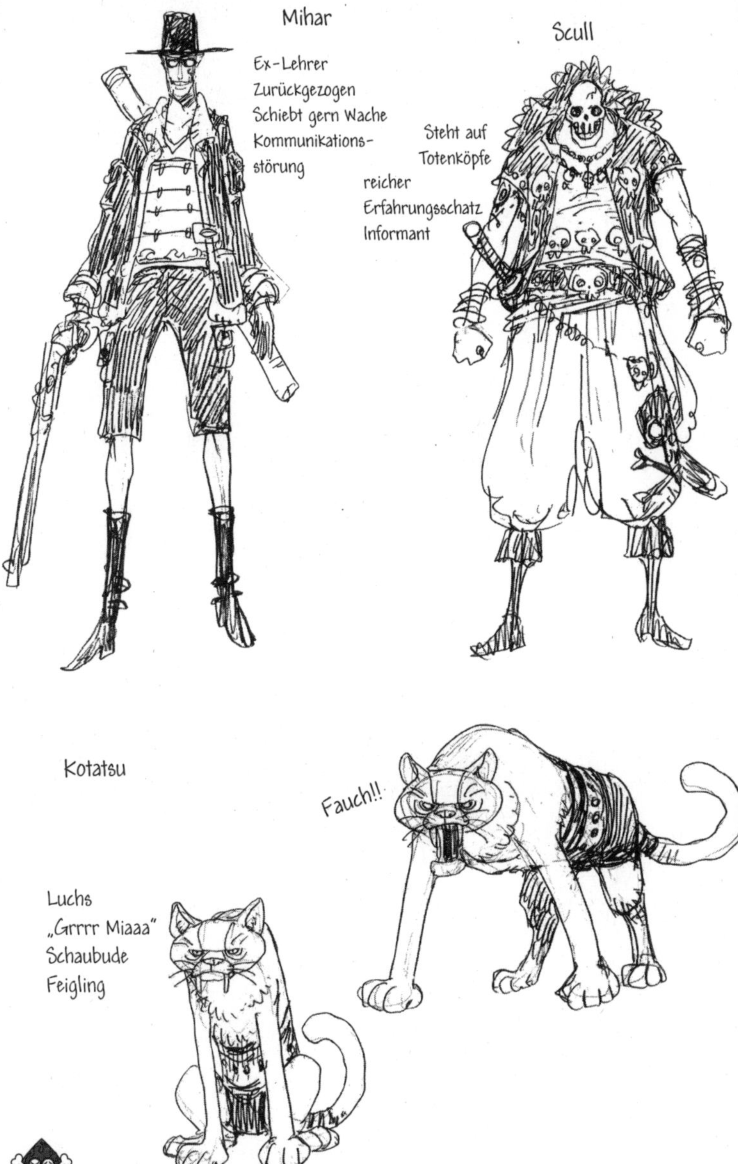

Spade Pirates setting picture

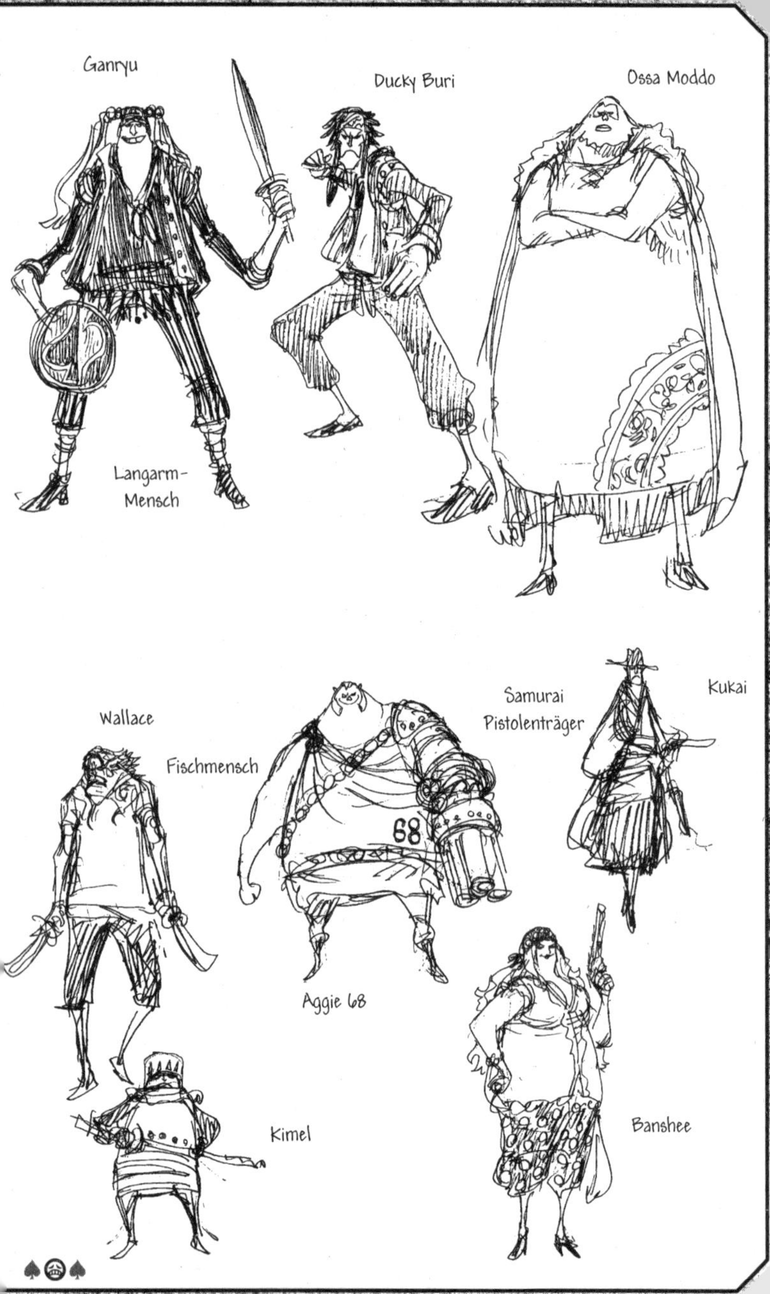
Ganryu
Ducky Buri
Ossa Moddo
Langarm-
Mensch
Wallace
Fischmensch
Samurai
Pistolenträger
Kukai
68
Aggie 68
Kimel
Banshee

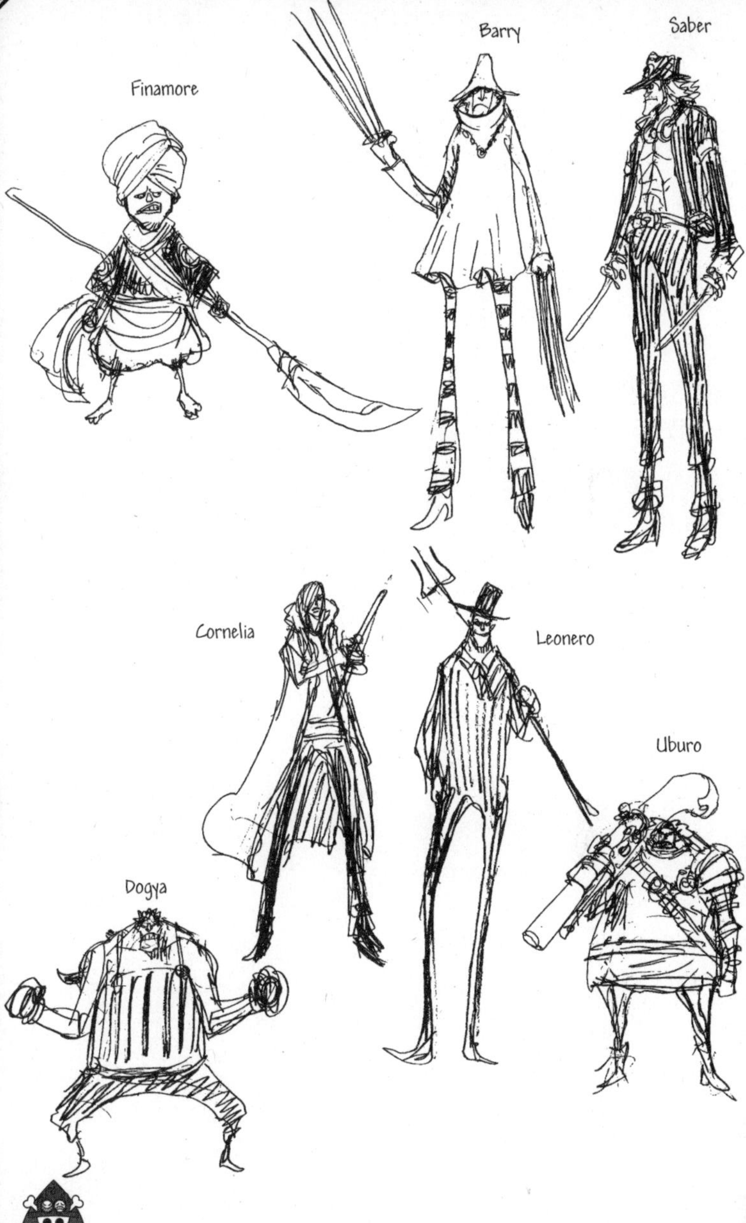

Spade Pirates setting picture

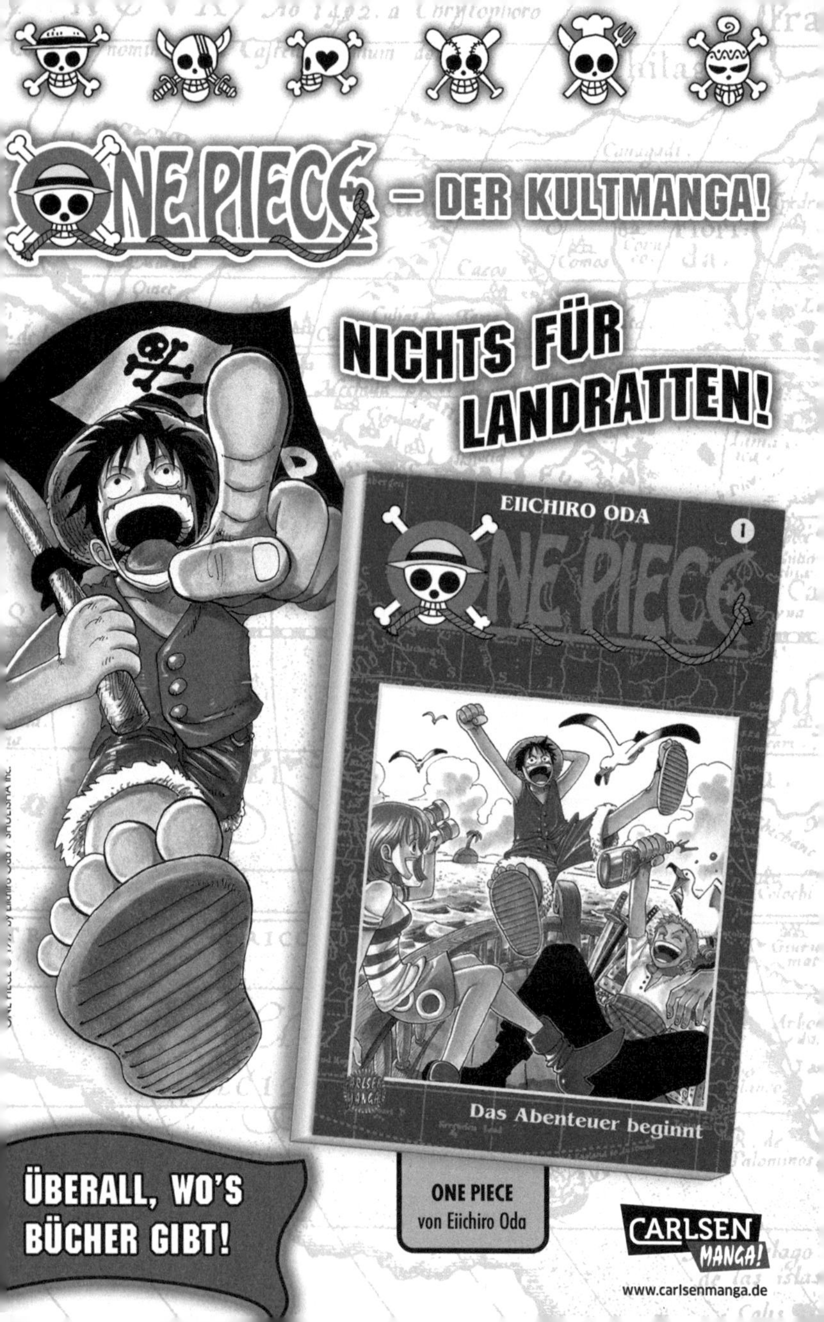
ONE PIECE
– DER KULTMANGA!
NICHTS FÜR LANDRATTEN!
EIICHIRO ODA
ONE PIECE
1
Das Abenteuer beginnt
ÜBERALL, WO'S BÜCHER GIBT!
ONE PIECE
von Eiichiro Oda
CARLSEN MANGA!
www.carlsenmanga.de

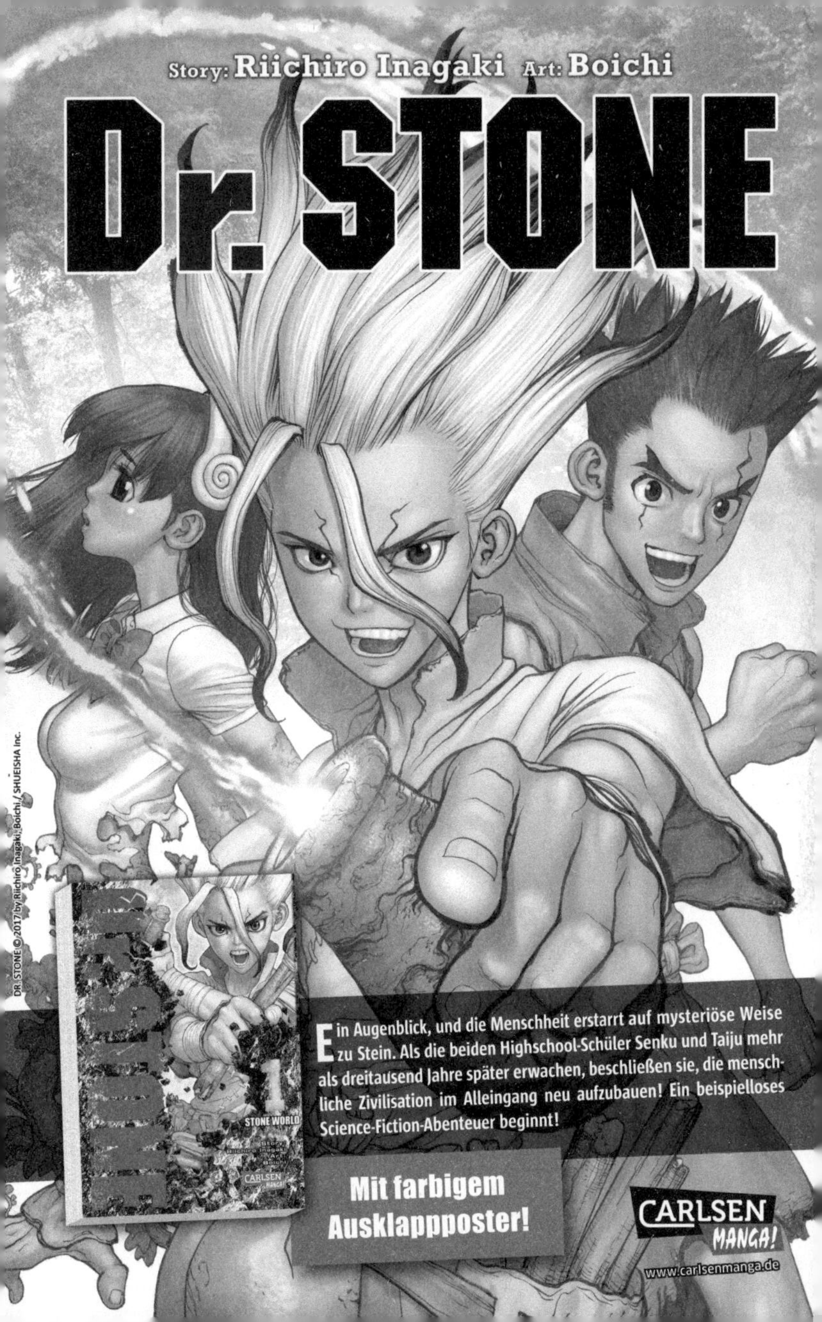
Story: Riichiro Inagaki Art: Boichi
Dr. STONE
STONE WORLD
Ein Augenblick, und die Menschheit erstarrt auf mysteriöse Weise zu Stein. Als die beiden Highschool-Schüler Senku und Taiju mehr als dreitausend Jahre später erwachen, beschließen sie, die menschliche Zivilisation im Alleingang neu aufzubauen! Ein beispielloses Science-Fiction-Abenteuer beginnt!
Mit farbigem Ausklappposter!
CARLSEN MANGA!
www.carlsenmanga.de
DR. STONE © 2017 by Riichiro Inagaki, Boichi / SHUEISHA Inc.

MASHLE
MAGIC AND MUSCLES

Story and Art by
HAJIME KOMOTO

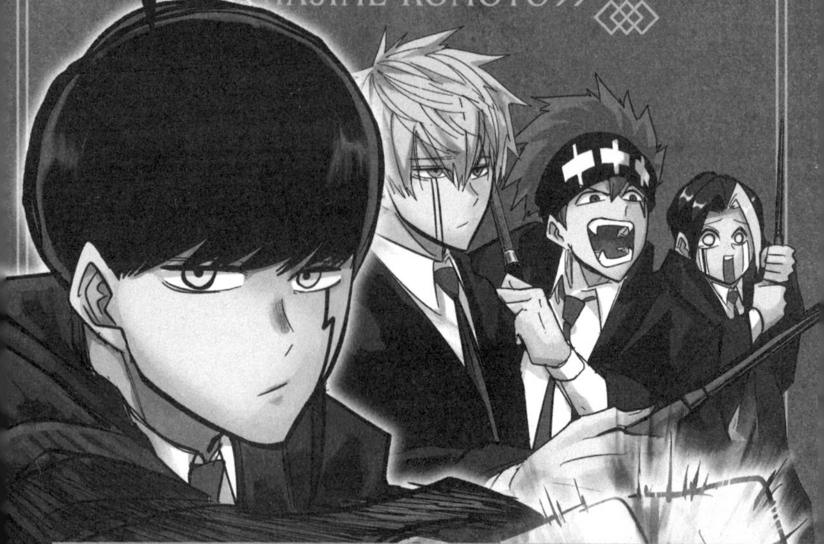

MAGIE IST GUT – MUSKELN SIND BESSER!

Im Reich der Magie wird der soziale Status durch die magischen Fähigkeiten bestimmt. Doch tief im Wald lebt Mash Burnedead, ein junger Mann, der seine gesamte Zeit damit verbringt, seinen Körper zu stählen. Er kann keine Magie benutzen, genießt jedoch ein friedliches Leben mit seinem Vater. Als das herauskommt, geraten beide in Gefahr. Die einzige Lösung: Mash wird in der Magieschule eingeschrieben, wo er die magische Konkurrenz schlagen muss! Wird sich Mash ohne einen Funken Magie und durch reine Muskelkraft einen Weg an die Spitze bahnen können?

CARLSEN MANGA!
www.carlsenmanga.de
carlsen_manga
carlsenmanga

MISSION: Yozakura Family

HITSUJI GONDAIRA

VORHANG AUF FÜR DIE SCHRÄGSTE UND GEFÄHRLICHSTE FAMILIE DER WELT!

Taiyo Asano ist ein extrem schüchterner Oberschüler. Die einzige Person, mit der er unbeschwert reden kann, ist seine Kindheitsfreundin Mutsumi Yozakura. Doch dann stellt sich heraus, dass Mutsumi ein Geheimnis hat, das Taiyos Leben völlig auf den Kopf stellt: Ihre Familie besteht aus lauter Superspionen! Und als wäre das nicht schon aufregend genug, trachtet Mutsumis großer Bruder ihm auch noch nach dem Leben! Wie weit wird Taiyo gehen, um seine Haut zu retten?

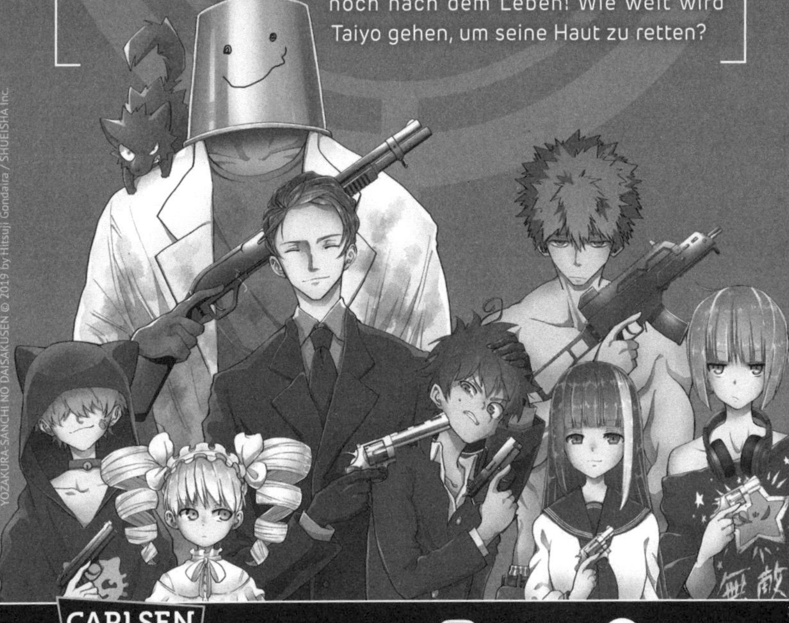

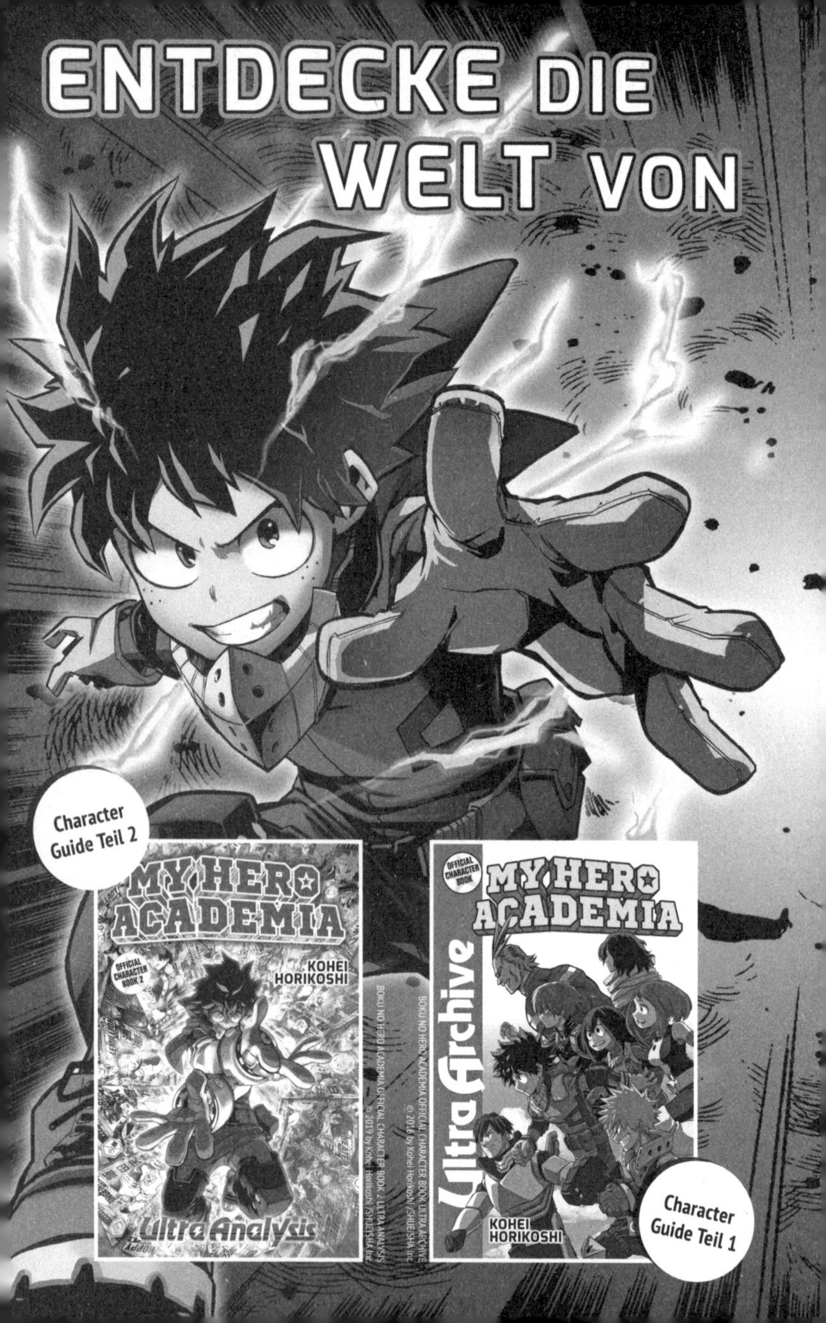
ENTDECKE DIE
WELT VON
Character Guide Teil 2
MY HERO ACADEMIA
OFFICIAL CHARACTER BOOK 2
KOHEI HORIKOSHI
Ultra Analysis
BOKU NO HERO ACADEMIA OFFICIAL CHARACTER BOOK 2 ULTRA ANALYSIS
© 2019 by Kohei Horikoshi /SHUEISHA Inc.
BOKU NO HERO ACADEMIA OFFICIAL CHARACTER BOOK ULTRA ARCHIVE
© 2016 by Kohei Horikoshi /SHUEISHA Inc.
OFFICIAL CHARACTER BOOK
MY HERO ACADEMIA
Ultra Archive
KOHEI HORIKOSHI
Character Guide Teil 1